国家社会科学基金青年项目（17CGL013）
辽宁省社会科学规划基金项目（L17CGL004） 研究成果

“十二五”辽宁省重点图书出版规划项目

第17辑

三友会计论丛

SUNYO ACADEMIC S

Research on the Relationship between CEO Equity Incentive and Acquisition Behavior of Chinese Listed Companies

CEO股权激励与上市公司并购行为关系研究

姚晓林 著

东北财经大学出版社
Dongbei University of Finance & Economics Press
大连

图书在版编目（CIP）数据

CEO股权激励与上市公司并购行为关系研究 / 姚晓林著. —大连：东北财经大学出版社，2019.1
（三友会计论丛·第17辑）
ISBN 978-7-5654-2550-9

Ⅰ. C… Ⅱ. 姚… Ⅲ. ①上市公司-股权激励-研究-中国 ②上市公司-企业兼并-研究-中国 Ⅳ. F279.246

中国版本图书馆CIP数据核字（2018）第291604号

东北财经大学出版社出版
（大连市黑石礁尖山街217号 邮政编码 116025）
网 址：http：//www.dufep.cn
读者信箱：dufep@dufe.edu.cn

大连永盛印业有限公司印刷 东北财经大学出版社发行

幅面尺寸：170mm×240mm 字数：208千字 印张：14.25 插页：1
2019年1月第1版 2019年1月第1次印刷

责任编辑：王 莹 吴 茜 田玉海 责任校对：田倩晗
封面设计：冀贵收 版式设计：钟福建

定价：46.00元

教学支持 售后服务 联系电话：（0411）84710309
 举报电话：（0411）84710523
如有印装质量问题，请联系营销部：（0411）84710711

出版者的话

随着我国以社会主义市场经济体制为取向的会计改革与发展的不断深入，会计基础理论研究的薄弱和滞后已经产生了越来越明显的“瓶颈”效应。这对于广大会计研究人员而言，既是严峻的挑战，又是难得的机遇。说它是“挑战”，主要是强调相关理论研究的紧迫性和艰巨性，因为许多实践问题急需相应的理论指导，而这些实践和理论在我国又都是新生的，没有现成的经验和理论可资借鉴；说它是“机遇”，主要是强调在经济体制转轨的特定时期，往往最有可能出现“百花齐放，百家争鸣”的昌明景象，步入“名家辈出，名作纷呈”的理论研究繁荣期和活跃期。

迎接“挑战”，抓住“机遇”，是每一个中国会计改革与发展的参与者和支持者义不容辞的责任。为此，我们与中国会计学会财务成本分会、东北财经大学会计学院联合创办了一个非营利的学术研究机构——三友会计研究所，力求实现学术团体、教学单位、出版机构三方的优势互补，密切联系老、中、青三代会计工作者，发挥理论界、实务界、教育界的积极性，致力于会计、财务、审计三个领域的科学研究和专业服务，以期为我国的会计改革与发展做出应有的贡献。

三友会计研究所的重大行动之一就是设立了“三友会计著作基金”，用于资助出版“三友会计论丛”。它旨在荟萃名人力作及新人佳作，传播会计、财务、审计研究与实践的最新成果与动态。“三友会计论丛”于1996年推出第一批著作；自1997年起，本论丛定期遴选并分辑推出。

采取这种多方联合、协同运作的方法，如此大规模地遴选、出版会计著作，在国内尚属首次，其艰难程度不言而喻。为此，我们殷切地希望广大会计界同仁给予热情支持和扶助，无论作为作者、读者，还是作为评论者、建议者，您的付出都将激励我们把“三友会计论丛”的出版工作坚持下去，越做越好!

东北财经大学出版社

前言

没有哪种经济现象能够比并购吸引更多的公众关注。Manne（1965）在他的实证研究中把这种多样的交易形式称为“公司控制权市场”。长期以来，并购都是公司财务研究的重点和热点话题，诺贝尔经济学奖获得者乔治·斯蒂格勒曾发表过精辟的论述：“没有一个美国大公司不是通过某种程度某种方式的兼并而成长起来的，几乎没有一家大公司主要是靠内部扩张成长起来的。”竞争压力以及逐利动机使得公司间的并购交易活动愈加频繁，收购和兼并已经成为企业对外持续扩张的最佳战略手段。从2001年开始，我国上市公司并购数量已经超过新股发行数量，大约是新股发行数量的1.5倍，参与并购的企业数量逐年增加。普华永道2016年1月发布的《2015年中国企业并购市场回顾与2016年展望》中的主要数据显示，随着国内并购市场的逐步成熟，国内战略投资并购交易实现了强劲的增长。中国并购市场在2015年创历史新高，交易数量上升37%，交易金额上升84%，达到7 340亿美元，单笔交易金额超过10亿美元的交易超过114项（创下历史记录）。中国大陆企业海外并购交易数量和金额均有所增长，民营企业依旧为海外并购市场的主要力量。

并购投资决策对股东财富的价值创造能够产生重大影响，是否参与并购是公司管理者所面临的一项重大投资决策。随着上市公司并购交易规模的不断增长，学者们一直疑惑的问题是管理者为什么发起并购？最初，学者们对企业并购行为进行了经济学上的解释，认为并购不仅能够通过发挥范围经济和规模经济效应来降低成本增加企业效益，还能够实现垄断力量的优势；随后，学者们又从财务视角上解释企业的并购行为，认为并购是为了实现经营的协同效应和财务的协同效应，能够降低资本成本、合理避税、增强企业融资能力，从而实现财务资源的整体协调，促使企业财务能力增强。从经济和财务视角来看，学者们早期的研究认为管理者并购的动机是为了实现上市公司股东价值最大化。后来，学者们渐渐发现公司的控制权背后隐藏着管理者攫取个人利益的机会，管理者是自利的个体，他们不仅能对公司的资源实施有效的控制，同时也会基于自身利益做出并购决策并采取行动，管理者可能会因为一己之私而以牺牲股东利益为代价换取个人财富的增加。

根据委托代理理论，随着公司所有权和控制权的分离程度的增加，股东既没有动力也没有能力去监督高管的行为，由此引发代理问题。有效的公司治理机制会激励管理者进行良好的行为管理，薪酬激励与董事会监管是最常见的解决代理问题的公司治理机制。股东通过高管薪酬激励契约组合将股东利益和管理者财富联系在一起，促使管理者做出最优的投资决策。高管薪酬激励尤其是股权激励作为解决代理问题的重要公司治理机制，使管理者和股东的利益追求尽可能趋于一致，能够减少管理者非股东价值最大化的行为。股权激励机制设计、实施得合理与否能够直接影响企业并购行为。企业大部分的投资相对于企业的规模来说都是比较小的，而并购是可观察到的比较重大的企业长期投资行为。因此，公司并购投资成为检验高管人员的股权激励机制与企业投资决策效率之间关系的一个理想的切入点。并购交易为管理者提供一种机会，这种机会能够使得管理者基于股东价值最大化决策抑或通过价值损毁的并购追求个人效用并进行管理防御，从而加重代理冲突。管理者薪酬契约组合能否有效解决管理者与股东之间的代理问题？股权激励机制能否影响管理者的并购决策？股权激励机制能否影响并购溢价和企业并购绩效？股权激励机制能否减少管理者非股东价值最大化的并购行为？本书旨在通过CEO股权激励与企业并购行为关系的研究来获得更好的解释角度。

前 言

迄今为止，有关管理者股权激励的理论和经验研究大多来自现代市场经济发展较为成熟的国家，特别是法律系统健全、资本市场活跃有效、公司治理机制比较完善的美国。而中国正处于经济体制转轨中，具体制度背景有大股东控制、资本市场存在不确定性、公司治理机制存在缺陷等，使得中国上市公司高管股权激励与企业并购行为关系受诸多因素影响。那么，西方的高管激励理论在中国是否适用？与西方发达国家相比，中国上市公司CEO股权激励与企业并购行为的关系有哪些不同特征？目前国内尚没有学者对此做出系统的研究，这也为本书的研究提供了机会。

本书希望通过探索上市公司的股权激励与并购行为关系进一步完善上市公司治理机制，减少管理者非股东价值最大化的并购行为并为上市公司股权激励设计提出相应的政策建议与参考依据。具体而言：（1）提高股权激励的强度是股权激励发挥效果的关键，要根据企业内部和外部环境设计合理的股权激励机制。股权激励需要有资本市场机制支持，不确定环境下股东要加大监管并针对企业风险设计合理的股权激励方案，培养市值管理理念是实施股权激励的外部保障。股东需要对管理者的风险规避程度进行评估，并根据管理者对风险的态度来调整激励方式和激励强度，以保证激励水平保持最优。（2）公司治理机制能够影响CEO股权激励与企业并购行为之间的关系，提高上市公司治理水平，加强董事会和股东的监督职能，降低并购中的代理成本并使CEO股权激励机制发挥效用的内部保障。（3）在公司并购这一重大投资行为中，大股东应充分发挥监督作用和管家角色意识，与CEO建立起强关系的联盟，对管理者的并购决策提供监督与支持，减少管理者非股东价值最大化的并购行为，改善企业并购绩效。

全书共分为8章。第1章主要对本书的内容进行简要介绍，具体包括问题的提出、研究思路、研究内容以及研究创新；第2章对管理者薪酬激励和企业并购的国内外研究成果进行回顾和梳理，对并购前管理者薪酬激励如何影响公司并购行为（包括并购前买方CEO薪酬激励对并购决策、并购交易特征和并购绩效的影响）的国内外实证研究成果进行综述；第3章阐述管理者薪酬激励的理论基础，分析董事会治理机制、大股东控制权、环境不确定性和CEO过度自信对管理者股权激励与企业并购行为的关系的影响机制；第4章为制度背景分析，包括上市公司高管股权激励的发展趋势和相关制度分析、上市公司并购的发展过程与制度背景分析、上市公司并购交易特征分析；第5章至第7章分别为CEO股权激励对并购决策、并购溢价和并购绩效影响的实证分析；第8章为研究结论、政策建议及未来展望。

本书在以下几个方面存在创新：（1）将公司并购这一可观测的风险性投资事件作为研究管理者股权激励与投资行为关系的一个理想的研究切入点，采用并购事件研究法，通过并购前CEO股权激励对并购决策、并购溢价、并购短期和长期绩效的影响，首次对上市公司管理者股权激励与并购行为关系展开全面细致的研究，结合管理者薪酬激励的相关理论分析，深刻揭示了高管股权激励对企业并购投资决策影响的机制，丰富了管理者薪酬激励和公司并购相关领域的研究内容；（2）结合我国的制度背景和上市公司股权激励的现实情况，开创性地将董事会治理机制、环境不确定性、大股东控制权以及CEO过度自信加入CEO股权激励与企业并购行为的研究框架中，理论分析了这些因素对股权激励与企业并购关系的调节机制，为上市公司高管股权激励和公司并购的研究提供了新的思路与视角，丰富并完善了公司治理理论、行为金融学理论；（3）选取股权分置改革后2008—2014年上市公司的并购事件为研究样本，深刻揭示了“全流通”背景下CEO股权激励对并购行为的影响机制，为企业如何通过股权激励来激励管理者发现有价值的并购目标，激励管理者更注重股东利益，通过实施提高企业核心竞争能力的战略并购重组实现为股东创造价值提供了最新的经验证据。

本书系国家社会科学基金青年项目“并购视角下企业杠杆率动态调整的理论与实证研究”（17CGL013）、辽宁省社会科学规划基金项目“技术并购对企业创新能力的影响及经济后果研究”（L17CGL004）的重要成果之一，感谢全国哲学社会科学规划办公室、辽宁省社会科学规划基金办公室的资助！

本书可以作为财经类院校高年级本科生、学术型和专业学位研究生以及博士生的课外阅读材料使用；同时，相信本书对致力于上市公司高管股权激励与并购重组问题研究的学者、政府相关职能部门、上市公司董事和高级管理人员都会有所启发。

本书关于CEO股权激励与企业并购行为关系的研究是一种探索性的研究，因此难免存在一些不足之处，恳请各位专家、学者和读者朋友批评指正。

作者

2018年11月

目录

第 1 章

导　论

作为本书的开篇部分，本章主要概括地介绍本书的研究动机、目的和主要内容，研究方法与思路及论文的组成部分。本章主要安排如下：1.1节由研究背景、发展状况等内容组成，从而引出本书的研究动机与意义；1.2节主要对本书研究中涉及的相关概念进行阐述和界定；1.3节和1.4节介绍本书具体的研究目标与内容以及研究的思路与方法；1.5节阐述了本书主要的创新点。

1.1 选题背景与研究意义

没有哪种经济现象能够比并购吸引更多的公众关注。Manne（1965）在他的实证研究中把这种多样的交易形式称为“公司控制权市场”。长期以来，并购都是公司财务研究的重点和热点话题，诺贝尔经济学奖获得者乔治·斯蒂格勒曾发表过精辟的论述：“没有一个美国大公司不是通过某种程度某种方式的兼并而成长起来的，几乎没有一家大公司主要是靠内部扩张成长起来的。”竞争压力以及逐利动机使得公司间的并购交易活动愈加频繁，收购和兼并已经成为企业迅速对外持续扩张所采取的最佳的战略手段。从2001年开始，我国上市公司并购数量已经超过了新股发行数量，大约是新股发行数量的1.5倍，参与并购的企业数量逐年上升。普华永道2016年1月发布的《2015年中国企业并购市场回顾与2016年展望》中的主要数据显示，随着国内并购市场的逐步成熟，国内战略投资并购交易实现了强劲的增长。中国并购市场在2015年创历史新高，交易数量上升37%，交易金额上升84%，达到7 340亿美元，的单笔交易金额超过10亿美元的交易超过114项（创下历史记录）。中国大陆企业海外并购交易数量和金额均有所增长，民营企业依旧为海外并购市场的主要力量。①

并购重组不仅是企业自身战略实现，迅速提高市场竞争能力和推进资源重新配置的重要手段之一，也是企业最重要的投资行为（刘淑莲，2010）。并购是公司将要进行的风险最大的投资活动，并购投资决策对股东财富的价值创造能够产生重大影响，是否参与并购是公司管理者所面临的一项重大投资决策。随着上市公司并购交易规模的不断增长，学者们一直疑惑的问题是管理者为什么频繁发起并购，并对此问题展开长期热烈的讨论和研究，试图从不同的视角来解释管理者的并购动机。最初，学者们对企业并购行为进行了经济学上的解释，认为并购可以迅速扩大企业经营规模和经营范围，达到规模经济，实现垄断优势，提高企业的市场竞争力；随后，学者们又从财务视角上解释企业的并购行为，认为并购是为了实现经营的协同效应和财务的协同效应，能够降低资本成本、增强企业融资能力、优化资本结构，从而实现财务资源的整体协调，促使企业财务能力增强。从经济和财务视角来看，学者们早期的研究认为管理者并购的动机是为了实现上市公司股东价值最大化。后来，学者们渐渐发现公司的控制权背后隐藏着管理者攫取个人利益的机会，管理者是自利的个体，他们不仅能对公司的资源实施有效的控制，同时也会基于自身利益做出并购决策并采取行动，管理者可能会因为一己之私而以牺牲股东利益为代价换取个人财富的增加。根据委托代理理论（Jensen和Meckling，1976），随着公司所有权和控制权的分离程度的增加，股东既没有动力也没有能力去监督高管的行为，由此引发代理问题。有效的公司治理机制会激励管理者进行良好的行为管理，薪酬激励

① 普华永道.2015年中国企业并购市场回顾与2016年展望［EB/OL］.［2016-01-26］.http://www.useit.com.cn/thread-11318-1-1.html.

与董事会监管是最常见的解决代理问题的公司治理机制（Agrawal和Knoeber，1996）。股东通过高管薪酬激励契约组合将股东利益和管理者财富联系在一起，能够激励经理人从事股东价值最大化的投资经营决策，减少代理成本，进而提升收购公司的股东价值。在股权激励的作用下，管理者能更好地进行行为管理，有效地减少投资中管理者的自利行为。股权激励机制设计、实施得合理与否能够直接影响企业并购行为和管理者的决策结果（罗富碧等，2008）。

企业大部分的投资相对于企业的规模来说都是比较小的，而并购是可观察到的比较重大的企业长期投资行为。因此，公司并购投资成为检验高管人员的股权激励机制与企业投资决策效率之间关系的一个理想的切入点。并购交易为管理者提供这样一种机会，能够使管理者基于股东价值最大化决策抑或通过并购扩大自己的薪酬并进行管理防御，从而加重代理冲突。管理者薪酬契约组合能否有效解决管理者与股东之间的代理问题？股权激励机制能否影响CEO的并购决策？股权激励机制能否影响并购溢价和企业并购绩效？股权激励机制能否减少管理者非股东价值最大化的并购行为？本书旨在通过CEO股权激励与企业并购行为关系的研究来获得更好的解释角度。

迄今为止，有关管理者激励的理论和经验研究大多来自现代市场经济发展较为成熟的国家，特别是法律系统健全、资本市场活跃有效、公司治理机制比较完善的美国。而中国正处于经济体制转轨中，具体制度背景有大股东控制、资本市场存在不确定性、公司治理机制存在缺陷等，使得中国上市公司高管股权激励与企业并购行为关系受诸多因素影响。那么，西方的高管激励理论在中国是否具有适用性？与西方发达国家相比，中国上市公司CEO股权激励与企业并购行为的关系有哪些不同特征？目前国内尚没有学者对此做出系统的研究，这也为研究CEO股权激励与企业并购行为的关系提供了机会。国内学者在高管薪酬与企业并购行为的关系研究中取得了一定的成果，但尚存在一些不足，主要表现在：

第一，国内学者对管理者股权激励与企业并购行为关系的研究不够全面。在并购的过程中，管理层的动机是企业并购发生与否、并购交易结构和并购结果的决定因素，股东通过相应的股权激励措施将管理者的个人利益与股东利益协调一致，促使管理者的行为和决策的动机是基于股东价值最大化而非个人利益最大化。因此，股权激励机制与管理者的并购决策及其经济后果息息相关。CEO的股权激励机制能够影响管理者决策的动机进而影响企业并购决策的全过程，包括并购投资的发起、并购溢价决策以及并购后绩效。国内学者利用企业并购行为来研究管理者决策的动机和管理者薪酬激励机制有效性的文献较少，大多数学者把并购动因和并购绩效作为单独的研究对象，缺乏从并购动因出发对管理者薪酬激励机制和并购行为关系的全面、系统的研究。

第二，忽视了我国具体制度背景。中国正处于经济体制转轨中，具体制度背景有大股东控制、资本市场风险存在不确定性、公司治理机制存在缺陷等。上市公司高管薪酬激励中，股权激励已经成为上市公司高管激励的主要方式。尽管股权激励在减少代理成本，激励员工追求企业价值最大化、推动所有者与经营者利益一致性方面发挥了巨大的作用，但在实施的过程中，上市公司高管股权激励也存在很多现实问题，使得现行股权激励无论在激励效果还是激励约束上均大打折扣。首先，股权激励实质上是一种风险性激励，将管理者的个人财富与企业风险的不确定性相联系，管理者财富会随着企业环境不确定性而增长，具有凸性[①]，因此，环境不确定性会影响我国上市公司股权激励机制的实施效果以及高管股权激励与企业投资的相关关系。其次，股权激励作用受制于公司内部治理环境。作为一种长效的激励机制，股权激励必须在完善的公司治理机制下才能发挥作用，董事会是公司治理的核心，主要的职责是监督和决策，不同公司的董事会治理结构必然会影响股权激励效果。同时，大股东控制、股权集中是我国上市公司股权结构的主要特征，并购中大股东的监督作用是否会提高对管理层实施股权激励的效果有待进一步检验。最后，股权激励效果还受管理者自身对风险的态度影响，过度自信可能导致管理者更多的冒险行为，增加激励合约中的凸性可能并不相关。国内大部分学者的研究容易忽

① 关于凸性的解释，参见Guay（1999）。如果两个公司的CEO持有的期权和普通股的数量一样，那么两个公司股价变动1美元引起的CEO财富变动是一样的，但是由于薪酬绩效中凸性的存在，两个公司股票风险变动1%引起的CEO财富变动却不相同。Guay认为，普通股也是期权的一种，只不过期权比普通股的凸性更大。

视这些因素的影响。

第三，从我国高管薪酬激励发展趋势来看，2008年以前主要以货币薪酬激励为主，2005年股权分置改革启动后，高管激励中股权激励所占比重大幅度增加，短期货币薪酬激励和长期股权激励计划对高管的激励效用是不同的。国外学者多采用CEO的薪酬结构（权益薪酬占比）来衡量股权激励对公司并购行为及决策的影响，而国内学者往往仅研究货币薪酬对公司并购绩效的影响，缺乏对CEO股权激励与并购行为关系的实证检验。

为完善现有研究的不足，本书利用公司并购这一可观测的独特投资事件，采用规范研究和实证研究相结合的方法，基于管理者薪酬激励和公司并购的相关理论，在全流通背景下，对CEO股权激励机制与企业并购行为的关系进行深入研究。从管理者激励视角研究CEO股权激励对企业并购决策、并购溢价以及并购绩效的影响机制，旨在求证CEO的股权激励是否能够影响管理者的决策动机，是否能够减少管理者非股东价值最大化的行为。同时，结合上市公司股权激励的制度背景和高管股权激励实施中存在的现实问题，本书将不确定性、董事会结构特征、大股东控制权和CEO过度自信的性格特征纳入CEO股权激励与并购行为的研究框架中，检验这些因素对CEO股权激励与并购行为关系的调节作用。

传统的公司代理模型中，薪酬激励机制是解决股东和经理人之间利益冲突的有效工具，并购为我们提供了检验公司薪酬激励机制和内部治理监督机制有效性的切入点，基于薪酬激励视角研究管理者收购的动机和决策过程有着重要的意义。

1）理论意义

（1）在财务管理以及公司金融学的相关文献研究中，管理者股权激励及其激励效果一直受到学术界的广泛关注。CEO是管理层的核心，拥有公司重大事项的决策权，对企业的日常经营管理、战略发展甚至企业的生死存亡都有至关重要的作用。如何对CEO进行有效的激励以保证企业健康发展是非常重要的研究内容。本书通过公司并购这一可观测的重大战略投资行为，理论分析并购动因、并购溢价和并购绩效与CEO股权激励的关系，为认识企业收购兼并行为和更好地理解管理者股权激励机制提供了一个全新的思路和视角，丰富了现有的高管薪酬激励理论和公司并购理论。

（2）本书结合我国制度背景和上市公司股权激励中存在的实际问题，将环境不确定性、董事会结构特征、大股东控制和管理者过度自信纳入CEO薪酬激励与企业并购关系的研究框架中，实证分析这些因素是如何影响企业并购行为的，丰富了公司治理理论和行为金融学理论，同时拓展了管理者薪酬激励理论的研究内容。

2）政策建议层面

（1）股权激励机制是解决企业代理问题的重要措施，本书采用股权分置改革后上市公司高管股权激励和企业并购的最新数据，实证检验了上市公司CEO股权激励与并购行为之间的关系，得出了比较全面的结论，以便更加深刻理解上市公司高管股权激励机制和公司内部治理，为上市公司建立有效的高管股权激励机制，完善公司治理水平，提升股东价值，从而实现企业可持续发展提供了可靠的经验数据。本书根据实证结论有针对性地提出相关政策建议，为上市公司高管薪酬激励机制的改革提供了一定的依据和实证支持。

（2）本书通过CEO股权激励与上市公司并购行为间关系的实证分析，得出比较全面的结论。建立健全高管激励与约束机制对企业实现原定的并购目标、优化自身并购行为、提高并购过程中管理者的决策效率，为公司创造成长空间、实现并购，为股东创造价值具有重要的现实意义。

1.2 相关概念的界定

1.2.1 CEO

CEO是英文名称Chief Executive Officer的缩写，在公司组织结构中，CEO是负责处理公司日常经营事务的最高行政官员，即首席执行官。CEO

制度最早源自20世纪60年代美国公司治理改革，通过治理结构的改革将属于董事会的一部分决策权转交给公司的经营层。从行使职权角度来看，CEO是指在现代企业治理结构中拥有最终的执行和管理决策权力的代理人。西方发达国家的公司治理结构基本采用“三权分立”制度，即决策权、监督权、经营权分别属于股东大会、董事会和CEO。股东大会是由股东组成的公司最高的权力和决策机构，负责选举、更换、决定董事会成员，董事会是公司经营和决策机关，代表股东进行管理和监督，负责选拔、监督和激励高级经理人员，CEO负责整个公司的日常经营管理决策工作。我国上市公司的治理模式借鉴了美国这种公司治理结构，虽然有的上市公司没有设置CEO职位，但是从CEO行使的职权角度来看，在上市公司的重大经营和战略决策中，总经理发挥了关键作用，因此本书认为中国上市公司的总经理即为CEO。

公司的CEO和其他高层管理人员在激励水平和方式上有所不同，Aggarwal和Samwick（2003）所提出的分类方法将高管分为四类。第一类是CEO；第二类是被赋予监督职能的高管，如总裁、首席运营官（COO）、首席财务官（CFO）、董事长和副董事长；第三类是负责管理各部门的高管，如部门或子公司的CEO、特定的产品线或地区的高管、与某产品生产相关的高管；第四类为其他高管，如副主席等。其中，CEO薪酬结构和激励水平显著区别于其他高管，在企业实际经营中，CEO作为高层管理人员的核心，拥有更多的决策自由权和领导权，引领公司未来的发展方向，在任职期间不仅行使公司经营管理的权力而且对股东的资本保值增值承担责任，是上市公司实施股权激励的主要对象之一。基于业绩指标的短期激励容易造成CEO为获取短期利益而牺牲股东利益，所以，授予CEO一定数量的股票或期权等长期激励更为重要，股权激励的本质是通过对经理人激励的递延性起到促使CEO为公司的长期业绩努力的作用。

目前，在关于管理者薪酬激励的实证研究中，有的学者将CEO直接作为公司高管的代表进行研究，有的学者则将公司高管定义为由经理人、董事会成员和监事会成员所构成的高管团队，还有的学者采用薪酬排名前三位的高管作为管理层的代表进行研究。由此可见，在实证研究中，国内外学者对于高管的界定没有统一的标准，这也导致学者们在研究中采用不同的高管定义从而形成了不同的研究结论。国外文献中大多将CEO作为高层管理人员的代表，本书也采用这种方式，将CEO作为研究对象，重点研究CEO的股权激励对企业并购行为的影响，这是基于以下原因：第一，CEO对企业的战略发展起着至关重要的作用，随着上市公司治理机制的不断完善，董事长和CEO两职分离的趋势日益加强，CEO的作用日渐凸显，对CEO股权激励的研究也越来越重要。CEO处于公司管理层的核心地位，不仅主导企业日常的经营决策，而且负责制定企业未来的经营发展战略，CEO在公司管理实践中表现出来的决断力和领导能力对企业绩效和未来发展有着不可估量的影响力。美国通用电气的成功在很大程度上归功于公司CEO韦尔奇独到的经营战略；中国海尔集团的成功之路，靠的主要是首席执行官张瑞敏创新管理模式，不断进行自我颠覆的变革。在学术界，很多系统的研究也证明CEO对于企业获得高水平的经营业绩是至关重要的（Thomas，1988；Waldman等，2001）。企业并购是一项高风险的资本运营行为，需要考虑到市场竞争、企业发展战略和财务融资等多方面因素，需要CEO对企业的内部环境和外部风险进行系统的分析和评估，通过对并购的目标企业和自身能力进行评估做出选择（Simon，1962）。因此，CEO作为企业并购战略决策中最为重要的实际制定与实施者，在影响企业并购决策和并购绩效中起到关键作用。第二，将CEO作为研究对象，便于从CSMAR国泰安数据库和上市公司年度财务报表中直接获取本书实证研究所需要的薪酬激励相关的数据和指标，避免了在数据的采集和计量过程中可能出现的偏差，提高了本书数据分析的准确性和实证检验的可靠性。第三，为避免国内外学者对高管范围界定不一致产生的差异，在本书的研究中，将CEO作为高级管理人员的代表有助于确保检验结论的稳健性及与国内外其他相关研究结论进行对比。

1.2.2 股权激励

根据中国证券监督管理委员会于2016年5月4日公布的《上市公司股权激励管理办法》的定义，股权激励是指上市公司通过定向发行新股或回购公司股票等方式将上市公司股票作为标的，对公司的董事、高级管理人员及核心技术人员进行的长期性激励制度。股权激励的方案主要包括限制性股票、股票期权和员工持股计划等长期激励计划。股权激励的目的是通过授予经营者公司股权的方式，将经营者的经济利益与股东利益联系在一起，构筑利益共同体，使其共同承担公司的经营风险，共同分享公司的收益，充分发挥经营者的积极性和创造性，为公司的长远发展做出贡献。

高管薪酬激励体系是公司治理机制中最重要的内容之一，根据美国公司制模式下高管薪酬构成，高管的总薪酬不单包括工资、短期绩效奖金等货币形式的报酬，还包括股票等权益形式的报酬。薪酬激励机制中能够对高管真正起到激励作用的是限制性股票、股票期权和股票增值权等长期股权激励计划。关于上市公司高管薪酬激励的组成部分，传统的薪酬体系主要包括工资、奖金和其他年度薪酬。年度工资通常是固定的，与激励机制无关。年终奖金同企业绩效挂钩，有一定的激励作用。Jensen和Murphy（1990）认为，当前及今后工资和奖金的增长只是激励的一小部分。Zhou和Swan（2003）认为，奖金与其所发挥的激励作用存在临界值，与股票业绩无关，可能会造成经理人的短视行为，使得经理人放弃那些有利于企业长期发展的计划而追求眼前利益。

20世纪80年代以来，高管股权激励作为一种长期激励机制发展迅速，成为我国上市公司高管薪酬的重要组成部分，而年度工资和奖金部分在高管收入中所占的比重逐年下降。在美国，股票期权是应用最多的一种长期激励性报酬形式，排在第二的是限制性股票，根据公司的需要在股票期权的基础上衍生出许多模式，因此，通常将长期激励性报酬称为“股权激励”。在我国，股票期权用得比较少，运用最多的是业绩股票、股票增值权和限制性股票。股权激励是公司治理机制中最重要的内容，它是在企业委托代理关系形成后出现的，是公司治理制度在企业管理实践中的具体应用。股权激励直接减轻了股东与管理者之间的利益矛盾，使得股东和管理者成为利益的共同体。股权激励的激励性主要体现在让经营者持有股票或者期权，使之成为企业股东，分享企业剩余索取权。股权激励将经营者的个人利益与企业的利益捆绑在一起，或者说经营者的大部分收益来自公司股票或股票期权的收益，最终完全取决于公司真实价值的增长，所以这种激励方式可以激发经理人从股东的利益出发，为实现股东价值最大化而努力工作。与经理人的年薪和年终奖比，股权激励的价值无疑具有“黄金”的价值。在资本市场的杠杆作用下，股权激励比传统的激励方式具有更大的想象空间。股权激励驱动经理人以股东的身份参与公司的经营决策、努力提高公司业绩，将企业长远发展、股东价值最大化与经理人自身的价值高度统一起来，形成“放眼未来，风险共担，利益共享”的局面。

薪酬水平决定经理人是否接受工作，而薪酬结构则决定经理人的努力程度，股权激励的强度与管理者薪酬结构密切相关。国内外学者在实证研究中大多将管理者的薪酬结构分为两部分，一部分为包括年薪和绩效奖金在内的以现金形式支付的货币薪酬，另一部分为包括股票和期权等在内的以股票形式支付的权益性薪酬（也叫风险薪酬）。在国内外高管薪酬激励体系中，货币薪酬被视为短期薪酬，权益薪酬被视为长期薪酬①。除此之外，还有部分学者将管理者的薪酬结构分为显性薪酬和隐性薪酬。显性薪酬是指工资、奖金和股票等体现在正式薪酬激励体系中的报酬，而隐性薪酬是指通过在职消费等体现在公司管理费用上的个人收益，隐性薪酬也是高管获取收益的重要来源，但是由于难以观察、缺乏可靠的数据来源导致无法准确计量，因此，在本书的研究中主要采用第一种分类方法，将高管薪酬结构分为货币薪酬和权益薪酬，货币薪酬包括基本工资、补贴、津贴等现金报酬，权益薪酬包括股票、期权等股权激励收入。关于股权激励的量化方法，国内外学者在进行实证分析时，普遍以CEO权益薪酬占CEO总薪酬的比例作为股权激励强度的替代变量，所计量的是CEO薪酬在多大程度上处于风险之中，取值越大，股权激励的作用越强。本书借鉴国内外学者的度量方法，在后文的实证研究中，用CEO权益薪酬占总薪酬的比例来衡量CEO股权激励的强度。

① 高明华，等.中国上市公司高管薪酬指数报告［M］.北京：经济科学出版社，2011:64.

1.2.3 并购

任何一家企业的增长既可借助于内部增长（自我积累式增长），也可借助于外部增长（并购式增长）。相较于前者，并购式增长是很多大型企业成长的主要路径。并购的内涵非常广泛，一般是指兼并（Merger）和收购（Acquisition），二者常常合在一起使用，国际上通常称为“Merger and Acquisition”，简称“M & A”。

1）兼并

《大不列颠百科全书》中关于兼并的解释是：“相互独立的两家或多家公司中占有优势的一家公司，通过吸收合并一家或多家公司的行为。”企业兼并的主要形式有承担被兼并方债务、购买被兼并方资产或股份等。《关于企业兼并的暂行办法》指出：“兼并指一个企业通过购买等有偿方式取得其他企业的产权，使其失去法人资格或虽保留法人资格但变更投资主体的一种行为。”《国有资产评估管理办法施行细则》中指出：“企业兼并是指一个企业以承担债务、购买、股份化和控股等形式有偿接收其他企业的产权，使被兼并方丧失法人资格或改变法人实体。”兼并有广义和狭义之分，狭义的兼并相当于吸收合并，与《大不列颠百科全书》中的定义相同。广义的兼并是指一个企业通过产权交易获得其他企业产权，并企图获得其控制权，但是这些企业的法人资格并不一定丧失。广义的兼并概念较为宽泛，不仅包含狭义的兼并，其内涵还有所拓展，只要有其他公司不能存续都可以被纳入兼并的范畴。《关于企业兼并的暂行办法》《国有资产评估管理办法施行细则》《企业兼并有关财务问题的暂行规定》都采用了广义兼并的含义。合并实质等同于广义的兼并，《中华人民共和国公司法》明确指出，合并有吸收合并和新设合并两种形式。比较来看，合并的范畴与广义兼并的范畴是一致的。所谓新设合并是指两个或两个以上公司通过合并设立一个新公司，合并后各方的法人实体地位都消失的经营行为，即狭义的兼并。

2）收购

《牛津商务词典》将收购界定为：“为达到特定的战略目标和商业目标，一个企业购买另一个企业的资产或者股份的商业行为。”收购可以进一步分为股权收购和资产收购两种形式，前者是通过购买目标公司已经发行在外的股份或认购目标公司发行的新股两种方式进行，收购后，收购方在目标公司占有一定的股份或优势股份，可以对其参与控制或实施控制，目标公司并不解体；后者是通过购买目标公司的部分或全部资产的方式进行，收购后，如果只是购买目标公司的部分资产，目标公司还将继续存在，如果目标公司出售其全部资产，则该公司即告解散。证监会发布的《上市公司收购管理办法》明确指出："收购人可以通过取得股份的方式成为一个上市公司的控股股东，可以通过投资关系、协议、其他安排的途径成为一个上市公司的实际控制人，也可以同时采取上述方式和途径取得上市公司控制权。"按照收购方获得的股权比例，股份收购又可以分为以下三种情况：①参股收购，即买方企业仅购得卖方企业的部分股权，在此情况下，企业通常仅以进入卖方企业的董事会为目的；②控股收购，即买方企业购得卖方企业的股权达到控股比例（持有51%的股权）；③全面收购，即买方企业购得卖方企业的全部股权，卖方企业成为买方企业的全资子公司。

兼并和收购从不同的角度定义了企业控制权运动过程。二者的相同之处表现在以下三点：①兼并和收购都是公司对市场竞争的本能反应；②兼并和收购都是通过所有权或产权的有偿转让来实现的；③兼并和收购的目的都是通过外部扩张战略来谋求公司自身发展的。兼并和收购的区别主要在于：兼并是指一个企业与其他企业合为一体，被兼并公司的产权全部转移，其法人主体消失；收购则并非合为一体，而仅仅是一方对另一方居于控制地位，被收购公司的产权部分转让，作为经济实体的公司仍然存在，具有法人资格。但是，在实务操作中，即使不对二者作特别的区分，也不至于引起重大歧义，因此，人们常常将其连在一起使用。本书根据研究需要，将并购的定义和内涵限定在股权收购、资产收购和吸收合并等控制权转让明显且有偿的三种并购活动。在本书的研究中，实施并购的公司称为主并公司、并购公司或收购方，被收购的公司称为目标公司或被并购公司。

按照不同的标准，企业并购可以分为多种类型。按照并购与行业的关系划分，并购可以分为横向并购、纵向并购和混合并购三类。这三类是并购的基本类型，无论何种公司对外扩张，最终都会由此得以体现。横向并购是指生产同类商品或提供同类服务的公司间的并购行为，主要涉及经营范围处于某一商业活动领域内的企业（属同业竞争）；纵向并购是指生产工艺或经营方式上有前后关联的公司间的并购行为，主要涉及处于同一产业链不同环节中的企业（属价值链上下游关系），即具有纵向协作关系的公司之间的并购；混合并购是指业务类型不相关的公司之间的并购行为。

根据并购的交易形式划分，并购可以分为要约收购、二级市场收购、协议收购、股权拍卖收购等几种类型。要约收购是指并购公司通过证券交易所的证券交易持有目标公司股份达到30%时，依法向该公司所有股东发出公开收购要约；二级市场收购是指并购企业在二级市场上购买目标企业的股票并实现控制目标企业的目的；协议收购是指并购双方通过协商谈判在并购各方面的条件上达成共识，最终签订并购协议达成并购目的；股权拍卖收购是指目标企业原股东所持股权因涉及债务诉讼等事项进入司法拍卖程序，并购企业借机通过竞拍取得目标企业控制权。

按照并购对价方式划分，并购可分为现金对价并购、股票对价并购和混合对价并购。现金对价并购是指并购企业使用现金购买被并购企业的资产或者股权以获得目标企业控制权的并购方式；股权对价并购是指并购方使用本公司的股权换取被并购企业股权或者资产以获取被并购企业控制权的并购方式；混合对价并购是指并购企业利用多种支付工具的组合达成并购交易以获取被并购企业控制权的并购方式。

1.3　研究目标与研究内容

1.3.1　研究目标

并购是可观测的公司重大长期投资事件，对股东的价值创造能够产生重大影响，而股权激励机制能促使管理者做出增加股东财富的投资决策，因此，并购是检验CEO股权激励机制与公司投资决策效率的一个理想切入点。CEO股权激励是否能够影响上市公司的并购决策？其与并购溢价、并购的短期业绩和长期业绩有什么关系?管理者的股权激励是否会减少管理者非股东价值最大化的并购行为，降低并购中的代理成本，为并购股东创造价值？本书基于管理者薪酬激励和公司并购的相关理论，通过公司并购这一可观测的独特投资事件，检验CEO股权激励与企业并购行为之间的关系。具体来说，本书的研究目标如下：

（1）股权激励除了可以通过协调股东与管理者利益达到降低代理成本的目的外，其设计的特点还可将公司的风险与管理者财富联系在一起，以激励管理者接受风险，高管权益薪酬激励具有凸性，能够增加高管的风险承担（Guay，1999；Aggarwal和Samwick，2006）。国内学者研究证实，高管股权激励与企业投资之间存在正相关关系，增加了管理者的风险承担（李小荣和张瑞君，2014）。风险承担反映的是企业在投资项目选择上的风险偏好，并购是公司要进行的风险最大的战略投资，需要投入大量的资金，进行复杂的谈判，且并购后的结果具有高度不确定性，管理者面临着巨大的风险和挑战，那么，并购公司管理者的股权激励是否会促使管理者发起风险并购投资？是否会影响企业并购的交易规模？本书旨在通过CEO股权激励对企业并购决策影响的实证检验来获得答案。

（2）管理者制定决策的目的应当是增加股东财富，但是，当公司的所有权和控制权分离时，监管的缺失使得公司高管可以有效地控制整个企业，自由决策，高管所做出的并购决策可能违背股东价值最大化的原则。很多学者研究发现，对目标公司的高估和支付过高的收购溢价会损毁收购方的股东价值，管理者对目标公司过度支付不是由于估价的错误，而是通过非股东价值最大化的并购活动获取私利，并购代理问题是导致管理者支付过高的并购溢价的重要原因。在并购溢价协商过程中，公司高管可能出于自身利益进行决策，为了促成并购以获得更高的管理层职位或管理权力而对目标公司支付过高的并购溢价。那么，并购公司CEO股权激励作为解决公司代理问题、协调管理者利益与股东利益一致的一种长效激励机制，是否会促使CEO在并购价格的协商中做出更大的努力，降低对目标公司支付溢价的水平，为并购股东创造价值？本书旨在通过实证检验CEO股权激励对并购溢价决策的影响来获得答案。

（3）管理者在并购交易过程中会面临很多选择，比如，管理者需要选择采用何种收购方式、选择目标公司、确定并购金额和并购溢价、决定是否发起并购等，因此，从并购决策的做出、并购接管的进行到收购后整合的全过程中，CEO都起到关键性作用。CEO是并购决策的主体，其决策的效率能够影响并购股东的价值创造，股权激励机制与CEO的并购决策及其经济后果息息相关。收购公司的管理者股权激励机制如何与并购绩效的股价效应相联系？股权激励是否会减少管理者非股东价值最大化的并购决策？股权激励如何影响并购公司的短期绩效和长期绩效？本书旨在通过实证检验CEO股权激励对并购绩效的影响来获得答案。

（4）有关管理者激励的理论和经验研究大多来自现代市场经济发展较为成熟的国家，特别是法律系统健全、资本市场活跃有效、公司治理机制比较完善的美国。而中国正处于经济体制转轨中，具体制度背景使得上市公司高管股权激励与企业并购行为之间的关系受诸多因素影响。本书结合我国制度背景和上市公司高管股权激励中存在的现实问题，考虑到股权激励的效果与公司风险和内部治理机制相联系，因此将不确定性、董事会机制、大股东控制权和CEO过度自信纳入股权激励与并购行为研究框架中，旨在检验这些因素的调节机制。

1.3.2　研究内容

本书主要包括以下内容：

第1章，导论。本章主要阐述研究的选题背景、研究意义、研究目标和主要创新点；简要地介绍了研究框架、研究方法与思路、结构安排；结合本书的主要研究内容，对相关概念进行了界定和诠释。

第2章，文献回顾与述评。本章分为三个部分：第一部分为国内外关于管理者薪酬激励的研究综述，这部分对管理者薪酬激励与公司业绩关系、管理者股权激励与投资决策关系的国内外研究成果进行回顾和梳理，分析了管理者薪酬激励机制相关实证研究的理论基础和发展趋势；第二部分是国内外关于企业并购动因的研究综述，将不同视角下的并购动因作为企业并购行为研究的重点和起点，此部分基于经济视角和财务视角对国内外并购动因理论进行了梳理和回顾；第三部分为管理者薪酬激励视角下企业并购行为的研究综述。这部分主要对并购前管理者薪酬激励如何影响公司并购行为进行梳理和回顾，厘清并购决策、并购交易特征和并购绩效与管理者薪酬之间的关系，旨在明确国内外管理者薪酬激励和公司并购相关研究领域的关键问题、最新研究动态和研究成果，为实证研究的理论分析、假设提出以及模型建立积累充分的理论依据。最后，对国内外文献中的研究问题、学术见解和主要观点进行归纳和总结，找到本研究的立足点，为本研究提供方向和参考。

第3章，理论基础与逻辑分析。本章分为两个部分：第一部分阐述了管理者薪酬激励相关的理论基础，包括委托代理理论、管理者权力理论和风险偏好理论，这些理论基础可以帮助我们更好地理解管理者薪酬激励如何影响企业并购的决策过程和并购股东的价值创造；第二部分分析了董事会治理机制、大股东控制权、环境不确定性和CEO过度自信对管理者股权激励与企业并购行为关系的影响机制。本章内容为本书后续的实证研究和假设的提出奠定了理论基础。

第4章，制度背景分析。本章包括三个部分：第一部分为我国上市公司高管股权激励的发展趋势和相关制度分析。首先，结合制度背景介绍了上市公司高管股权激励的演进过程以及上市公司高管股权激励实施的制度环境；其次，结合股权激励的效果分析了上市公司实施股权激励过程中存在的现实问题；最后，对上市公司CEO的薪酬结构现状和发展趋势进行了描述性统计。第二部分结合制度背景和证券市场的发展环境介绍了我国上市公司并购活动的不同发展阶段和特点。第三部分对上市公司并购交易特征（并购交易规模、行业特征、支付方式、溢价情况）进行描述性统计，对2008—2014年上市公司并购活动的总体情况和发展趋势进行回顾。本章内容为后文结合我国制度环境特点来研究CEO股权激励与并购行为之间的关系提供了思路与参考。

第5章，CEO股权激励对并购决策影响的实证分析。本章对CEO股权激励与并购决策之间的关系进行理论分析并提出研究假设，以2008—2014年上市公司发生的并购事件作为研究样本，运用Logit模型实证检验主并公司CEO股权激励对并购决策的影响，同时将管理者过度自信、董事会治理机制和环境不确定性纳入研究框架，检验这些因素对CEO股权激励与并购决策间关系的调节机制。

第6章，CEO股权激励对并购溢价影响的实证分析。本章分析CEO股权激励对并购溢价的影响并提出相关假设，以2008—2014年上市公司发生的并购事件作为研究样本，建立多元回归模型实证检验CEO股权激励对并购溢价的影响，同时将管理者过度自信、董事会治理机制和大股东控制权纳入研究框架，分别检验这些因素对CEO股权激励与并购溢价间关系的调节机制。

第7章，CEO股权激励对并购绩效影响的实证分析。本章分析CEO股权激励对并购绩效的影响并提出相关假设。以2008—2014年上市公司发生的并购事件作为研究样本，建立多元回归模型实证检验主并公司CEO股权激励对并购公司短期业绩和长期业绩的影响。从股票收益的角度对并购后企业绩效进行评价的方法已经成为国际学术界主流的研究方法，本章实证部分基于事件研究法采用并购宣布期间股东的累计超额回报率来衡量并购公司的短期业绩；采用购买并持有的异常回报率来度量并购公司的长期业绩。同时，将董事会治理机制、大股东控制权和环境不确定性纳入CEO股权激励对并购绩效影响的实证研究框架，分别检验这些因素对CEO股权激励与并购绩效间关系的调节作用。

第8章，研究结论、政策建议及未来展望。在前文各章分析的基础上，总结主要结论，并根据实证研究的结果，为管理者薪酬激励机制的设计和实施提出政策建议，同时提出研究的局限性，指出进一步研究的方向。

本书各章的主要内容和结构安排如图1-1所示。

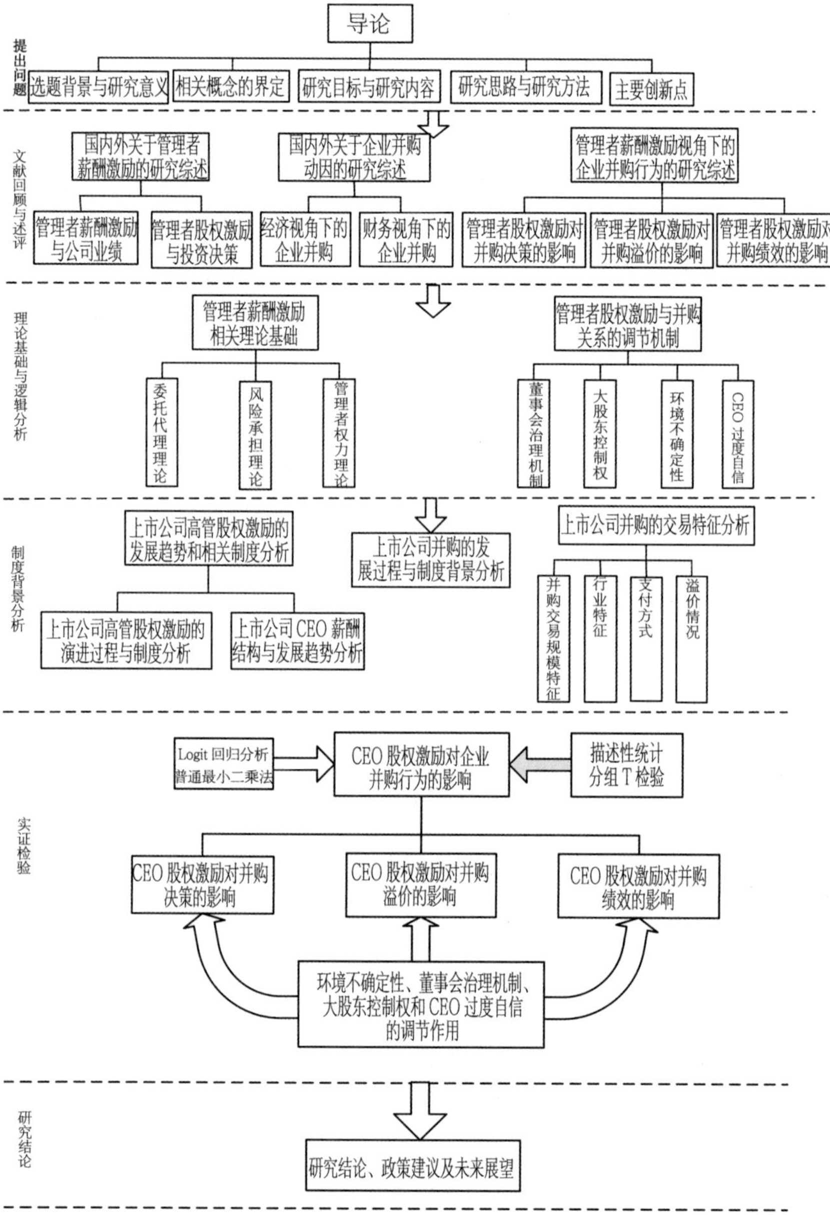

图1-1 CEO股权激励与并购行为关系的研究内容结构图

1.4 研究思路与研究方法

1.4.1 研究思路

本书的主要研究问题为CEO股权激励与并购行为间的关系，主要包括并购前CEO股权激励对并购决策、并购溢价和并购绩效的影响。本书遵循“问题提出-理论解释-实证检验-政策建议”的研究思路。首先，根据研究目标和研究内容提出本书主要研究的问题，在对国内外管理者薪酬与并购研究成果进行分析和总结的基础上，运用管理者薪酬激励理论，包括委托代理理论、管理者权力理论和风险承担理论等分析并解释本书研究问题的内在机理；分析能够影响并购前CEO股权激励与并购决策间关系的因素，包括董事会治理机制、大股东控制权和环境不确定性，通过这些理论基础与逻辑分析为后文实证研究假设的提出奠定基础。其次，通过分析对上市公司高管股权激励特征和并购事件发展特征，介绍本书研究问题的制度背景。结合理论解释和相关制度背景，从CSMAR数据库和Wind数据库获取实证研究所需的财务、公司治理和市场交易方面的数据，并进行初步的描述性统计。在此基础上，建立数据模型，实证检验CEO股权激励与并购行为间的关系。最后，总结归纳主要研究结论，从上市公司高管股权激励机制和企业并购两个角度提出政策性建议，并指出本研究的局限性及未来的研究方向。本书的研究思路如图1-2所示。

1.4.2 研究方法

本书综合运用规范分析和实证分析相结合的研究方法。在文献综述、理论基础和逻辑分析等理论分析部分主要采用归纳演绎、逻辑推理的规范研究，通过规范研究建立本研究的逻辑框架体系，为后文实证研究的假设提出和模型建立提供理论依据；实证分析部分遵循规范的实证研究程序和实证研究方法，通过样本数据搜集和整理、实证模型构建对CEO股权激励与并购行为间的关系进行实证检验，通过对相关假设的验证，得到预期

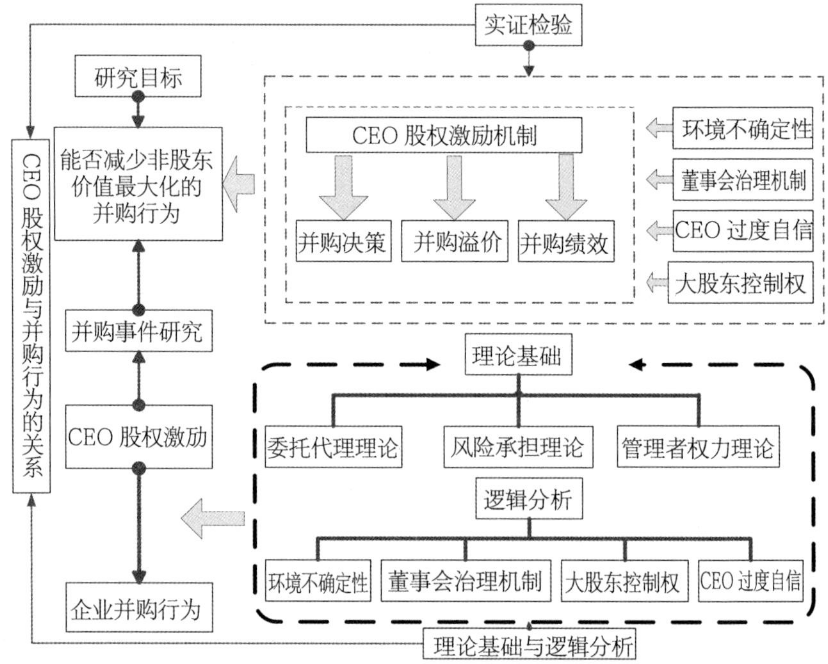

图1-2　CEO股权激励与并购行为关系的研究思路

结论与对策建议。具体来说，针对本书的研究目标和研究内容，本研究使用以下几种方法：

1）综合运用规范分析和实证分析的研究方法

在对中国上市公司CEO股权激励与并购行为间关系进行研究的过程中，综合运用规范分析和实证分析的研究方法。在规范分析中，通过文献综述，把握国内外学术界对管理者薪酬激励和并购问题的理论研究进展，并在此基础之上对管理者股权激励对企业并购行为的作用机理进行深入研究，借鉴公司治理理论、经济学理论和行为金融学理论，从理论层面逻辑分析了管理者股权激励与并购行为间关系的调节机制，为实证检验模型的构建提供了理论依据。在实证分析中，遵循规范的实证研究程序，通过样本数据的搜集和整理、实证模型的构建，利用上市公司并购事件的样本数据，运用一系列统计计量方法展开实证研究，对CEO股权激励与并购行为间的关系进行实证检验。

2）配合使用定性分析与定量分析的研究方法

采用定性分析的研究方法对本书涉及的相关概念和文献进行系统的梳理，并结合研究目的进行分析与评述，从理论上解释了CEO股权激励与并购行为间的因果关系；在定性分析的基础上，通过上市公司并购样本数据的搜集和整理、实证模型的构建，对相关变量采用定量分析的研究方法，综合运用描述性统计、Logit回归分析、非参数检验、普通最小二乘法（OLS）等方法，对相关理论假设进行了检验，同时在定量分析的研究过程中借助定性分析确定研究结论。

3）综合运用演绎与归纳的研究方法

从分析与管理者薪酬激励相关的经济学理论出发，针对上市公司CEO股权激励特点和公司治理机制的实际情况，通过演绎推理，对不确定性、董事会治理机制以及大股东控制权的调节机制进行逻辑分析，并提出CEO股权激励与并购行为研究的相关假设。在理论假设的基础上，通过实证分析，归纳并购框架下CEO股权激励的作用机制。

4）比较研究的研究方法

实证研究中，在全样本回归的基础上，对样本公司进行分组，进行方程估计结果比对和组间T检验与秩和检验，通过比较分析不同影响机制下CEO股权激励的效果，发现基于公司治理视角影响股权激励机制与企业并购间关系的内在机制，为上市公司实施并购提供实证支持。

1.5　主要创新点

本研究的创新点主要表现在以下三个方面：

1）研究内容的创新

并购是公司各项投资中风险和规模都比较大的投资，本书将公司并购这一可观测的风险性投资事件作为研究管理者股权激励与投资行为间关系的一个理想的研究切入点，采用并购事件研究法，通过并购前CEO股权激励对并购决策、并购溢价、并购短期绩效和长期绩效的影响，对上市公司管理者股权激励与并购行为间关系展开全面细致的研究，结合管理者薪酬激励的相关理论分析，深刻揭示了高管股权激励对企业并购投资决策影响的机制，本书的研究丰富了管理者薪酬激励和公司并购相关领域的研究内容。

2）研究视角的创新

结合我国具体制度背景和上市公司股权激励的现实情况，本书开创性地将董事会治理机制、不确定性、大股东控制权以及CEO过度自信纳入CEO股权激励与企业并购行为的研究框架中，分析了这些因素对高管股权激励与企业并购间关系的调节机制，为上市公司高管股权激励和公司并购的研究提供了新的思路与视角，丰富并完善了公司治理理论、行为金融学理论。

3）经验证据的增加

目前国内学者利用并购事件研究高管股权激励机制的实证文献不多，仅限于货币薪酬对企业并购绩效的影响。大多数学者选择的是2008年以前的数据，那时我国高管持股比例还比较低，自2005年股权分置改革启动以后，股价真正成为衡量其收益的因素，大股东成为并购市场参与主体，上市公司的股权激励机制逐步发展，高管权益薪酬占比大幅增加。在股权激励下，管理层实施的收购将被赋予新的内涵。本书采取股权分置改革后2008—2014年上市公司的并购事件作为研究样本，深刻揭示了CEO股权激励对并购行为的影响机制，首次为如何更好地激励管理层发现有价值的并购目标、激励管理层更注重股东利益、通过实施提高企业核心竞争能力的战略并购重组实现为股东创造价值提供了最新的经验证据。

第 2 章

文献回顾与述评

在确定本书的研究主题和研究领域后，首先要对选题所涉及领域的研究现状进行归纳整理，以便找出研究问题的出发点和立足点。由于本书是基于管理者激励视角下的企业并购行为研究，股权激励是管理者薪酬激励的重要内容，因此需要对管理者薪酬激励的相关研究成果、管理者薪酬激励与公司并购之间关系的相关研究成果进行综述。因此，2.1 节为国内外关于管理者薪酬激励的研究综述，对管理者薪酬激励与公司业绩、管理者薪酬激励与管理者投资行为的国内外研究文献进行回顾和梳理；2.2 节为国内外关于企业并购动因的研究综述，基于不同视角下的并购动因是企业并购行为研究的重点和起点，此部分基于经济视角和财务视角对国内外并购动因理论进行了梳理和回顾；2.3 节对管理者薪酬激励视角下企业并购行为的研究文献进行了梳理与回顾；2.4 节为文献述评。

2.1 国内外关于管理者薪酬激励的研究综述

在实证研究方面，管理层薪酬激励计划近年来受到学术界的广泛关注，Taussig 和 Barer（1925）最早对高管薪酬激励展开研究，随后学者们对此进行了长达 80 多年的广泛研究，高管薪酬激励逐渐成为国内外学者研究的重点和热点话题。管理者薪酬激励的研究经历了三个阶段的发展：

一是规范研究阶段（20世纪70年代以前）。此阶段大部分研究是以委托代理理论为基础的，从理论上对管理者薪酬与公司绩效的关系进行分析和研究。由于对高管股权激励作用的认识程度尚未深入以及研究数据较难获得，只有少量的实证研究。

二是实证研究阶段（20世纪80年代至90年代）。此阶段高管薪酬高速增长，尤其是股票和期权等长期激励计划的使用大幅增加，这引起了研究机构及学者的广泛关注。随着高管薪酬信息披露机制的不断发展和完善，相关研究的数据更容易获得，这为开展高管薪酬激励研究涉及的诸多关键问题提供了数据支持。因此，有关高管权益薪酬激励的实证研究迅速发展，学者们研究的重心也从薪酬与绩效关系的研究转向对高管激励的水平、结构以及影响因素的研究，取得了丰富的研究成果。

三是深入阶段（2000年至今）。此阶段管理层股权激励机制日臻完善和健全，高管权益薪酬数据逐渐透明化、公开化，对高管股权激励机制的研究更加深入与丰富，如公司治理机制对股权激励的影响、高管股权激励对公司财务决策和投资决策的影响等，学者们在管理者的薪酬结构、如何制订股权激励计划以及影响高管股权激励计划效果的因素等方面展开大量研究，这些研究帮助我们理解高管股权激励机制的一些核心问题，也是本书开展后续并购行为研究的关键。结合具体研究内容，本书重点从管理者薪酬激励与公司业绩、管理者股权激励与管理者投资决策两个方面来对国内外关于高管薪酬激励的实证研究进行梳理与回顾。

2.1.1 管理者薪酬激励与公司业绩

管理者薪酬激励的核心思想来源于委托代理理论（Jensen和Meckling，1976）。自委托代理理论提出以来，人们一直将管理者定位于股东代理人的角色，且在理论上认为，组织成员拥有不同的利益目标，自利、风险厌恶和有限理性等人性特点以及在组织内部信息的不对称性使得作为委托人的股东很难了解代理人的实际行为（Fama和Jensen，1983；Alchian和Woodward，1988）。由于股东对管理者行为的了解和监督有限，因此，为了解决代理问题，股东通过薪酬激励机制将高管薪酬和公司业绩相联系来降低代理成本。为了检验薪酬激励机制的有效性，学者们首先对高管薪酬激励与公司业绩之间的关系展开了广泛的研究。Jensen和Murphy（1990）开创性的贡献使我们对高管薪酬和激励机制有了更加深刻的了解。在这篇文章中，作者主要利用股票收益率来衡量企业绩效，首次通过薪酬绩效敏感度来衡量公司CEO的薪酬与企业绩效（企业市场价值）之间的关系。其研究思路和研究方法被后来的学者广泛采用，20世纪90年代以后的大多数实证研究秉承了其研究范式。研究发现，公司CEO的薪酬与股东财富之间的关联度较小，而这种薪酬绩效敏感度过低使CEO的激励强度不足，无法解决代理问题。这篇经典论文质疑了高管薪酬激励计划的有效性，暗示高管薪酬应该具有更大的激励强度。此后，美国高管薪酬的节节攀升很难说不是因为受到这篇文章的影响。Zhou和Swan（2003）认为，短期薪酬具有一定的激励作用，但与股票业绩无关，长期薪酬与股票收益之间的联系越来越紧密。虽然公司每年支付给高管的薪酬数额很大，但相比他们（特别是CEO）所持有股票和期权的价值来说，仅仅是九牛一毛，大部分高管激励来源于股票和期权。

随着时间的推移，激励所发挥的作用日益增强。越来越多的实证研究证实高管薪酬激励和企业绩效之间存在止相关关系，而且有增强的趋势。20世纪80年代，股票期权、限制性股票、股票增值权、股票购买计划等长期薪酬激励计划开始在美国盛行，很多学者将研究视角转向高管长期股权激励与公司绩效之间的关系。Jensen和Meckling（1976）首先开始对管理层股权激励与公司绩效关系开展正式研究。研究指出，由于管理层持股将管理者和股东利益更紧密地联系在一起，因此管理层持股比例应该与公司绩效正相关，并且，持有较少股权的管理者有动机利用职权消费牟取私利，不能使股东利益最大化。随后，Morck、Shleifer和Vishny（1988）发现，高管持股比例在一定程度上可以提升公司价值。Mehran（1995）采用随机抽取的方式选取153家制造公司，实证研究发现，公司业绩与基于权益的薪酬有很明显的相关性，相比薪酬数量而言，薪酬结构激励高管人员增加企业价值的效应更强。Hall和Liebman（1998）研究发现，由于美国上市公司CEO持有的股票和期权的大幅增加使得CEO薪酬和企业绩效之间的敏感度增强。根据Hall和Liebman（1998）统计，1980—1994年，CEO拥有的与股票价格相关联的个人财富增长了3倍，1994—2000年又翻了一番。以往研究认为，给予CEO一定数量的股票、期权能够激励其采取使股东利益最大化的行动决策，并相应带来公司价值的提升。众多学者的研究一致认为，高管薪酬和公司业绩的相关性显著增加是因为管理者薪酬结构中股票和期权的比例增加，这说明管理者的股权激励机制的确对高管产生了一定的激励作用，能够更好地协调管理者与股东之间的利益，降低代理成本，提升企业绩效。David等（1998）研究了实施股权薪酬后公司股价的波动及企业价值的变化情况，发现股权薪酬与企业价值的变动存在正相关关系，股权激励效应显著。Ittner和Larcker等（2001）进一步肯定了股权激励效应，但也指出，股权对那些希望在一个新公司里谋求发展的高层管理人员（如CEO、董事、副总经理）的激励效应更为明显。

Aggarwal和Samwick（2006）选取的样本更多、覆盖的时期更长，他们对股票和期权激励的研究发现，企业绩效随着各层级激励的增加而提高。激励的大小（管理者的股权或薪酬绩效敏感度，PPS）取决于管理者对风险的厌恶程度，风险厌恶型代理人所获得的激励与绩效评估变动负相关。因此，企业要提升绩效，就应当根据管理者的风险厌恶程度设计激励机制，既要引导管理者采取正确的行动，又不能将其暴露于过大的风险之中。Prendergast（2002）的研究表明，契约环境对管理层激励有着重要影响。假定风险以某种形式对管理层的工作施加噪音，那么对激励与绩效的关系的推理会变得更加困难（Holmstrom和Milgrom，1994）。Bertrand等（2002）认为，董事会的独立性对CEO薪酬激励的有效性非常重要。在管理不善的公司中，董事会在决定CEO薪酬时不一定遵循股东利益最大化原则，CEO可能通过与董事会合谋或者运用权力控制董事会，操纵薪酬契约的制定，使得薪酬激励的效果难以达到最优。Bebchuk和Fried（2006）指出，管理者权力能够降低薪酬与绩效的相关度。董事会被管理者控制，因此二者间不存在讨价还价或有效的合约。相反，CEO能够主导薪酬制度的制定，因此CEO的薪酬往往与企业绩效无关。Bergstresser和Philippon（2006）发现，股权激励虽然可以通过协同效应对公司业绩产生正面影响，但当公司内部治理机制薄弱、对管理者缺乏监督的情况下，股权激励可能诱发管理者的盈余管理行为，从而破坏激励机制的有效性。

因此，良好的公司治理是保证高管薪酬激励计划取得预期效果的重要因素。如果存在强势的管理者、弱势的董事会、糟糕的公司治理以及贪婪的企业文化，激励制度在这些企业往往失效，股票期权与其说是一种激励手段，不如说是管理者致富的工具。

对比国外学者，我国学者对高管薪酬激励的研究起步较晚，但发展迅速。随着我国现代企业制度的建立和上市公司治理机制的不断完善，高管薪酬激励逐渐成为国内学术界关注的热点问题之一。国内学者围绕企业业绩、激励强度以及公司治理进行了大量的实证研究。由于早期我国上市公司高管激励主要以货币薪酬为主，股权激励尚未发展，学者们的研究主要集中在对高管货币薪酬与企业绩效之间关系的检验，大多数学者认为高管薪酬水平偏低，与公司绩效不存在显著相关关系，高管持股比例偏低，不存在股权激励效应。魏刚（2000）通过对1999年861家上市公司的高管薪酬激励与企业绩效之间的关系进行实证研究发现，上市公司高管薪酬与公司规模之间存在显著的正相关关系，与公司绩效之间没有显著的相关关系。高管激励主要以货币薪酬为主且水平偏低，薪酬结构单一、不合理。高管持股仅仅是一种福利，与公司绩效无关，股权激励效果未得到体现。同样，李增泉（2000）对上市公司经理人薪酬的研究得到了相似的结论，上市公司经理人的年度薪酬与公司规模存在显著的正相关关系，与公司业绩没有显著的相关关系，由于上市公司经理人的持股比例偏低，不存在股权激励效应。

随着企业制度改革的不断深入、高管薪酬激励机制的规范与完善，国内高管薪酬激励的水平不断提高，国内学者的一些实证研究表明，上市公司高管薪酬与公司业绩的相关性不断加强，高管薪酬体现出一定的激励效果。刘斌等（2003）通过对1997—2000年76家上市公司的CEO薪酬与公司业绩关系的实证检验发现，CEO薪酬的增加能够促进股东利益的增加，我国上市公司的CEO薪酬已表现出一定的激励效应。张俊瑞等（2003）对我国2001年127家上市公司的高级管理人员的年度薪酬、限制性股票等激励方式与公司绩效之间的关系研究发现，高级管理人员的年度薪酬、持股比例和企业绩效之间存在显著的正相关关系。辛清泉、谭伟强（2009）通过对2000—2005年国有上市公司经理人的薪酬激励机制与以股票市场回报为基础的企业绩效和会计基础的经营业绩之间的关系进行研究发现，与会计基础的经营业绩相比，经理人的薪酬激励机制与以股票市场回报为基础的企业绩效之间的关系逐渐加强。

股权分置改革促进了我国资本市场稳定发展，为上市公司建立完善的高管激励与约束机制提供了良好的制度环境。“全流通”背景下上市公司高管股票和期权等长期激励计划逐渐发展，管理层的股权激励效应已有所显现，这使得国内学者对高管激励的研究重心从货币薪酬转向权益薪酬。同时，随着公司治理理论和实践的发展，很多学者将公司治理特征纳入高管股权激励与企业绩效的实证研究中，结合我国上市公司具体制度背景，分别研究了董事会治理特征、股权结构、产权性质等因素对高管股权激励机制的影响。我国上市公司高管股权激励效应受制于公司治理结构和制度环境，不完善的治理结构、严重的代理问题会降低股权激励的效果。很多学者发现，不同产权性质下实施股权激励的效果存在显著差异。宋渊洋、李元旭（2010）针对上市公司经理人的股权激励对公司价值的影响进行了实证检验，研究发现，经理人股权激励的效果在国有企业和民营企业之间存在差异。对于国有企业来说，虽然股权分置改革后原有的股权激励效果有所增强，但相比民营企业，国有企业的股权激励尚未真正发挥其应有的激励作用，货币薪酬激励效果优于股权激励效果。而对于民营企业来说，经理人股权激励的效果优于货币薪酬激励的效果，能够明显提升公司价值。周仁俊等（2010）对2005—2009年国有和非国有控股上市公司的高管股权激励与公司业绩间关系进行了比较研究。研究发现，高管股权激励与公司业绩存在显著正相关关系，且这种正相关关系在非国有上市公司中更为显著，管理层的股权激励效果已有所显现。

学者们进一步研究发现，导致国有上市公司和非国有上市公司的股权激励实施效果差异的原因是不同产权性质下高管股权激励机制设计动机不同。辛宇、吕长江（2012）研究发现，国有上市公司的高管股权激励机制设计的动机同时具有福利和激励的性质，非完全激励性质的设计动机弱化了国有上市公司的高管股权激励的效果。肖星、陈婵（2013）发现，国有上市公司和非国有上市公司的内部治理环境能够影响股权激励计划的效果，根据管理者权力理论，国有上市公司的高管股权激励计划是管理层通过自身权力寻租的结果，管理者权力弱化了股权激励的效果；而非国有上市公司管理层的股权激励计划更符合最优契约理论，因此能够达到有效的激励效果。邵帅等（2014）通过上海家化的案例，对不同产权性质下高管股权激励机制的设计动机和激励效果的差异进行了比较分析。研究发现，国有企业由于激励比例及激励收益受到过多的政策限制，导致激励不足，并且由于内部人控制等问题，股权激励设计倾向于福利型。民营企业的大股东更有动机推动股权激励，股权激励方案设计和激励目标设计更为合理，能够达到应有的激励效果，促进民营企业股东价值的提升。

随着我国上市公司治理机制的不断发展，越来越多的学者关注不同的内部治理结构对高管股权激励效果的影响。周建波、孙菊生（2003）发现公司内部治理机制是影响管理层股权激励与企业绩效关系的重要因素之一，公司内部机制弱化的情况下，如董事长和总经理两职合一、独立董事比例较低的公司，董事会不能发挥良好的监督作用，股权激励机制的设计容易受个人控制，导致公司经营业绩的提高与管理层股权激励存在显著负相关关系，对管理层进行股权激励不仅不能起到激励效果，管理层还存在利用股权激励机制为自己谋利掠夺股东利益的行为。方军雄（2011）通过实证分析2001—2007年上市公司董事独立性的增强对高管薪酬激励的影响发现，我国上市公司的独立董事制度一定程度上有助于提升高管薪酬激励的有效性。杨青等（2010）实证分析了2005—2008年我国上市公司的内部治理特征对高管激励效果的影响。研究发现，高管薪酬能够正向促进公司绩效的提升，股权集中度对薪酬激励具有正向促进作用，董事会治理特征与高管薪酬机制产生激励后效能够进一步改善公司业绩。王烨等（2012）对2005—2011年实施股权激励计划的上市公司进行研究发现，管理层机会主义行为能够影响股权激励机制的有效性，在公司内部治理机制弱化的情况下，管理层可能会运用自身的权力影响股权激励方案的制订，使股权激励计划对自己有利。学者们还发现大股东控制权对股权激励和绩效产生不同的影响，设计公司治理机制时应充分考虑这一因素。周仁俊、高开娟（2012）实证分析了股权分置改革后2006—2010年上市公司大股东控制权对管理层股权激励效果的影响。研究证实，随着国有控股上市公司第一大股东持股比例的增加，大股东对管理层的监督和协同效果越来越明显，因此，国有控股上市公司的大股东能够增强管理层股权激励效果；非国有控股的上市公司随着第一大股东持股比例的增加，大股东“掏空”动机越来越强烈，加剧了与管理层之间的利益冲突，从而降低了股权激励的效果。

2.1.2 管理者股权激励与管理者投资决策

公司实施高管激励的目的是通过管理者行为影响公司价值。公司的管理人员需要在很多方面采取行动，他们确立公司的战略方向，进行投资决策，决定经营业务的开展和退出，决定如何分配公司内部资源等。总之，管理者可以采取许多不同的行动对企业绩效造成很大的影响。投资决策是决定公司价值创造的重要因素之一，不仅影响当前的企业绩效，也会影响未来的企业绩效。国外学者们就股权激励机制如何影响投资决策展开实证研究，很多实证研究表明，管理者的股权激励机制能够促使管理者做出股东价值最大化的投资决策。Aggarwal和Samwick（2006）认为对管理者的激励对企业的投资行为有促进作用，由于经理人的本性是喜欢“偷懒”，过多的投资会增加他们工作的难度和复杂性，投资会引发私人成本的增加，导致经理可能会放弃能够增加股东价值的投资项目，因此需要对管理者进行相应的激励来避免这种投资不足。还有证据表明，管理者的股权激励与企业多元化投资决策相关，高管的长期激励薪酬与企业多元化投资决策正相关，高管在股权激励作用下，更倾向于做出能获得较高回报率的投资决策（Carpenter，1998；Sanders，2001）。Guidry、Leone和Rock（1999）认为管理者的年度薪酬、奖金等短期激励会造成管理者的短视行为，管理者为了完成短期业绩指标，顺利获得奖金等货币报酬，可能会做出牺牲企业长期利益的投资决策。Lazear（2004）还发现，股权激励不但能够缓解股东和管理层之间的信息不对称，还可以作为信息筛选机制，促使有投资决策权限的管理者选择并实施那些盈利的投资项目。Conyon（2006）、Hall和Murphy（2001）的研究发现，管理者的短期薪酬激励和长期股权激励对管理者的投资行为尤其是对高管的战略投资决策的影响显著不同。高管的长期激励计划会促使高管做出增加股东价值的投资决策，而短期的激励则会促使高管在投资决策时采取风险规避态度，为了短期内实现个人利益的最大化会做出牺牲股东利益的投资决策。为了避免管理者在投资过程中采取风险规避和短视行为，股东会在高管薪酬结构中增加长期薪酬激励的比例，这也就说明了为什么近年来股权激励如此盛行。

国外很多研究表明，高管的股权激励能够增加管理者的风险承担，正向促进企业的投资。Kang等（2006）通过实证研究高管的股权激励对公司投资的影响发现，高管的股权激励在总薪酬中所占比重与公司长期投资显著正相关。Ghosh等（2007）考察了1994—1997年19 831个美国企业年度CEO所有权（持股与股票期权）对企业资本投资和研发投资决策的影响。结果发现，研发投资支出与CEO持股比例之间为倒U形的二次曲线关系，与CEO股票期权之间的关系则在高水平的期权持有上正相关。但是他们没有发现证据支持预期的资本投资与CEO所有权之间的U形关系。Kang等（2006）考察了经理层激励（基于权益的激励报酬占全部报酬的比重）与长期资本投资支出的关系。结果发现，在考虑了二者的内生性后，基于权益的经理层激励是美国公司长期资本投资的重要决定因素。Coles等（2006）对CEO股权激励与公司投资决策之间的因果关系进行了实证检验。研究发现，CEO的权益薪酬对公司股价风险波动的敏感程度越高，CEO越有可能做出高风险的投资决策。国外大部分学者们研究发现，股权激励可以强化高管投资决策中的冒险精神。传统的代理模型中，股东与高管风险偏好不同，假定股东所做的投资决策是风险中立的，而高管的决策被认为是风险规避的（Jensen和Meckling，1976）。股权激励可以通过将管理者的个人财富与公司的风险相结合，协调风险规避的管理者与风险中立的股东利益一致（Holmstrom，1979）。Datta等（2004）研究发现，股权激励能够提高管理者与股东的风险偏好一致性，鼓励高管进行风险投资行为。很多学者都考察了股权激励对高管投资风险趋向的影响，基本获得一致的结论，Rajgopal和Shevlin（2002）及Cadenillas、Cvitanic和Zapatero（2004）、Larraza-Kintana等（2007）都认为高管股权激励的确能够促使其选择风险性投资项目，股权激励的风险效应为管理者的财富变化提供更大的想象空间，高管更倾向于选择积极、冒险的投资战略。虽然学者们认为股票期权、限制性股票、长期激励计划、短期激励计划都能在一定程度上作为承担风险的激励措施，但是在实际中，高管薪酬激励中的不同组成部分，例如基本工资、奖金、长期激励等对于高管的风险趋向具有不同的影响和作用。研究显示，不同的组成部分有不同的风险特质，每一部分都能对高管行为产生独特的影响力。因此，确定在高管薪酬体系中使用哪些部分、每一部分的比例是多少就显得更为重要。

国内学者也对管理者股权激励如何影响企业的投资行为展开了广泛的研究，大部分研究证实股权激励能够正向促进企业投资，同时提高管理者的投资效率。辛清泉等（2007）以我国上市公司2000—2004年的数据为样本，实证检验了经理人薪酬在企业资本投资决策方面的治理效应，研究发现，上市公司经理人薪酬水平过低不能很好地解决代理问题，反而引发经理人投资过度。罗富碧等（2008）对2002—2005年我国上市公司管理层的股权激励与投资决策之间的关系进行了实证检验。研究发现，高管股权激励能够正向影响企业投资的规模和水平，实行股票增值权公司的投资量比采用其他激励模式的公司投资量更大。吕长江、张海平（2011）以2006—2009年实施股权激励的上市公司为研究样本，实证检验了管理层股权激励计划对企业投资行为的影响。研究表明，相比非股权激励的上市公司，股权激励机制能够抑制企业过度投资行为，也缓解了企业投资不足的问题。詹雷、王瑶瑶（2013）以2005—2010年沪深A股上市公司为样本，研究管理层激励不足对过度投资后果的影响。研究发现，在管理层激励水平较低时，管理层为了增加个人薪酬会进行过度投资，最终减损企业的价值。张庆、朱迪星（2014）选择我国A股上市公司1998—2012年的财务数据，运用理论模型分析了管理层股权激励程度和方式如何影响企业投资行为。研究发现，管理者的股权激励能够减少管理者通过迎合投资产生的代理问题。

学者们对于中国的高管股权激励与投资关系的研究也得出了不一致的结论，主要是因为我国具体制度背景使股权激励与企业投资间的关系受公司内部治理环境和外部资本市场环境的影响。强国令（2012）以2003—2009年上市公司为样本，考察制度变迁对股权激励有效性的影响。研究发现，股权分置改革提高了资本市场效率，使得股票价格与管理者的努力及公司业绩之间的联系更为紧密，从而增强了股权激励机制的有效性。管理层的股权激励能够减少代理问题引发的过度投资和管理者的机会主义行为，缓解了公司投资不足，提高管理者的投资效率。徐倩（2014）实证研究了股权激励对不确定性和投资之间关系的作用。结果表明，环境不确定性对企业投资效率有显著影响，环境不确定性导致投资不足和企业管理者风险回避，而股权激励制度有助于降低投资不足和企业管理者的风险厌恶程度。杨慧辉等（2016）以2009—2014年实施股权激励的上市公司为样本，考察直接控股股东和股权激励的交互作用对公司投资决策的综合影响。研究发现，上市公司采用限制性股票激励方式优于采用股票期权激励方式。董事会机制中，总经理与董事长两职合一与公司过度投资水平显著正相关，独立董事比例对企业过度投资水平无显著影响，独立董事未发挥应有的监督效应，直接控股东更能保障股权激励产生的抑制过度投资的“利益趋同”效应的发挥。

股权激励与公司业绩、价值密切相关，而风险承担是股权激励与公司业绩的中间影响因素，高管权益薪酬的价值取决于股价的波动性，管理者为了实现持有股票和股票期权价值的最大化，往往追求风险高的投资项目。国内学者也提供了一些检验高管股权激励在风险承担上的作用的经验证据，学者们普遍认为股权激励对风险承担行为产生正向激励作用。李小荣、张瑞君（2014）研究发现，高管股权激励支持了代理成本假说，高管持股能够降低代理成本，提高公司风险承担水平。胡国强、盖地（2014）实证考察2006—2011年我国民营上市公司高管股权激励对融资决策的影响。研究发现，高管股权激励强度越高，公司获得的银行短期借款越多。股权激励尤其是期权激励增强高管风险承担，能够促使高管做出增加财务风险的融资决策。王栋、吴德胜（2016）分别用CEO财富对股价的敏感性（Delta）[①]和CEO财富对股票收益波动的敏感度（Vega）[②]来度量利益协同效应和风险承担效应，实证检验了股权激励与企业风险承担水平和政策选择之间的关系。研究结果表明，Vega与公司风险承担水平显著正相关，国有企业的这种风险承担效应没有民营企业表现得明显。在企业的政策选择方面，Vega提高了企业的经营集中度和资产负债率，但是并没有

① Delta是指股票价格变动1%引起CEO个人财富变化的金额。
② Vega是指股票收益年标准差变化1%引起CEO个人财富变化的金额。

促进研发投资。

2.2 国内外关于企业并购动因的研究综述

并购理论是公司财务理论中最重要的课题，随着组织经济理论、资源基础理论、行为金融学理论、信息经济学、战略管理学的发展取得了很大的进展。公司并购是重大的投资决策，往往涉及复杂的并购程序和谈判过程，需要投资大量的资金，对公司的战略发展产生重大影响。因此，公司并购一直是媒体关注的焦点，也受到学术界的广泛关注。Kitching（2001）提出并购动因是公司并购行为研究的重点和起点，国内外学者采用理论与实证相结合的方法对企业并购的动因进行了大量探索。学者们主要从经济视角和财务视角对并购动因进行解释，形成了不同的理论，各种理论相互独立又互为补充，下面就不同研究视角下的企业并购动因研究进行系统的梳理和评述。

2.2.1 经济视角下的企业并购

企业并购动机的经济含义在某种程度上事关并购交易的“经济合理性”。比如，横向并购有利于促进主并方的市场影响力，发挥规模经济优势，通过降低成本来获得经济利润；纵向并购则运用产业链中上下游之间的交易稳定性来节约交易成本，从而提高市场竞争力。从资源配置原理上看，并购交易的经济合理性是指试图使并购交易各方福利最大化，且不以交易中任何福利受损为代价，从而实现资源配置的“帕累托最优（Pareto Optimality）”。作为一种经济愿望，它成为各方从事并购交易的最原始冲动。经济学观点认为，市场影响力、规模经济、范围经济和学习经济是竞争优势的重要资源，并购可以帮助企业获得上述经济要素，并增强企业的相对竞争优势。经济视角下关于并购动机的讨论主要集中在以下几个方面：

1）经营协同效应理论

学者们普遍认为，为了实现协同效应提高企业并购的竞争力是企业进行并购的一个主要原因。经营协同效应主要是指实现协同后的企业生产经营效率的提高及其产生的效益，其含义为协同改善了公司的经营，从而提高了公司效益，包括产生的规模经济、优势互补、成本降低、市场份额扩大、服务更全面等。经营协同效应主要体现在以下方面：一是规模经济（Economy of Scale）效应。有学者提出，并购的主要动机是追求规模经济效应，而非垄断。规模经济是指企业通过扩大生产规模、增加产量来降低成本的一种方式。当企业生产和销售非单一产品时，可以采用这种方式提高企业的竞争力（Pratten，1971）。二是范围经济（Scope Economy）效应。规模经济是从单一产品的角度出发的，但是在现代企业中，相当多的企业都是非单一产品企业。范围经济就是针对产品企业提出的，当一个多产品企业生产和销售多种产品的总费用小于生产和销售各个产品的单一产品企业的费用之和时，范围经济就产生了。Slusky和Caves（1991）认为，横向并购的动因最有可能的是为了实现经营协同效应。纵向并购可以减少产品流转的中间环节，降低交易费用，并且能够实现技术上的互补，有利于进行协作化生产，实现纵向并购的范围经济效应。规模经济和范围经济的产生、企业市场能力的提高、市场份额的增加、网络外部化以及新的增长机会是并购创造价值的真正源泉。

2）资源基础理论

资源基础理论认为，企业是各种资源的集合体。由于各种原因，企业拥有的资源各不相同，这种异质性决定了企业竞争力的差异。企业的资源包括通常所说的有形资源和无形资源以及有助于企业形成竞争优势的各种能力，如人力资源、物质资源、财务资源、技术信息资源、组织能力、协调能力、企业商誉资源、社会资源等，企业可以凭借这些资源获得具有持续性的核心竞争力。企业资源基础理论认为，企业间并购重组的动因之一就是企业通过并购重组获得不完全流动、不可替代、难以模仿的独特资源。企业往往会通过并购寻求现有资源的利用与新资源开发之间的平衡与配置（Wernerfelt，1984；Penrose，1995）。

3）行业冲击理论

行业冲击理论认为，行业冲击是引发并购浪潮的主要驱动力，可预料因素和不可预料因素都可能改变行业结构，如政府政策、技术变革、金融创新、组织变革、全球化倾向等。行业内企业规模数量的调整会受这些因素的影响，从而使企业所处的行业结构发生变化，企业并购是进行调整的主要方式，进而引发并购浪潮（Anand和Singh，1997）。

4）市场势力理论

市场势力理论的核心观点是扩大公司规模将会增加公司势力。所以，许多学者认为并购的一个重要动因是为了增大公司的市场份额，提高市场占有率，减少竞争对手数量，这样会形成垄断力量优势和长期获利机会（Comanor，1967）。企业持续并购并以此扩张规模并不是为了提高效率，而是为了通过扩大市场份额，限制其他厂商进入该产业，追求、维持并加强其在市场上的垄断地位（Borenstein，1990；Kim等，1993）。

2.2.2 财务视角下的企业并购

财务理论观点为我们提供了一个与经济和战略不同的视角，它从公司内部出发，研究决策者动机以及他们的行为对并购的影响。财务理论将并购决策作为公司利益相关者之间冲突下的一个研究窗口[①]。当公司的所有权和控制权分离时，高管所做出的并购决策可能违背股东价值最大化原则。大量的实证研究为我们提供了相关证据支持，这促使学者们寻求高管行为背后的动机，到底是什么原因促成了高管的并购行为。Jensen和Meckling（1976）发现，随着公司所有权和控制权分离程度的增加，公司的股权分散性变大，小部分股权掌握在公司高管的手中。股权分散导致的最直接的后果就是小股东相当多，他们没有动力和能力去监督高管的行为。这种监督的缺失使得公司高管可以有效地控制整个企业，自由决策，从而以牺牲股东利益为代价牟取私利。公司并购的代理动因认为，公司高管并购的动机可能是个人利益最大化而非股东价值最大化。基于代理理论，对于高管并购动机的解释主要有以下几个观点：

1）公司规模扩张

并购是公司快速壮大的一个通道，当公司高管的效用是企业规模的函数时，高管所得的报酬和私人收益与公司规模正相关，并购给高管带来的

① 利益相关者之间的冲突包括如下基本要素：股东价值最大化是公司投资和融资的首要标准、代理问题、针对高管机会主义的内部公司治理机制、制度约束及外部大股东等外部治理机制（Sudi Sudarsanam，2013）。

利益诱惑是难以抵挡的。管理层可能会为了有偿或无偿的目的通过并购来扩大公司规模。如果随着公司规模的扩大，管理者的薪酬会增加，那么管理层就有动力通过并购实现公司增长。公司规模还会带给管理者私人收益，如权力、地位、声誉以及释放个人激情的能力。这些好处都会激励管理者通过并购进行过度的扩张（Donaldson，1984）。公司管理者为了扩张，倾向于频繁地发动大规模的并购活动。

2）多元化经营

并购是公司实现多元化经营的重要途径，经理人通过多元化来降低自身经营风险和职业风险（Amihud 和 Lev，1981），Aggarwal 和 Samwick（2003）证实了这一点，经理人是根据个人利益的变化来实行公司多元化的，而不是根据降低风险的需要。Morck 等（1988）研究发现，公司管理者出于自利性动机而发动并购，多元化并购的并购绩效较差。

3）自由现金流

所谓自由现金流，是指公司已有现金流中去掉再投资于本公司中可盈利项目的开支后剩下的现金流量。Jensen（1986）认为，如果企业是有效率的，则追求股东财富最大化，那么，应该通过股利的形式将自由现金流派发给股东。但是，自由现金流的派发，将会缩小管理者控制下的资源规模，并弱化管理者的权力，管理者出于自利动机不愿意派发股利。因此，股东和管理者之间在自由现金流派发问题上的冲突会产生代理成本。经理人常常会利用自由现金流投资于回报率很低的项目，或进行并购以扩大企业规模，当拥有充足的现金流，管理者不受融资约束的情况下，管理者往往会发起价值损毁的并购，通过无效率的并购活动损害股东价值，加深代理冲突。

4）过度自信

行为金融学认为，公司进行损毁公司价值的并购原因根植于CEO的个人心理特征，包括傲慢、过度自信、过度乐观。CEO过度自信的心理特征可以从基于宏伟愿景的频繁和高调的收购中体现出来。Sudarsanam 和 Huang（2007）发现，过度自信的CEO的数量与并购数量之间有紧密的联系。Chatterjee 和 Hambrick（2007）认为，过度自信的管理者喜欢宏伟的愿景和高风险的战略、收购、大规模的产品投放和激进的全球扩张，他们打击庞然大物，但是他们也怀念庞然大物。许多管理者因为这种自恋行为导致公司价值毁灭，给公司的员工和投资者带来痛苦。Malmendier和Tate（2005）检验了过度自信的两个代理问题，即过度自信的CEO会高估自己从收购中产生价值的能力并且对目标公司过度支付，从而导致并购失败。他们发现，如果是过度自信的CEO，则进行收购的概率会高出65%。当并购的目的是实现多样化且不需要外部融资的时候，这种概率最大。与不过度自信的CEO推动的并购相比，上述并购宣告后的市场反应明显为负。国内学者也为管理者过度自信带来的与代理相关的并购提供了实证分析。如吴超鹏等（2008）研究发现，管理者过度自信与连续并购绩效存在显著负相关关系。雷辉和吴婵（2010）、史永东和朱广印（2010）、肖峰雷等（2011）、谢玲红等（2012）等也得到了一致的研究结论。

2.3 管理者薪酬激励视角下的企业并购行为的研究综述

国外学术界开创性地对公司并购与高管薪酬激励的关系展开研究，他们一方面试图基于高管薪酬激励这一切入点剖析高管发动公司并购的动机及经济后果，对并购现象之谜做出解释，另一方面试图基于公司并购这一企业最重要的投资行为重新审视高管薪酬激励机制与自利的争议。在财务、管理及组织行为学的相关文献中，公司并购与高管薪酬激励间的因果关系一直饱受争议，本节在前文高管激励研究综述的基础上，定位于公司并购交易与管理薪酬激励的交叉点，基于买方视角，结合不同的并购阶段，从并购前管理者薪酬如何影响公司并购行为入手，对国内外学者的实证研究进行回顾与梳理。

2.3.1 管理者薪酬激励对并购决策的影响

随着并购动因理论的发展，越来越多的学者们关注管理者薪酬对公司并购决策产生的潜在影响，利用管理者薪酬理论来解释并购动因意义重大。实施并购战略计划的决策权一般掌控在公司高管手中，管理者薪酬契约组合能够将管理者利益和股东利益联系在一起从而影响高管的投资行为。并购是可观测到的企业重大的长期投资行为，对股东的价值创造能够产生重大影响，因此，并购是检验管理者薪酬激励机制与投资决策效率关系的一个理想平台。大部分的公司金融研究把高管薪酬视为并购发生的决定因素之一，检验管理者薪酬如何驱动企业并购。早期的研究集中于管理者个人所持有的公司股权组合如何驱动公司多元化并购，第三次并购浪潮形成了多元化的并购模式，这引起学者们对管理层风险规避和公司多元化并购关系的研究兴趣，此时，主流的研究目标是检验持有非多元化股票组合的管理者是否会通过多元化并购降低风险。尽管公司实施股票期权等激励计划使得股东和管理者的利益趋于一致，但这些计划也增加了他们由于公司收益的可变性和公司破产的可能性带来的个人风险，激励经理层追求降低风险的次优战略，有可能会带来公司价值的减少而不是增加。风险厌恶假说认为，持股比例高的管理者会追求低风险的投资，选择多元化并购（Denis、Denis和Sarin，1997）。但也有学者认为，管理者进行多元化并购是为了提高自己的薪酬并降低自身的职位风险，Aggarwal和Samwick（2003）证实了这一观点，即经理层是根据个人利益的变化而非出于降低风险的目的来实行公司多元化并购的。经理层实际上会因为过度乐观而追求风险。Ervaes（1996）认为，管理者的并购动机随着多元化并购的时机而变化，当多元化并购损害公司价值时，持有较高股权比例的管理者不愿意实施多元化并购，股权比例与多元化并购存在负相关关系。

随着管理者股权激励的逐渐增强，学者们将研究的重点转向高管薪酬结构对并购决策的影响，权益薪酬能够增加薪酬结构的凸性，促使高管承担风险，进而发起高风险的并购投资。Jensen和Meckling（1976）认为，最优的薪酬激励通过股权激励计划将股东的利益与风险厌恶型管理者的利益联系在一起，促使他们做出风险投资决策。因此，公司并购是一个理想的检验管理者激励和风险投资决策间关系的平台。正如Harford和Li（2007）讨论的，并购决策可能是CEO所做的最重要的公司资源分配决策，但是，并购也是净现值（NPV）不确定的投资项目，并购可能改变公司现状并增加风险。更准确地说，不论并购是否会增加公司风险，并购本身都被认为是高风险的投资，这是因为并购使CEO暴露在一定程度的风险中，如果并购的结果不理想，CEO可能会被解雇或者降职，同时主并公司反而可能成为潜在的被收购目标（Mitchell和Lehn，1990）。因此，管理层应该受到更多的与风险相关的股权激励诱使他们做出风险投资决策。Edmans和Gabaix（2011）的理论研究框架预测，风险厌恶型CEO被授予更多的股权激励诱使他们从事高风险的并购项目。Croci和Petmezas（2012）检验了高管薪酬激励是否影响公司发起并购的可能性。研究结果表明，权益薪酬占比高的CEO更可能发起并购，CEO获得的股权薪酬和交易的风险与价值正相关，股权激励能够鼓励CEO承担风险。国外学者的相关研究证实，大规模收购的风险激励很强，股权激励与收购中的风险承担存在正相关关系（Datta等，2004；Sudarsanam和Huang，2007）

国内学者对高管薪酬与并购动因的研究不多，仅就并购前高管货币薪酬水平对并购决策的影响进行了初步的实证检验。早期的研究样本中，由于上市公司高管股权激励水平和强度较低，股权激励对并购方股东价值提升的效果不明显。张龙等（2006）采用中国上市公司2001—2003年1 166个样本研究了高管薪酬水平对并购行为的影响，研究发现，公司并购活动的频率与高管薪酬水平正相关，高管持股对公司并购的规模和频率无显著影响。李善民等（2009）以1999—2007年我国上市公司为样本，结合具体制度背景，采用不同的计量方法从管理者的私有收益角度对代理理论驱动的企业并购行为进行研究。结果显示，上市公司高管并购的动机是为了获得更高的薪酬和在职消费，并购为管理者牟取个人利益提供了机会。张洽等（2013）选取2002—2011年发生并购的上市公司为样本，研究了我国上市公司CEO权力、私有收益与并购动因之间的关系，用非正常的CEO货币性薪酬来度量货币性私有收益，用CEO在职消费来衡量非货币性私有收益并构建了管理者权力指数。研究发现，权力越大的CEO越可能频繁发起大规模的并购活动，其并购的动机是利用管理权力来获得更高的私有收益。李善民等（2013）认为，企业频繁的并购活动是由管理者与股东间代理问题导致的，并以1999—2006年全部A股上市公司作为样本，对公司并购中管理者持股是否能够减少代理问题驱动的并购进行了实证检验，研究发现，我国上市公司的管理者股权激励不足，无法直接正面影响管理者的并购动机，但管理者股权激励能够降低代理成本，抑制管理者损毁股东价值的公司并购动机。唐建荣、陈波（2014）选取2010年开展并购活动的上市公司对高管股权激励与并购决策间的关系进行实证研究发现，由于我国上市公司股权激励水平和强度较低，目前尚不足以对企业并购决策产生显著影响，高管股权激励与企业并购决策无显著相关性。杜跃平、徐杰（2016）运用美国上市银行1998—2014年的数据，将股权激励和管理者过度自信与并购决策纳入统一的框架进行研究，研究发现，CEO股权激励减轻了CEO对风险的厌恶，从而增加了CEO做出实施风险性并购决策的可能性。

2.3.2　管理者薪酬激励对并购交易特征的影响

公司并购经常是一个漫长的过程，管理者在并购过程中会面临很多选择，而这些选择都有可能成为研究课题。比如，管理者需要选择收购方式、并购金额、并购溢价及对价的支付方式等。对买方公司管理者的薪酬结构与并购特征间关系的研究不是很多，已有的实证文献研究中买方公司管理者的薪酬对并购特征的影响主要包括高管薪酬组成类型与并购对价方式和并购溢价的影响。并购的价值创造与并购对价的支付方式和并购溢价程度息息相关，薪酬激励是否能够促使管理者做出股东价值最大化的并购决策成为学者们研究的主要目标。Amihud、Lev和Travlos（1990）使用管理者持股比例作为解释变量，研究了管理者控制权激励与并购支付方式之间的关系。研究发现，在制定收购和投标决策时，管理者对控制权的偏好会影响并购的交易方式，在管理者持有较高的股权时，高管偏好使用现金对价的并购交易方式，是为了避免股票支付方式带来公司控制权稀释的风险。Travlos和Waegelein（1992）同时使用股权持有比例和长期激励组合作为管理者薪酬的替代变量进行实证检验，得到了与Amihud、Lev和Travlos（1990）一致的结论，薪酬结构中权益薪酬占比高的管理者采用现金对价方式得到的短期并购绩效比采用股票对价方式的好。Hubbard和Palia（1995）推测，与持股比例较高的管理者相比，持股比例较低的管理者倾向于采用股票支付的并购交易方式，但实证检验结果并不支持该推测。

在进行并购决策的过程中，并购溢价决策是最重要、最关键的问题，并购定价关系到双方并购交易是否能够顺利完成，也影响并购投资的效率和股东最终的价值创造。行为金融学认为CEO的心理特征（傲慢、过度自信、过度乐观）会使他们低估收购中的风险，从而导致对目标公司的高管支付过高的溢价（Roll，1986），然而，Shleifer和Vishny（1989）提出，管理者过度支付并不是由于他们错误定价，而是由于他们能从非股东价值最大化的并购交易中获取私人收益。有学者认为，具有低股权薪酬的管理者更容易为获取私利而对目标公司过度支付。一些学者认为，CEO在个人利益的驱动下，为了完成交易，在并购溢价的协商过程中可能会做出损害股东利益的决策。Slusky和Caves（1991）首先对公司代理问题是否会影响管理者对目标公司支付过多的并购溢价进行了研究，得到的结论是，在股权激励的作用下，并购溢价的代理问题得到缓解，股权激励能减少管理者对目标公司过度支付。Datta等（2004）研究发现，CEO权益薪酬占比高的公司（溢价均值35.88%）支付的控制权溢价显著少于权益薪酬占比低的公司（溢价均值44.66%），8.78%的并购溢价的差异为股东节省了5 460亿万美元。很明显，高管股权激励能够对并购中股东价值的创造产生重大的影响。Bikki和Nina（2006）实证检验了管理者薪酬最大化所带来的个人财富增值行为会影响并购溢价，通过检验并购前后CEO现金薪酬（工资和奖金）的变化发现，并购溢价与现金薪酬变化正相关。Bargeron等（2007）采用1980—2005年在并购交易中以现金对价方式进行并购的上市公司为研究样本，检验了并购方管理层持股对并购溢价的影响因素，研究表明，随着管理层持股比例的增加，上市公司和非上市公司并购溢价的差异逐渐消失，这是因为代理成本是并购溢价差异产生的主要原因。大部分学者认为，管理层的股权激励能够降低企业并购溢价决策中的代理成本，只有少数学者与Datta等（2004）的结论相反，Dhiensiri、Sahin和Sarajoti（2011）的研究发现，高权益薪酬的并购公司支付的控制权溢价更高。

国内学者关于管理者薪酬激励与并购溢价之间的研究较为缺乏，并且对二者之间的关系也未得出清晰一致的结论。国内学者认为，公司层面和管理层是影响企业并购溢价决定的主要因素。雷玉（2006）利用2002—2006年上市公司并购事件实证研究我国上市公司并购动机与并购溢价之间的关系。研究显示，并购溢价与多元化并购决策正相关。外部董事的席位和并购溢价负相关。目标公司并购前股票收益与并购溢价正相关，不同产权性质并购溢价不存在差异。薛玉莲等（2011）以2004—2006年大宗股权协议转让公司为研究样本，以股权转让溢价间接测度控制权私有收益，研究上市公司实际控制人对股权转让溢价程度的影响。研究发现，政府控股公司的股权转让溢价显著低于非政府控股公司，中央政府控股公司股权转让溢价显著低于地方政府控股公司，没有发现地方政府行政级别与其所控公司的股权转让溢价之间存在显著关系。陈仕华等（2013）采用上市公司2004—2010年917家企业的并购溢价数据对企业间高管联结与并购溢价决策之间的关系进行了实证研究，研究发现，企业间网络关系和组织间模仿能够影响企业间高管联结与并购溢价之间的关系，组织间模仿效应能够使得联结企业在之前并购中支付的溢价水平对目标企业之后进行并购的溢价水平有显著的正向影响；目标企业的网络集中度越高，并购中支付的溢价水平越低；联结企业支付的并购溢价水平越低，或者联结企业与目标企业属于同一行业，联结企业并购溢价与目标企业并购溢价之间的正相关关系越强。施盈妍（2013）通过对2001—2010年中国企业的51个并购案例进行实证分析，得出以下结论：横向并购和纵向并购与溢价大小并无明显关系，因此对于中国企业间发生的并购，运营协同效应并不是主要考虑因素。使用股权支付比使用现金支付产生更高的溢价，并且净利润为负的目标公司更容易得到较高的并购溢价，因此企业在制定并购溢价时考虑了财务协同效应。并购溢价与并购后主并企业掌握的目标企业股权有明显的正相关关系，因此控制权的取得是并购的驱动因素之一。姜英兵（2014）以2003—2012年在A股市场上发生的以股权为并购对象的并购事件作为研究对象，研究了政府主导的政治联系与企业主导的政治联系对不同性质的企业在并购中所承担的并购溢价高低所产生的影响。结果表明，政府主导的政治联系强度与同地并购的盈利国企在并购中承担的并购溢价正相关，而当并购转换为异地时，两者则变为负相关；企业主导的政治联系强度与民营企业在并购中承担的并购溢价正相关。李梦瑶（2014）采用2004—2012年上市公司的并购交易为样本，研究为实现企业预期增长向高管支付较高并购溢价的驱动作用，同时检验了董事会治理机制的调节作用。结果显示，未实现企业预期增长水平时，企业相对社会有机增长和相对历史有机增长与并购溢价显著负相关；实现企业预期增长水平时，高管盈利预测偏差与并购溢价显著正相关。独立董事比例对过度自信起到调节作用，但对增长压力起不到调节作用；独立董事比例和两职分离对增长压力均没有起到调节作用。温日光（2015）考察国家层面的风险观念对并购定价及并购完成率的影响。以主并方为中国企业的并购交易为样本，用权力距离、不确定性规避和集体主义三个维度来衡量国家层面的风险规避程度。研究结果表明，被并方所在国的权力距离、不确定性规避程度、集体主义倾向及总体风险规避程度都与并购溢价显著负相关。宋骁等（2015）选取2004—2013年A股上市公司为研究样本，采用实证研究的方法，结合我国资本市场及上市公司的特点，研究企业会计准则变革前后，管理层激励对企业并购溢价分别产生何种影响，管理层激励与并购溢价之间存在显著的负相关关系，新企业会计准则出台后，这种负相关性关系更加显著。

2.3.3 管理者薪酬激励对并购绩效的影响

管理者薪酬激励是否会影响并购质量？部分学者认为高管薪酬与企业并购后绩效无关，管理者的一己之私是并购行为的主要动机，即使他们的行为损害股东价值。由于样本获取程序与采用的绩效模型不同，研究结果存在相当大的差异，实证结果对绩效衡量的方法选择尤为敏感。大部分文献将并购绩效分为短期绩效和长期绩效。短期绩效主要采用事件研究法围绕收购交易中的异常股票收益率来进行研究。并购后长期绩效的衡量有两种，即收购后（长期）异常收益率（BHR）和会计指标（ROA、ROE）。虽然国外学者很早就对管理者薪酬展开了研究，但是近几年才出现关于管理者薪酬激励如何影响企业并购绩效的经验证据，最近的实证研究认为高管激励与并购绩效联系紧密，强调高管权益薪酬能够减少非价值最大化的并购行为。Jensen和Ruback（1983）首先关注到并购管理者的薪酬如何与并购绩效的股价效应相联系。Datta等（2004）研究表明，如果投标企业的CEO基于股权的薪酬份额较高，那么市场反应会比较积极；反之亦然。Datta等（2004）证实股权激励能够显著影响并购后公司绩效。主并公司高管股权薪酬比例与并购公告日资本充足率显著正相关，并购后三年时间里，高管股权薪酬比例低的公司（低于中位数）比配对的控制公司绩效低

23%，对比高管股权薪酬比例高的公司长期绩效并没有降低。并购后，高管股权薪酬比例高公司的长期绩效显著为正，但是高管股权薪酬比例低的公司的长期绩效显著为负。Minnick等（2011）检验了银行业高管激励与并购决策之间的关系。他们发现，薪酬绩效敏感度越高，越能导致价值提升的并购。CEO薪酬具有更高薪酬绩效敏感度的公司在并购公告日的股票收益更高。薪酬绩效敏感度高的公司比薪酬绩效敏感度低的公司在并购公告日的股票收益高出1.4%。并购后薪酬绩效敏感度高的公司经营绩效有所改善和提高。这说明，薪酬绩效敏感度高能够减少价值损毁的并购发生。Dhiensiri、Sahin和Sarajoti（2011）研究了高管股权薪酬比例对并购绩效的影响，与Datta等（2004）的研究结果相比，高管股权薪酬比例高的公司并购公告日的累积异常收益更低，但是并购后的长期绩效与高管股权薪酬比例显著正相关。Anahit（2012）发现，股权薪酬能够提高董事的监督努力程度，但是由于通过并购企业规模扩大，董事能够通过新授予的股票和期权增加薪酬，因此董事不会排斥高管扩张企业规模的行为。董事会股权薪酬占比较高的公司，短期并购绩效更好并且并购后的经营绩效更好。当CEO的股权激励较少并且公司治理环境差时，董事的股权薪酬对并购绩效的正向影响更强。董事的股权激励能够替代公司治理机制。Ismil和Patrick（2014）调查了董事会高管薪酬激励与股东价值之间的关系。他们发现，董事会高管薪酬中的股权激励比例越高，并购公告日的公司股票收益越高。相比低股权激励薪酬的组别，高股权激励薪酬的组别并购公告日资本充足率要高出0.73%。高股权激励薪酬的公司，并购后的股票价格和公司绩效都有所提高，这说明股权激励能够减少股东价值损毁发生的可能。Frye和Yang（2015）研究了CEO薪酬结构对并购收益的影响。CEO权力越大，其获得的股票薪酬越高，限制性股票薪酬与并购异常收益显著相关。股票薪酬能够显著减少高管非股东价值最大化的并购行为。

国内从管理者薪酬激励角度对并购绩效问题进行研究的相关文献较少。李善民、朱滔（2005）以1999—2002年发生于沪深股票市场的56起并购事件为样本，采用事件研究法对管理者代理动机与并购绩效之间的关系做了一些实证检验。实证结论表明，高管持股比例对收购公司长期绩效无显著影响。宋建波、沈皓（2007）以2001—2004年度沪深A股市场发生扩张式并购的138家上市公司为样本，采用会计研究法构建多元回归模型研究管理者代理动机对并购绩效的影响。研究发现，高管持股比例、管理层薪酬等激励因素对并购绩效的影响不显著。李燕萍等（2008）以2005—2007年上市公司的时间序列数据，采用结构方程模型检验管理层薪酬激励、企业并购与公司绩效间的相互作用。研究发现，当管理层的薪酬激励契约不完备，如管理者的年度薪酬或股权激励的水平较低时，管理者会通过发动大规模价值损毁的并购进行补偿，薪酬激励机制成为代理问题的一部分。当管理层薪酬激励契约完备时，管理者的股权激励能够正向促进企业的并购绩效。

虽然学者的研究为股权激励与企业并购绩效的关系提供了一些经验证据，得到了一些有益的结论，但股权激励与企业并购绩效的关系受诸多因素影响，相关研究尚未深入展开。李善民等（2009）采取1999—2007年的上市公司为研究样本，实证分析了高管股权激励是否能够降低并购的代理成本，结果显示，虽然上市公司管理者持股水平相对较低，但是股权激励的确能够适当缓解并购的代理问题，能够减少管理者损毁股东价值的并购行为。刘莉、温丹丹（2014）选取实体经济的代表且并购事件多发的制造业上市公司为研究样本，依据2010年沪深两市A股上市公司相关并购数据，运用事件研究法，采用管理层的持股比例作为股权激励的衡量指标，采用并购后超额持有收益来度量企业的长期并购绩效，实证检验了管理层股权激励与长期并购绩效之间的关系。结果表明，股权激励强度与长期并购绩效之间的关系是非线性的，管理层的股权激励同时存在利益趋同效应和沟壕防御效应，适当的股权激励能够提升上市公司的长期并购绩效。根据研究结论，适当的股权激励有助于提升长期并购绩效，但是制造业上市公司股权激励水平应该控制在合理水平。胡晓明、魏娜（2014）以2009—2010年上市公司并购事件为样本，采用因子分析法实证检验了管理层不同激励内容对并购绩效的影响，研究结果显示，管理层的货币薪酬水平和在职消费与并购绩效正相关，管理层股权激励对并购绩效无显著影响，在企业并购中，货币薪酬和在职消费在一定程度上起到了激励作用。张晨宇等（2015）选择2005—2012年上市公司数据作为观测样本，运用结构方程模型，对管理权力、股权激励与公司绩效之间的关系进行统计分析。研究发现，股权激励的效果取决于管理权力与大股东控制权的权衡；

管理权力较大的情形下，管理权力与大股东控制权的冲突可能更大，管理层更倾向于通过较大规模的并购牟取私利，股权激励对并购绩效的正向激励作用不能得到体现。企业并购行为是否有效，取决于控制权配置与股权激励安排的综合效应。李维安、陈钢（2015）以2007—2010年上市公司并购重组事件为样本，采用事件研究法测量的累计超额收益率和长期持有超额收益分别衡量公司短期和长期并购绩效，检验了并购方高管持股与并购绩效之间的关系。研究发现，高管持股对短期并购绩效无显著影响，而与长期并购绩效之间呈非线性关系。进一步的会计稳健性检验验证，高管持股确实能够缓解高管与股东之间的代理冲突。与会计稳健性程度高的并购方相比，会计稳健性程度低的并购方高管持股对并购绩效的影响更大。这些发现意味着，高管股权激励不会在并购后短期内对绩效产生影响，而是需要一段时间之后才能得以显现，且其影响程度因公司间会计稳健性不同而存在一定的差异。

2.4 文献述评

公司高管的股权激励和公司高管的并购行为是公司金融领域两个与高管密切相关的研究问题。通过对既往国内外学者研究内容的回顾，可以获得如下启示：

（1）通过对国内外关于管理者薪酬激励的实证文献的回顾和梳理，不难发现，学者们对于高管股权激励与公司业绩之间关系的研究得出了不同的结论。本书认为，造成这些研究结论存在差异的主要原因有以下几点：首先，变量的度量指标不同。高管股权激励的衡量指标有高管持股，也有高管持股比例和股权激励强度（权益薪酬占总薪酬的比重）。对于公司业绩的衡量指标，部分学者选择会计业绩指标（如总资产收益率、净资产收益率），部分学者选择市场基础业绩指标（如托宾Q值、股票价值等）。从研究内容来看，货币薪酬多与会计业绩相关，权益薪酬多与市场业绩相关。其次，样本选择时期不同。学者们早期的研究主要集中在货币薪酬与绩效之间的关系研究上，而随着上市公司高管股权激励的大力发展，高管股权激励、高管权益性薪酬与绩效之间的关系成为国内外学者的研究热点。前期研究样本中管理层持股比例普遍偏低，上市公司高管股权激励的水平较低且机制尚不完善，股权激励尚未发挥应有的激励效果，因此早期的经验证据表明股权激励与绩效无相关关系或相关关系较弱。随着时间的推移，激励所发挥的作用日益增强，股权激励与绩效的相关性也逐渐增强。同时，由于股权激励是一种长期的激励方式，对短期样本的研究不能很好地考察股权激励的效果，应选择较长时期的样本进行实证研究，以减少样本选择中短期数据对研究结论可能造成的误差。

（2）股权激励的效果受我国制度环境和公司治理环境的影响。国内学者的大多数实证研究表明，与西方成熟的资本市场不同，我国证券市场是转型经济中的新兴市场，上市公司公司治理水平尚未完善，不同的制度特征和公司治理特征下股权激励与企业业绩之间的相关关系表现出差异。这种治理结构的差异主要表现为董事会结构、股东特征和上市公司实际控制人性质的差异。我国上市公司股权结构特点是存在大股东控制、股权集中，与西方发达国家的公司治理环境之间存在显著差异；国有和民营两种产权制度下股权激励方案设计的动机不同，导致激励效果存在差异；董事会的权力分配和监督有效性是高管股权激励机制发挥效用的前提。因此，不能简单地套用西方的激励理论，必须结合我国上市公司的实际情况来分析股权激励的实施效果。此外，国内外学者一致认为，高管股权激励能够影响高管投资决策和风险承担，股权激励能够降低代理成本，增加管理者的风险承担，股权激励作为一种长期激励机制能够正向促进企业投资，在风险性投资方面尤为明显。

（3）通过对国内学者关于企业并购动因研究的回顾发现，最初，学者们对企业并购行为进行了经济学上的解释，认为并购不仅能够通过发挥范围经济和规模经济效应来降低成本，增加企业效益，还能够实现垄断力量优势，从这个角度看，并购动机是管理者为了实现股东财富最大化。财务理论观点为我们提供了一个与经济和战略不同的视角，它从公司内部出发，研究发现管理层动机是并购发生与否的决定性因素。公司并购的代理动因认为，公司高管的并购动机可能出于个人利益最大化而非股东价值最大化的考虑，管理者以牺牲股东利益为代价换取个人财富的增加。从财务角度来看，并购最重要的目标是实现股东财富最大化，但是类似于委托代理问题、较差的公司治理结构以及公司控制权的不完善等多种环境因素很可能会导致目标的偏离。行为金融学发现高管的过度自信的心理特征会使得他们高估并购的协同效应并高估自身的能力，导致并购活动发生并购支付相对高的并购溢价。

（4）通过对国内外学者关于薪酬激励视角下企业并购行为的研究综述，我们发现，国外学者近几年的研究表明，股权激励能够减少高管非股东价值最大化的并购行为。高管股权激励能够降低并购溢价，提升并购绩效。最近的研究表明，并购是一项风险投资决策，高管股权激励能够增加高管的风险承担，从而诱使他们发起并购。我国学者对管理者薪酬激励与企业并购绩效之间关系的研究起步较晚，但也取得了一定的成果，大多数研究以西方的并购理论和管理者激励理论为基础，从并购的短期绩效和长期绩效两个方面对管理者薪酬激励的效果进行实证检验。从学者们关于并购绩效的实证研究来看，从股票收益角度对并购绩效进行评价和从会计指标角度对并购绩效进行评价得到的研究结论不同。国内学者早期主要研究高管货币薪酬对并购决策和绩效的影响，主要采用股权分置改革以前时期的样本，对于高管股权激励与并购行为之间的关系尚未展开研究。早期，在我国证券市场还未成熟的情况下，一些并购活动呈现出投机性，国内学者普遍认为高管会为获取私有收益而发起价值损毁的并购，股权激励对企业绩效的积极影响未得到体现。随着我国证券市场的发展，上市公司治理机制日渐完善，大股东成为并购市场参与的主体，“全流通”下高管股权激励被上市公司越来越多地采用，激励管理层以价值发现和产业整合为核心的战略性并购逐渐增加，并购目的从追求短期利益向强化核心竞争能力的长远战略转移，与此同时，股价成为衡量其收益的重要因素，高管股权激励机制真正发挥效用。任何并购动因理论都不能忽视企业所处的特定制度背景的影响，我国上市公司高管股权激励效应受制于公司治理结构和制度背景的限制，不完善的治理结构、严重的代理问题会降低股权激励的效果。因此，管理者的股权激励与公司治理机制影响着高管的并购决策及并购绩效。我国资本市场和公司治理还不完善，使得高管股权激励对并购行为的影响更为复杂，因此，不能简单地套用国外的研究理论，应结合我国的制度背景和上市公司高管激励的现实环境进行具体的分析。

纵观国内外学者的研究，随着公司治理理论和实践的发展，应将公司治理特征纳入高管股权激励与企业并购行为的实证研究中，结合我国上市公司的制度背景，从管理者股权激励视角来研究管理者实施并购的动机和决策的全过程。

第 3 章

理论基础与逻辑分析

作为后文实证研究和假设提出的理论基础，本章阐述了管理者薪酬激励相关的理论，包括委托代理理论、风险承担理论和管理者权力理论，并运用上述理论深入分析了基于并购前CEO股权激励对企业并购行为的影响逻辑；本章分析了管理者股权激励与企业并购行为关系的调节机制，包括董事会治理机制、大股东控制权、不确定性和CEO过度自信。本章安排如下：3.1节介绍管理者薪酬激励相关的理论基础；3.2节分析了管理者股权激励与企业并购行为关系的调节机制；3.3节为本章小结。

3.1 管理者薪酬激励相关的理论基础

3.1.1 委托代理理论

管理层薪酬激励的核心思想来源于委托代理理论，该理论在高管薪酬激励研究领域一直占据着主导地位，Donaldson和Davis（1991）认为委托代理理论是公司治理和公司金融的学术思考的起点。委托代理理论起源于企业所有权与经营权的分离，在传统的金融理论中企业管理的首要目标是在使股东财富最大化的同时实现公司市场价值的最大化。Berle和Means（1932）发现，随着公司所有权和控制权分离程度的增加，公司股权分散性变大，小部分股权掌握在公司高管的手中。所有权和控制权分离导致的最直接后果就是股东没有能力去监督公司高管的行为，因此公司高管可以有力地控制整个企业，自由决策，甚至以牺牲股东利益为代价牟取私利。Jensen和Meckling（1976）认为，公司是由一系列契约组成的。公司通过增发股票和借贷进行资本筹集。股东作为公司的所有者，通过契约将公司的日常管理委托给公司高管，因此公司高管成为代理人，股东成为委托人。公司高管可能会为了追求个人利益做出违背股东利益最大化原则的决策，从而损害股东的财富。现代财务理论中将这种所有者和经营者利益的冲突称为股东的代理成本。代理成本主要包括：（1）订约成本（Contract Cost），促使代理人达成契约所付出的成本；（2）监督成本（Monitoring Cost），是指委托人采取不同方式对代理人行为进行干预和约束以避免不利行为发生的成本；（3）约束成本（Bonding Cost），是指代理人为了发出对委托人利益忠诚的信号所产生的成本；（4）剩余损失（Residual Cost），是指由于代理人并不按照委托人的意愿最大化公司价值所产生的剩余价值损失。

代理成本产生的前提是委托代理关系，其根源在于信息不对称。随着公司规模的逐步扩大，资本所有者不能完全独立地控制企业的经营活动，越来越受到自身精力、时间、相关知识、管理能力的局限。当企业所有者因为不能亲自经营企业或亲自经营企业的效益不能达到理想预期而将企业交给CEO等管理人员代为管理和经营时，就产生了委托代理关系，Jensen和Meckling（1976）把委托代理关系定义为一种契约关系，在这种契约关系下，一个人或更多人（即委托人）聘用另一人（即代理人）代表他们来履行某些服务，包括把若干决策权托付给代理人。

现代财务理论认为，公司的目标应该是公司价值最大化，即股东财富最大化。公司管理者作为股东在公司的代理人，其决策目标也应该是公司价值最大化，然而，由于人的自利性，代理人会按照自己的利益行事，代理人所追求的目标更多的是其个人利益最大化，比如包括薪资、奖金、津贴等在内的个人收入的最大化，高级的办公条件，商业应酬，以及为了有可能获得更高的收入和更大的晋升空间而盲目地扩大经营规模等目标，从而发生有损股东利益的情况。Berle和Means（1932）指出，委托人和代理人之间的信息不对称导致代理人有可能背离委托人的利益或不忠实于委托人意图而采取机会主义行为，发生道德风险和逆向选择，从而使得完全契约无法实现。具体来说，信息不对称是指签订合同的一方（责任履行者和行动执行者的代理人）往往比另一方（委托人）拥有更多的信息。如果代理人和委托人可以同时获得相同的信息，那么道德风险问题就可以迎刃而解了，换言之，道德风险的发生是由于委托人无法直接监督代理人的经营活动。即使在事故发生之后委托人对公司决策失败的原因进行分析时，也常常无法判断应归咎于代理人失职还是一些无法控制的意外原因。委托人不能观测到代理人的行为，只能观测到相关变量，这些变量由代理人的行动和其他外生的随机因素共同决定。

委托代理理论证实代理成本的存在，并研究采用何种途径来降低企业的代理成本，解决股东和经营者间代理冲突的机制主要包括监督、激励两大类。由于代理人行为过程不可观测，信息不对称的存在导致代理人的行为不可能被股东完全有效监督，而且事后监督约束不仅成本高昂而且效果不佳，因此，寻求对代理人的有效激励则极有可能是次优选择，因为它使代理问题的解决更为直接。借助工资、奖金和长期激励计划（如股权或期权等）形式将管理者目标行为与股东利益趋于一致是解决委托代理问题的最佳路径（Jensen和Murphy，1990；Jensen等，2004）。设立高管薪酬激励计划的主要目的是解决管理层的道德风险问题。激励计划将支付给高管的薪酬与企业绩效联系起来，使其更愿意采取那些能提升公司价值的行动。激励计划的用意在于使高管的利益与股东利益趋于一致，避免利益不一致所造成的代理成本。

在不完全契约下，高管股权激励制度显得尤为重要。传统的激励方式（如年度奖金等）对管理者的考核主要集中在短期财务数据上，因而采用这些激励方式无疑会在客观上刺激管理者的短期行为，不利于企业长期稳定的发展。引入股权激励后对公司业绩的考核不但关注本年度的财务数据，而且关注公司将来的价值创造能力。通过使管理者在一定时期内持有股权，享受股权的增值收益，并在一定程度上以一定方式承担风险，可以使管理者在经营过程中更关心公司的长期价值。

作为一种长期激励机制，股权激励不仅能使管理者在任期内得到适当的奖励，并且部分奖励是在卸任后延期实现的，这就要求管理者不仅关心如何在任期内提高业绩，而且必须关注企业的长远发展，以保证获得自己的延期收入，由此可以进一步弱化管理者的短期行为，更有利于提高企业在未来创造价值的能力和长远竞争能力。因此，股权激励对于防止管理者的短期行为，引导其长期行为具有较好的激励和约束作用。

此外，给予管理者股权激励可以弥补单纯地通过企业给管理者人力资本定价的不足。管理者行动的直接结果——公司股票价格——被认为是激励管理者的重要变量，它是对管理者人力资本的市场定价。就拥有股权激励的管理者而言，其报酬很大部分来自于市场的直接定价，这部分定价高度依赖于管理者自身的素质与努力程度。

股权激励的实施能够促使管理者有动机从事股东价值最大化的并购决策，能够降低企业代理成本，缓解代理问题，抑制管理者损毁股东价值的公司并购动机，从而使管理者做出有效的并购决策，为并购公司的股东创造价值。

3.1.2 风险承担理论

企业经营过程中最大的风险来自于投资，因为投资决策能够影响企业现有和未来的现金流，可能导致企业经营收益下降，也可能给企业带来信用危机，使企业的形象和声誉遭受严重损害，最终陷入财务困境，甚至导致破产。任何投资项目决策都属于风险决策，正如经济学家Knight所讨论的那样，正是风险、不确定性的存在，为企业获得超额收益提供了机会。投资决策是决定公司价值创造的重要因素之一，风险承担理论认为管理者的股权激励能影响风险规避型管理者对待风险的态度，进而影响管理者投资决策。企业风险承担即企业非理性或理性地主动承担风险，是一种投资决策行为取向，主要体现为管理者在投资决策过程中对那些可以带来预期收益和现金流同时又充满不确定性因素的投资项目的选择（Wright等，1996）。

在完美资本市场（无交易成本、无所得税、投资者完全理性、对投资决策具有同质预期、信息完全对称）假设下，管理者在投资决策中不存在代理成本，风险中性的管理者应该投资净现值为正的项目，因为这些项目所增加的收益能够增加股东价值。但是，现实的资本市场是不完美的（存在交易成本和所得税、投资者非理性、对投资决策具有不同预期、信息不对称），代理成本的存在会导致管理者的非效率投资，偏离最优投资水平。投资中风险相关的代理问题是源于管理者和股东的风险偏好不同，风险规避型管理者在做出投资决策的过程中会放弃那些高风险但是净现值为正、能够增加股东价值的项目（Hemmer等，1996；Parrino，2002）。从企业微观层面来看，能够导致管理者的风险规避行为的原因多种多样。首先，管理者会根据个人利益的变化来选择降低风险的投资决策。John等（2008）认为，管理者会避免冒险，因为学习和管理新技术非常麻烦，而且要付出很多努力。那些风险较低的投资项目使管理者可以利用自身的控制权获得更大的个人利益，管理者的自利使得他们放弃选择那些高风险但增加股东价值的投资项目。其次，职业生涯的考虑也是管理者不愿意冒险的重要原因。Chakraborty等（2007）认为，管理者在决定投资的风险水平时会考虑解雇风险，其研究发现，解雇风险提高10%，股票回报波动率下降5%~23%。而Kempf等（2009）的实证研究表明，管理者的风险承担行为取决于解雇风险与薪酬的相对重要性，当解雇风险相对重要时，管理者会降低风险承担以避免被解雇。管理者在投资决策中会考虑声誉的建立。对于管理者的能力，股东往往只能通过投资项目的成败和企业业绩等显性因素考察。风险高的投资项目失败的可能性也较高，管理者为了向股东发送能力强的信号，倾向于选择风险低的投资项目。Hirshleifer和Thakor（1992）通过分析管理者声誉建立和投资项目选择的模型验证了管理者投资决策上的谨慎性。

为了让管理者做出与股东一样的决策，就需要在制度设计中将管理者未来承担的风险和其应得的收益统一起来，最佳的办法是在传统薪酬的基础上授予管理者股权激励。高风险项目往往意味着高收益的预期，管理者在决策时会考虑到自身持有的股份随着企业风险增大而增值的因素，从而会在进行风险项目选择时权衡项目风险给其自身所带来的收益和成本，如果管理者预期其自身持有的股份增值将高于高风险项目所导致的风险成本，那么管理者就会与股东一样选择高风险项目。根据风险承担理论，股权激励尤其是期权激励能有效缓解风险规避型管理者财务行为扭曲产生的代理问题，促使管理者做出有价值的投资决策。Scholes（1973）认为管理者的股权激励将管理者的个人财富与公司股价的变动风险联系在一起，股票和期权可能被看做与公司股价相联系的买入期权，所以管理者的个人财富会随着公司风险而波动，风险越大意味着管理者的收入越高，这种股权激励机制为管理者薪酬增长提供了无限的想象空间，因此，在股权激励下，管理者会选择风险高且净现值为正的投资，有效缓解管理者过度风险规避引起的代理问题。在高管的薪酬结构中，货币薪酬与风险无关，而权益性薪酬具有凸性，可以将企业风险和管理者薪酬激励相联系。与货币薪酬相比，权益性薪酬更能使管理者的利益与股东的利益趋于一致，在风险相关的激励作用下，权益性薪酬能够减轻管理者在不确定环境下的风险规避。CEO财富对股价的敏感性（Delta）将管理者和股东的利益联系在一起，同时CEO财富对股票收益波动的敏感度（Vega）凸性的增加，能够诱使CEO进行风险投资，因为他们可能从股票价格波动的收益中受益（Guay，1999；Dong等，2010）。

管理者持有的股票和期权将管理者的个人财富和公司股票风险相联系，如果两个公司的CEO持有的期权和普通股的数量一样，那么两个公司股价变动1美元引起的CEO财富变动是一样的，但是由于薪酬绩效中凸性的存在，两个公司股票风险变动1%引起的CEO财富变动却不相同。普通股也是期权的一种，只不过期权比普通股的凸性更大（Guay，1999）。Pratt（1964）用等式（3.1）代表股权激励不确定的收益，Smith和Stulz（1985）与Lambert等（1991）从两个部分解释了管理者对风险的偏好效应。

$$\text{Certainty equivalent} = E(\text{wealth}) - \text{risk premium} \tag{3.1}$$

等式两边同时用公司风险微分后得：

$$\partial CE/\partial\sigma = \partial E(\text{wealth})/\partial p - \partial(\text{risk premium})/\partial\sigma \tag{3.2}$$

第一部分 $\partial CE/\partial\sigma$ 为财富效应，代表随着公司风险变化，管理者期望的财富变化。当管理者薪酬激励计划的收益是公司风险的线性函数时，财富效应为0，因为公司绩效的变化并不会影响管理者期望的财富。当管理者薪酬激励计划的收益是公司风险的凸性函数时，如管理者持有的股票和期权，财富效应是公司风险的增函数，随着公司风险的增加而增加。第二部分∂（risk premium）/∂σ为风险厌恶效应，代表风险厌恶对管理者效用的影响。如果管理者是风险厌恶的，公司风险的增加会减少管理者的期望效用。管理者对公司风险总偏好取决于财富效应和风险厌恶效应。如果风险厌恶效应为主，管理者会采取降低风险的投资决策。这种情况下会产生风险相关的代理问题。Milgrom和Roberts（1992）认为，增大管理者薪酬激励计划的凸性，能够减少管理者不选择有价值的高风险项目的可能性。薪酬绩效关系中凸性越大，越能够缩小风险厌恶效应和财富效应的差距，使财富效应占主导地位。

并购作为企业对外战略扩张的高风险投资，其规模通常情况下比其他投资更大。正如Harford和Li（2007）所论述的，并购决策是CEO所做的最重要的公司资源分配决策，但是，并购也是NPV不确定的投资项目，并购可能改变公司现状并增加风险。如前所述，不论并购是否会增加公司风险，并购本身都被认为是高风险的投资，这是因为并购使CEO暴露在一定程度的风险中，如果并购的结果不理想，CEO可能会被解雇或者降职，同时主并公司反而可能成为潜在的被收购目标（Mitchell和Lehn，1990）。股权激励的凸性作用可以促使管理者克服风险规避，增加管理者的风险承担，促使管理者做出风险性投资决策。在股权激励下，CEO为避免承担并购项目失败的风险而轻易放弃高收益项目的可能性减小，相反他们会更加关注并努力发掘有前景的并购项目进行投资，因此，股权激励在一定程度上可以促使CEO做出高风险的并购投资决策。

3.1.3　管理者权力理论

Finkelstein（1992）认为管理者权力是对公司重大经营决策的影响力，表现在对股东大会和董事会的影响力和控制力上，管理者权力越大，则对企业战略决策的影响越大。Lambert等（1993）指出，管理者权力是指在决策权、监督权以及执行权中管理者执行自身意愿的能力，表现在内部治理机制出现缺陷和外部约束机制缺乏时超出管理层特定控制权的影响力。Bebchuk和Fried（2006）认为，高管权力是高管薪酬激励的重要影响因素，高管权力会使得高管薪酬激励偏离其最优状态，成为新的代理问题。他们基于委托代理理论框架提出决定高管薪酬的两种理论，一种是最优薪酬契约理论，另一种是管理者权力理论。Bebchuk和Fried认为，外部市场的约束有效、董事会机制有效和股东权力保证是薪酬激励有效的前提条件。如果这些前提条件不能得到满足，薪酬激励机制非但不能解决代理问题，反倒可能成为代理问题的一部分。管理者权力越大，就越有动机与能力通过影响公司决策来追求私人收益。企业在实际经营过程中往往难以满足以上基本前提，尤其在公司治理机制不完善、所有权和控制权分离程度较高的企业中，股东不能对管理者实施有效的监督，管理者可能借助自身的权力和影响力左右企业重大的投资决策，降低董事会的评判力与独立性，破坏最优契约理论的实施环境，弱化薪酬激励的效果。

管理者权力的存在使得管理层激励并非完全有效。第一，权力越大的管理者越有动机和能力逃避监管，不顾其他高管的反对通过对企业的投资决策实施影响来获取私人收益，尽管管理者自利性的无效率投资行为会减少股东价值，降低公司业绩，进而减少管理者所获得的薪酬，使管理者遭受损失，但管理者通过权力进行无效率的投资所获得的私人收益会弥补薪酬水平降低带来的损失。第二，管理者权力的存在使管理者不必完全依赖个人的薪酬契约机制来获得财富，管理者通过其他渠道进行寻租的能力增强，如通过在职消费、过度投资带来隐形收益，这降低了原有薪酬的激励作用。管理者还会通过权力来操纵公司的业绩指标，并在所披露的盈余异常高时将其所持有的权益套现，管理者权力的高低会影响盈余管理的程度（权小锋等，2010）。第三，管理者权力会降低董事会的独立性，降低董事会对总经理和其他管理者的监督效率。权力较大的管理者会运用权力干涉股东对外部董事的提名和任命，影响董事会的薪酬制定决策，破坏薪酬激励的有效性与公正性。在监管环境薄弱和治理结构混乱的公司，管理者往往拥有更大的权力，可以避免董事会的监管，利用其对公司的控制权影响股权激励方案的制订，使激励契约机制的设计符合自己的利益和偏好，而不需要进行盈余管理以迎合董事会的激励要求。权力越大，自定薪酬攫取私利的动机越强，整体薪酬水平越高，公司所负担的代理成本也越大（Core等，1999）。激励性薪酬能够增加股东价值，而操纵性薪酬则降低股东价值（王烨等，2012）。

根据管理者权力理论，当CEO由董事长兼任时，公司权力过度集中，两职合一的CEO更能够运用权力获得私人收益。当公司需要进行并购等重大战略决策时，两职合一的CEO能够对董事会决策实施影响，提升决策效率，因此在股权激励作用下，两职合一的CEO更容易发起并购。因此，CEO两职合一对并购溢价的协商可能起到消极作用，不利于主并公司在并购协商中争取到更优质的溢价。另外，由于管理者权力导致监督机制和股权激励作用被削弱，两职合一的CEO可能会通过无效率并购来追求私利，使得CEO股权激励不能提升企业的并购绩效。

3.2 管理者股权激励与企业并购行为关系的调节机制

管理者股权激励与企业风险相联系，同时股权激励机制发挥的效果受制于公司内部治理机制。Duchin和Schmidt（2013）认为，环境不确定性和公司治理机制会影响高管的并购决策，进而影响并购公司股东价值的创造。Hart（1995）把公司内部治理看做一个决策机制，是能够对管理者的决策进行监督和控制的内部系统。近年来，学术界开始将股权结构、董事会治理机制和环境不确定性等公司内外部因素引入高管股权激励的研究领域，普遍认为上市公司的内部治理机制和外部环境会直接或间接影响企业并购决策（郭冰等，2011）。Chen和Ma（2011）实证发现，对高管进行股权激励能增加其风险承担，但这种风险承担程度受高管个人风险偏好影响。鉴于股权激励作用受制于公司内部治理环境，且不确定风险和管理者个人偏好能够影响股权激励机制的效果，因此本节重点分析董事会治理机制、大股东控制权和不确定性因素对高管股权激励与并购行为关系的调节作用，同时，CEO过度自信的非理性心理特征在很多研究中被认为是影响企业并购决策的一个重要因素，本节也分析了CEO过度自信对管理者股权激励与企业并购关系的调节作用。

3.2.1 董事会治理机制

1）公司内部治理机制的核心——董事会

学者们一致认为，是否具有完善的公司治理，决定了企业的生死存亡。无论市场监督和法律保障等外部治理机制是否有效，在现代企业制度中，董事会都是维持组织稳定性和可持续发展的核心力量。在公司治理和战略管理中，董事会处在核心地位，董事会机制是最关键的公司内部治理机制。董事会在公司的核心地位主要通过董事会的决策机制体现，虽然公司最高的权力机构是股东大会，股东基于股东资格享有在公司获取经济利益及参与管理的权力，但董事会是由股东会选举产生的董事组成的业务执行机关，公司的重大事项通常由董事会决策，如制定公司经营目标和战略发展目标、挑选和任命高级经理人、设计高管的薪酬激励机制、确定企业重大的投资方向等。

2）董事会职能

董事会的功能定位、职能与组成与公司的股权结构、发展阶段和外部治理环境相关联，而且与股权结构一起受到政府法律规制的影响。这里且抛开外部因素的影响，从管理的合理性上，对董事会职能的准确定位才能让董事会真正有效地发挥作用。Hendey等（2004）研究认为，董事会对公司业绩的影响以及影响的程度是通过董事会所履行的职能来实现的，而董事会的规模、结构、独立性以及权力设置是董事会能够发挥职能效果的关键。到目前为止，学者们关于董事会职责定位的理论主要有委托代理理论、管家理论、资源依赖理论和战略决策理论①。

（1）委托代理理论

根据委托代理理论，由于企业所有权的分散，经营者拥有更多的自由和权力，并且在股东与经营者之间存在信息不对称的问题，因此，在缺乏有效的监督和控制机制的情况下，经营者很有可能为了牟取私利而牺牲所有者的利益，置股东财富最大化的目标于不顾，采取与股东利益相悖的行为（Masson，1971）。为了避免经营者发生这种损害股东利益的行为，必须建立起有效的治理和控制机制，这种公司控制权的最终机制就是董事会制度。董事会受股东大会的委托，行使一定的决策权和管理监督权。很多学者证实，董事会在维护股东利益、有效监督经理人方面发挥重要作用，能够减少由于经理人自利性、机会主义和道德风险产生的公司代理问题。董事会的监督职能对公司绩效有正向促进作用（Johnson等，1996；王曙

① 四种理论及其差异与各自的法律体系相关。其中，委托代理理论和战略决策理论属于英美法系下董事会治理的理论框架，而管家理论、资源依赖理论则大体反映了大陆法系下董事会治理的理念。

光，2002)。薛有志等（2010）指出，董事会发挥监督功能是一项长期的、综合的、基础性的任务，董事会对公司财务、风险状况、经理层执行战略决策和收购兼并等战略实施的监控，是确保公司利益与股东利益一致，尽可能降低代理成本，督促公司经理人贯彻和执行董事会的战略决策并取得期望成效，继而提高公司经营绩效的重要保障。

（2）管家理论

委托代理理论是建立在管理者自利、偷懒和机会主义的假设之上，出于预防和规避管理者的道德风险来设计和定位董事会的职能。管家理论则认为，经理人是自律的，他们恪守职责、努力工作是为了实现自我价值、维护自身尊严和声誉，对他们而言，精神上的成就感和心理满足感更为重要。管家理论认为，在经理人自律基础上，经营者与股东以及其他利益相关者之间的利益冲突没有那么强烈，经理人是值得信任的“管家”（Davis等，1997)。因此，基于管家理论，董事会并非以加强对经理人的监督和控制为主要职能，而是应当与经理人之间建立起相互信任的关系，确保沟通渠道的顺畅，减少信息传递的失真，给予经理人更大的自由度和权力，辅助经理人充分发挥管家才能，向其提供咨询建议。从制度建设的角度来看，两职合一的制度安排（公司董事长兼任CEO）或董事会成员中内部董事比例较高，不仅不会损害股东利益，反而有利于提高董事会的决策效率，提升公司业绩（Davis等，1997)。

（3）资源依赖理论

资源依赖理论的核心假设是公司的发展和生存需要从外部环境中不断获取对自己有利的资源，技术和资源是企业核心竞争力的源泉。资源依赖理论认为，董事会治理的完善不仅要有具备专业管理能力的董事，而且要具备社会关系、专业领域有声望的专家以及社会影响力。在这一理论框架下，董事会成为一个不断提供专业知识、大量信息、资源（如人力资源、社会资源等）的组织机构，它是组织生存的一种依赖机制（Pfeffer，1972)。董事会成员的专业知识背景能够为企业提供有利的资源和咨询建议，提升战略投资决策的效率和企业竞争力；董事会成员的社会关系可以为企业带来大量的社会资源，降低企业交易的成本和风险，提高企业经营成功的概率，为公司的发展提供有利空间，最终使企业绩效得到提升。

（4）战略决策理论

Zahra和Pearce（1989）认为，董事会作为公司治理的核心，承担着制定企业战略决策的重要责任。现代组织理论把董事会视为一个以战略决策为核心的职责工作组，即董事会的主要职能是参与战略决策管理（Barnard，1938）。随着公司治理机制的不断完善，董事会在资源分配、指导公司战略执行上扮演着重要角色，通过履行战略决策职能正向影响公司绩效、为股东创造价值，已经成为董事会治理机制发挥效用的关键（Schmidt和Brauer，2006）。谢志华等（2011）指出，董事会的基本职能是承担受托责任，参与公司战略目标的确定，制定公司战略决策。董事会监督职责的发挥取决于其战略决策职能的履行程度，董事会对经理人进行监督是为了保证经理人对公司战略决策的执行效率，权责明确、职责清晰、规模适度的董事会便于形成决策制衡，提高决策效率。

3）董事会结构特征

董事会的职能和效率建立在董事会的结构之上，无论是战略决策职能还是对经理人的监督职能都依赖于董事会的结构得以实现。董事会的结构能够影响公司治理机制的发挥，进而影响公司绩效。国内外学者关于董事会结构特征的研究主要包括：（1）领导结构。董事会的领导结构主要表现在董事长与经理人的职位设置上，即两职合一还是两职分离。有的学者认为，两职合一不利于提升公司绩效。根据委托代理理论，将监督执行董事（包括CEO）的任务和领导公司管理团队的任务集合在一个人身上，降低了董事会的独立性，增加了经理人巩固自身地位的可能性，不能解决经理人与股东之间的利益冲突，管理权力的存在会弱化董事会的监督职能和薪酬激励的有效性，使得公司内部治理机制不能有效发挥作用，从而损害公司价值（Jensen，1993）。Pechner和Dalton（1991）以财富五百强公司为研究样本，发现两职分离的公司绩效明显好于两职合一的公司。Pi和Timm（1993）发现两职分离的公司的盈利能力比两职合一的公司更强。有的学者持相反的观点，根据管家理论，经理人是股东的管家，两职合一能够确保经理人的领导权和决断力，提升决策效率和团队的凝聚力，特别是在公司实施重大战略时，两职合一能够对公司的战略决策提供一致的方向和强有力的控制，能够充分利用公司的资源调动股东的积极性，提升企业的价值，从而提高股价，对股东收益产生正向影响。(2) 独立董事机制。现代公司治理机制中引入独立董事机制，目的是防止股东和管理层的内部控制，损害公司整体利益。独立董事制度是公司治理机制中一个重要的组成部分，可以与控股股东形成权力制衡，加强对经理人的行为和决策监督，降低代理成本，促进企业绩效提高。学者们在研究中主要采用独立董事占比来考察董事会的独立性，很多学者认为独立董事的比例与公司绩效正相关。Rosenstein和Wyatt（1990）通过检验股票市场对增加独立董事公告的反应发现，独立董事比例与公司的市场价值之间存在显著的正相关关系，说明独立董事起到了保护股东财富的作用。王跃堂等（2006）研究发现，独立董事占比的增加会改善公司绩效。(3) 董事会规模。董事会规模是董事会机制的重要特征之一。董事会规模对公司绩效不会产生太大的直接影响，但对决策效率能够产生影响（Bhagat和Black，2001）。董事会规模过大会导致董事会成员之间缺乏沟通，并加大协调的困难，这样可能进一步导致许多好的创意与策略因沟通困难而无法实施。“搭便车”问题同样会造成董事会的功能障碍，由于“搭便车”行为的存在，规模较大的董事会比较低效，很难达成一致的意见（Lipton和Lorsch，1992）。

董事会是公司治理机制的核心，董事会的职能和结构设置会对CEO监督、决策机制以及公司绩效产生影响。如前所述，企业并购是重大战略投资，从CEO制定并购决策到实施并购的过程中，董事会无论在监督职能上还是在战略决策职能上都能发挥重要的作用，CEO股权激励机制在不同的董事会结构下，会对并购股东价值创造产生不同的效果。并购是双方谈判协商的过程，在这一过程中管理者面临着发起并购、确定并购溢价、选择支付方式等多项决策，诚实正直的高管也可能由于能力的欠缺或者组织的无效率而做出错误的并购决策。并购的不确定性使得其决策难度更大，加强董事会对管理层的监督可以在一定程度上降低公司并购中代理问题带来的负面影响，使管理者个人利益和股东利益趋于一致，从而增加并购公司股东的价值。CEO股权激励能够影响CEO的并购决策和并购行为，董事会治理机制与CEO的并购决策及其经济后果息息相关，因此，完善的董事会治理机制能够增强CEO股权激励的效果，减少管理者非股东价值最大化的决策行为，提升并购公司的股东价值。

3.2.2 大股东控制权

国内外学者有关公司控股结构的研究表明，英国、美国企业所有权结构相对分散，而其他国家尤其是在公司治理机制不完善、投资者保护体系较弱的新兴市场国家的企业中均存在对企业拥有控制权的大股东，这些大股东拥有足够的权力掌管公司事务，影响甚至主导公司的决策过程，常常为了自身的利益通过隧道效应或转移定价等形式侵占少数股东利益，进而损害公司价值（La Porta等，1998）。

但也有学者发现，虽然大股东会通过侵害外部股东的利益来保护自己，但是大股东的存在也能对公司价值产生正向激励效应。大股东随着持股比例的增加，会更关心公司的长期收益，有强烈的动机去收集信息、监督管理层和提升公司价值，从而有助于克服现代公司中存在的代理问题，对公司的发展产生积极作用（Friedman等，2003）。在企业重大战略决策中，经理人的自利动机和机会主义行为会使大股东承担更高的投资风险和私人成本，进而加重代理冲突，而小股东缺少能力和权力干预，往往不能发挥作用（Gillan和Starks，1998）。这时，大股东为了自己的利益会有强烈的意识履行管家职能，尤其是随着大股东持股量和水平的增加，他们的管家意识和管家角色功能会更加明显，因为此时自己的利益与企业的发展更为紧密地联系在一起（Yermack，2010）。连燕玲等（2012）的研究表明，在企业重大战略决策中，为了避免代理风险和控制权的丧失，大股东可能表现出强烈的管家意识，他们可能会更加密切地关注管理者的决策和行为，会积极地干预管理者的行为，积极参与企业决策，进而降低经营风险。大股东的管家意识越强烈，对企业价值的提升越大。

Agrawal等（1996）指出，不同治理机制的组合才能使公司治理机制发挥最佳效果，研究各种治理机制之间的相互作用对其有效性的影响具有重要意义。单个治理机制的过度使用对企业的绩效并不一定会产生良好的作用。单个治理机制的边际效应是递减的，不同的治理机制之间存在着相互促进或相互替代的效应。大股东的控制权不仅能够对企业价值产生正向激励作用，还会对公司其他的治理机制起到促进或者替代的效应。Kerr和Kren（1992）的研究表明，外部大股东会对高管薪酬与公司绩效之间的相关性产生重要影响。王琦、吴冲（2013）认为，大股东持股比例越高，高管薪酬对公司绩效的影响越大。以第一大股东持股比例表示的大股东机制在上市公司的治理中发挥了特别重要的作用（王满四，2006）。大股东利益最大化的目标一般通过其对公司的控制权来实现，因此大股东对股权激励的实施具有决定性的影响。

部分学者认为，大股东的监督作用可以提高对管理层实施股权激励的效果，大股东持股比例越高，则股权激励的效果越好。这是因为，中国上市公司的大股东持股比例较高，并且大多数大股东都处于控股股东地位，其往往利用控制权就可以有效地对高管进行监督，约束高管的自利行为，从而影响公司治理活动，有效解决第一类代理问题（刘绍娓、万人艳，2012）。Zeckhauser（1990）研究指出，大股东的监督在一定程度上避免了其与管理层之间存在的信息不对称问题，进一步使管理层盈余平滑手段等自利行为难以实施，进而提高了股权激励效果。另外，大股东以其丰富的管理经验介入决策的制定及实施，Holderness等（1988）研究发现，90%以上的控股股东会亲自或委派代表参与企业管理，这弥补了管理层可能存在的决策思考不足，从而完善了企业决策体系。黄健柏等（2013）认为，在以股权相对集中或高度集中为主要特征的上市公司中，给公平偏好的管理者授予适度的股权激励，能在一定程度上抑制控股股东的掏空行为。大股东持股比例越高，大股东的利益与公司的利益就越趋于一致，其对董事会控制力度也越强，在制定高管薪酬时越能防止其偏离公司的业绩基础。大股东也可以通过各种监督控制机制和内外部治理机制来激励高管努力提高企业业绩，为实现大股东利益而努力。从这两方面来看，集中的所有权结构应该能够强化对经理层的监督作用，抑制其在薪酬契约制定中可能产生的机会主义行为，大股东的监督作用增强了管理层股权激励效果。

本书认为，基于股东管家理论的观点，在企业并购决策中，大股东的参与度能够正向促进企业的并购绩效。因为相对于小股东和经理人而言，大股东因为持有较多的企业股份，会更加关注企业的长期利益，且大股东在风险偏好上往往是中性的，他们将通过战略决策发挥积极作用，促使企业更加具有长期导向，正向影响企业并购绩效。在企业并购中，大股东的监督可以在一定程度上抑制管理层的自利行为，同时，如果CEO直接受派于大股东，他们则会更倾向于与大股东结成联盟，激发CEO做出最大限度地支持大股东管家角色功能发挥的决策，进而提高了CEO股权激励效果。

3.2.3 不确定性

不确定性是经济主体对于未来的经济状况尤其是收益与损失的分布范围以及状态不能确知。上市公司通过股价波动反映不确定性。在经济学文献中，人们有时将风险与不确定性作为同一概念使用，因为风险本身就是不确定性的一种形式。不确定性是影响组织行为的重要因素（Thompson，1967），实证研究发现管理者的投资策略和不确定性有很强的联系，不确定性能够影响管理者投资的选择和投资效率（Guishmanno和Parigi，1999；Bloom等，2007；Panousi和Papanikolaou，2012；Bachmann等，2013）。不确定性对管理者投资决策影响的理论解释主要有实物期权理论、信息不对称理论和风险规避理论。

1）实物期权理论

实物期权是将金融期权的原理应用到企业的投资决策中，使决策者可以根据投资的不确定性安排和改变决策的选择权。企业面对不确定性做出的初始投资不仅给企业带来直接的现金流，还赋予企业对有价值的增长机会进一步投资的权利。实物期权理论认为，在存在逆向选择的情况下，不确定性的增加会影响管理者的最优投资时间和投资价值。管理者为做出投资决策将会在当期投资与不确定性之间进行权衡。当不确定性减小时，管理者会选择尽快投资，进而实现项目的成长期权收益；当不确定性增大时（上市公司通过股价波动反应），管理者会选择放弃投资或延迟投资以获得更多的信息等。学者们运用公司投资的实物期权理论对不确定性下管理者通过权衡投资与不确定性做出投资决策进行了较多的理论分析，普遍认为不确定性与管理者的投资之间存在负相关关系，企业环境因素等不确定性的增高会减少企业投资。

2）信息不对称理论

信息不对称理论认为，不确定性会加剧信息不对称，进而带来信息风险，而这种信息风险是不能被分散的，从而会导致市场失灵，产生道德风险和逆向选择等重要问题（Easley等，2004），由于信息不对称，管理者有可能隐藏对自身不利的信息，不确定性削弱了公司绩效与管理者实际的努力程度之间的相关程度，股东由于拥有的信息不真实或不全面而无法观测和恰当评价管理者的努力程度与真实行为，加大了股东对管理层行为监督的难度。不确定性对企业投资的影响主要集中在投资的效率问题和投资的代理问题上。在不确定性下，管理者更可能控制公司的资源，通过将其用于净现值（NPV）为负的项目即无效率投资来追求私人收益，加重代理冲突。委托代理理论认为，在股东与经理人利益不一致的情况下，公司管理者有可能做出利己的投资冒险行为。虽然管理者的无效率投资最终会使得企业整体绩效下滑，损害股东价值，最终也会影响到管理者收益，但在不确定性下，管理层可以将投资失败归因于外部客观环境，通过其他手段保证自己的利益不受损失，管理者会为实现私人收益而做出寻求风险的短期投资行为。在外部监督机制（资本市场、机构投资者和经理人市场等）不健全的情况下，环境不确定性加剧，管理者投资的代理问题会更严重，因此，需要提高董事会、大股东等内部治理机制对管理者行为的监督程度。

3）风险规避理论

风险规避理论认为，不确定性会产生投资风险相关的代理问题。在环境不确定性高的情况下，公司未来经营的不确定性更高，这种不确定性是企业不可预测因素的影响，是企业所面临风险的综合体现（申慧慧等，2010）。不确定性增加了取得项目成功所需承担的私人成本，导致管理者采取风险回避行为，抑制其投资动机。Amihud和Lev（1981）认为，股东与管理者对于投资项目的风险偏好不同，当投资成功时，经理人不能获得投资所创造的全部收益；但若投资失败，管理者则要承担与此相关的个人职业风险，即管理者从投资中获取的剩余收益与其承担的潜在成本不对称。在环境不确定性增加，并且企业所有者对此并不关心，而只关注企业收益的时候，管理者为避免承担过高风险可能带来的损失，往往倾向于规避风险，在做出企业投资决策时更加保守。Smith和Stulz（1985）则指出，管理者的个人资本（前途、声誉以及个人财富等）与企业经营成败密切相关，与企业的股东相比，管理者所承担的企业风险不可分散。高管风险厌恶会影响其努力程度，从而对薪酬激励契约设计产生影响。当高管不确定自己的努力对业绩衡量指标的影响程度时，高努力则意味着高风险，因此风险厌恶型高管在面临此种不确定情况时会自动选择低水平的努力（Bushman等，2000），从而影响到薪酬激励契约的效果。这些研究结论表明，环境不确定性增加了管理者投资决策所需承担的私人成本，为回避风险可能会放弃一些净现值为正的投资项目，从而导致投资不足。

股权激励将管理者个人的财富与企业风险相联系，不确定性使得管理者自身的权益薪酬暴露于非股东投资所带来的公司特定风险之中。如果股东不能完全对管理者进行监督，那么管理者的最优投资策略反映的是基于管理者股权激励和不确定性共同驱动下的结果（Glover和Levine，2015）。管理者的股权激励能够增加管理者风险承担的能力，有助于缓解环境不确定引起的企业管理者风险厌恶情绪，同时，较大的风险波动幅度增强了股权激励的凸性，促使管理者做出风险投资决策，管理者股权激励的增加会使不确定性与投资之间的负向关系弱化，这在一定程度上支持了投资风险偏好的冒险行为倾向和风险转移的委托代理理论。

但是，不确定性下可能出现由于代理问题引发的投资非效率性，不确定性加大了股东监督和董事会工作的难度，会在一定程度上弱化高管股权激励机制的效用。股权激励将高管的个人财富与公司的股价相联系，股价能够反映管理者努力程度，股东可以通过股价信息识别管理者行为，将管理者的行为与业绩相联系，据此实施的股权激励比较有效（Holmstrom和Tirole，1993）。环境不确定性使得公司股价包含大量噪音，如果公司业绩与环境要素相联系而非源自经理层自身的努力，则其不能充分有效反映管理者的努力程度，降低了股权激励实施的有效性。当环境不确定性较大时，由于风险引发的收益波动和由于经营不善引发的收益波动是难以区分的，因此，如果出现收益波动，管理者可以将波动更多地归结为环境因素的影响。Duchin和Schmidt（2013）研究发现，不确定性降低了CEO激励的效果，容易引发代理问题驱动的并购，虽然价值损毁的并购也能够使得管理者的权益薪酬价值受损，但是并购扩大了公司控制权，提高了管理者的声誉和地位，管理者会被授予更多股票或期权激励使得管理者的总薪酬增加。此时，股权激励机制并不能减少管理者非股东价值最大化的决策，反而可能成为代理问题的一部分。不确定性降低了股权激励机制的效果，管理者可能会通过无效率并购投资加重代理冲突。用于缓和代理冲突的管理激励，可能会产生鼓励管理者冒更大风险的不利影响，公司管理者有可能做出利己的投资冒险行为。因此，在不确定的环境下，企业需要提高股东和董事会对管理者决策的监督程度，保证管理者股权激励机制发挥积极作用，针对高管机会主义行为的内部公司治理机制能够约束和控制高管的并购决策，使其与股东利益趋同，进而提升CEO激励与并购绩效的正相关性。

3.2.4 CEO过度自信

行为金融学理论认为，管理者进行损毁公司价值并购的原因根植于CEO的个人心理偏好和行为，管理者不总是完全理性的，CEO过度自信的非理性心理特征可能导致其行为偏差。当管理者考虑收购其他公司时，过度自信会使管理者低估并购中的风险，从而导致对目标公司价值的高估。国外学者对CEO过度自信与并购之间关系的研究发现，过度自信的CEO更愿意去并购，并且对公司长期收益和短期收益都有负面的影响。过度自信的CEO会高估自己的能力、低估项目的风险，从而更容易发起并购尤其是多元化并购并支付更高的并购溢价。Roll（1986）认为，即使大多数公司并购案例并不成功，过度自信的投标经理们也还是相信自己的能力高于他人，因此过度自信的管理层更容易发起并购。Rovenpor（1993）考察了CEO的四个性格特征——对组织增长的偏好、相信协同效应、对权力的需要以及自信——在鼓励公司进行兼并与收购中扮演的角色。Rovenpor发现，CEO的这四个性格特征与公司的并购水平显著正相关。Malmendier和Tate（2005）认为，过度自信的CEO会高估自己从收购中产生价值的能力并且对目标公司过度支付，从而导致并购失败。他们发现，如果CEO是过度自信的，他们进行收购的概率会高出65%。当并购是为了实现多样化并且不需要外部融资的时候，这种概率最大。并购宣告后的市场反应，与不过度自信的CEO推动的并购相比，明显是负面的。国内学者傅强等（2008）、李善民等（2010）的研究也证实了CEO过度自信与并购决策正相关。

那么，管理者的股权激励效果是否会受这种过度自信的性格特征影响呢？鉴于股权激励的效果取决于管理者对风险的厌恶程度，本书认为股权激励和并购投资之间的关系在过度自信的CEO和非过度自信的CEO之间存在差异。Ross（2004）的研究表明，股权激励的凸性发挥作用的前提假设为管理者是理性的并且是风险厌恶的，管理者对待风险的态度才是影响股权激励机制的重要因素。Gervais等（2011）认为，过度自信会增加CEO的风险承担意愿，会减少股权激励的凸性与投资决策之间的相关性。以往的研究表明，过度自信的CEO会低估项目的风险，从而更容易发起并购并支付更高的并购溢价。事实上，CEO的过度自信可能是传统的管理者风险厌恶理论的另一种替代解释。在这种情况下，对过度自信的CEO进行股权激励可能是一种多余的浪费成本的无效激励，因此，股权激励会影响CEO风险承担，驱动其发起并购，但是这种关系仅仅局限于非过度自信的CEO，对于过度自信的CEO并不存在这种关系。Chen和Ma（2011）研究发现，对高管进行股权激励能增加其风险承担程度，但其仍然受高管个人风险偏好的影响。股权激励能够激励CEO在并购中努力协商降低并购溢价，但可能对过度自信的CEO并不发挥作用。在并购决策中，CEO过度自信的性格特征会使公司选择风险更高的战略决策。

传统的代理模式是建立在理性主义视角上的，即公司的高层管理者在仔细考虑其他公司战略的风险和回报后，做出收购的决策，从而将股东的价值最大化，而在行为代理模型中，根植于个人心理的行为特征会导致管理者的行为偏见，将其考虑进来会使传统代理模型的结论发生显著变化。与风险厌恶的传统模型相比，CEO对风险的态度不存在绝对风险规避度。在传统的代理模型中，公司必须利用能够补偿这种风险的股权激励来更正管理者的风险厌恶，但是，在行为代理模型中，代理人自身特征也是影响代理人风险规避的重要因素，过度自信的管理者是风险偏好的，不需要风险激励的补偿，实际上，与风险相关的激励会强化管理者的行为偏见，导致其过度承担风险。因此，公司进行损毁价值并购的原因根植于CEO的个人心理偏好和行为，在管理层过度自信的特征下，股权激励并不能促使管理者做出增加股东价值的并购决策。

3.3 本章小结

本章首先阐述了与管理者薪酬激励相关的理论基础，包括委托代理理论、风险承担理论和管理者权力理论，这些理论能够帮助我们更好地理解管理者股权激励如何影响并购决策以及并购的价值创造。本章还分析了董事会治理机制、大股东控制权、不确定性以及CEO过度自信对管理者股权激励与企业并购行为关系的调节作用。本章主要内容概括如下：

（1）委托代理理论认为，监督和激励是降低企业代理成本的主要途径，管理者股权激励作为激励机制的核心，通常被认为是协调股东与代理人之间的关系，解决委托代理问题的最佳路径。股权激励将管理者的个人财富与公司的价值和风险相联系，能够促使管理者做出增加股东价值的投资决策，降低代理成本，进而提升公司绩效。CEO薪酬契约组合中，权益性薪酬（股票和期权）的激励具有凸性，能够将公司的特定风险和高管个人财富联系在一起，增强高管的风险承担能力。CEO薪酬结构中，权益性薪酬占比越大，激励效果越强，可以用权益薪酬占总薪酬的比重作为激励强度的代理变量来考察CEO股权激励对并购投资决策效率和并购公司股东价值创造的影响。

（2）董事会机制是公司治理机制的核心，董事会承担企业战略决策制定和管理层监督的双向职能，董事会结构特征与CEO的并购决策及其经济后果息息相关。在企业并购中，大股东有动机和能力发挥管家职能，对管理者进行监督，能够改善股东与管理者间的信息不对称，能够降低管理者并购投资中的代理成本，与CEO股权激励共同发挥协同效应，增加并购公司的股东价值。环境不确定性与管理者的投资行为有很强的联系，同时环境不确定性也与公司风险相联系。管理者的最优投资策略反映的是基于管理者股权激励和不确定性共同驱动下的结果。不确定性容易引发代理问题驱动的并购，降低CEO股权激励的效果，当主并公司面临较高的不确定性时，提高股东和董事会对管理者决策的监督程度，保证管理者股权激励机制发挥积极作用，针对高管机会主义行为的内部公司治理机制能够约束和控制高管的并购决策与股东利益趋同，进而提升CEO激励与并购绩效的正相关性；对CEO进行股权激励能提高其风险承担能力，但管理者对风险的态度受管理者个人风险偏好影响。管理者进行损毁公司价值并购的原因根植于其个人心理偏好和行为，在管理者过度自信的情况下，股权激励与CEO并购决策无关，股权激励并不能促使管理者做出增加股东价值的并购决策。

第 4 章
制度背景分析

高管股权激励和公司控制权市场的发展与我国资本市场发展和制度环境密切相关，因此，对CEO股权激励与企业并购关系的研究离不开对我国的制度背景的分析，本章通过回顾我国上市公司股权激励和并购活动的发展过程，归纳总结出我国上市公司股权激励与企业并购活动的主要特征，为后文研究CEO股权激励与企业并购行为关系提供制度背景支持。4.1节结合我国制度背景分析上市公司高管股权激励的发展历程和影响股权激励实施效果的制度环境，介绍了上市公司CEO薪酬激励的发展趋势；4.2节结合制度背景分析了上市公司并购活动的发展历程；4.3节分析了上市公司并购交易特征。

4.1 上市公司高管股权激励的发展趋势和相关制度分析

4.1.1 上市公司高管股权激励的演进过程与制度背景分析

从20世纪70年代末期开始实施的改革开放政策，体现了中国经济从计划体制向市场体制的转型。在转型过程中，金融制度逐步完善，资本市场持续发展，成为推动所有制改革和资源配置方式转变的重要力量。随着资本市场的发展，股权分置改革的成功实施，国内实施股权激励的法律环境和市场环境不断完善，为股权激励的实施提供了制度环境。我国上市公司高管薪酬激励的发展受资本市场发展和制度变迁影响，其历史演进过程大致分为三个阶段：

1）高管货币薪酬发展阶段（20世纪90年代以前）

在企业所有制改革之前，计划经济体制下，国家对企业进行统一的计划管理，企业的经营决策权归国家所有，企业的资金、生产物资以及产品销售、利润分配都由国家统一负责调配。所有企业员工的报酬是由中央制定的等级工资，与企业绩效没什么联系。所有制改革后，企业有更多的经营管理自主权，调动了企业和员工的生产经营积极性，增强了企业活力，为企业进入市场奠定了初步基础。在所有制改革的初期，实行经理承包经营责任制，自主经营、自负盈亏，经理的工资总额与经营利润挂钩，调动了企业管理者的积极性，在一定程度上起到了激励作用。1987年起，我国开始大力进行社会主义经济体制改革，多种所有制经济在市场经济条件下全面发展，在此期间，上海和深圳证券交易所相继成立，股份制改革在全国推开。随着股份制改革的开始，高管年薪制逐渐兴起。我国企业管理者薪酬激励机制的实施是从年薪制试点开始的，1992年，上海选择上海英雄笔厂等3家企业在全国率先试行年薪制，同年，经国务院同意，有关部门颁发了《企业经营者年薪试行办法》，随后100家国企开始年薪改革试点，至1997年底，全国有100家国有企业开始了年薪制试点改革。《企业经营者年薪试行办法》规定，企业经营者年薪制的实施范围为国有独资企业和国有控股企业的董事长、总经理，经营者的年薪由基本年薪、效益年薪和奖励三部分构成，效益年薪以国有资产保值增值率为考核指标，年薪水平与企业的规模和经营成果挂钩。同时，中国上市公司高管薪酬信息的披露也趋于透明化。1987—1999年，我国上市公司管理者薪酬激励体系逐步形成，随着企业所有权的改革和市场经济体制的改革，管理者的薪酬与企业经营绩效逐渐挂钩，但此阶段大部分上市公司实行的是以工资、奖金和福利为主体的传统薪酬制度，薪酬结构单一，管理者的激励主要以货币薪酬激励为主，这种传统的薪酬激励模式无法从根本上解决经营者与所有者之间的代理问题。

2）高管股权激励的初步探索阶段（20世纪90年代初至2005年）

随着企业股份制改革的深化和现代企业制度的建立，上市公司高管的薪酬激励制度经历了改革和发展，我国先后建立了上海证券交易所与深圳证券交易所，股票市场得到初步发展，在此期间，除了对高管年薪制的大力推行和发展，我国企业也开始逐步探索高管股权激励实施的各种模式。1999年9月，《中共中央关于国有企业改革和发展若干重大问题的决定》第二次强调了高管年薪制激励的改革，加强了对经营者的业绩进行考核和评价。在1992—1999年间，员工持股计划曾风靡一时，一些企业对员工持股计划、高管人员持股等多种股权激励模式进行了初步的实践和探索，全国多个地区的企业都相继推出股权激励制度的试行方案。企业采取了多样化激励性质的股权激励模式，包括股票增值权、业绩股票、管理层收购、高管持股等等。例如，1984年，四通集团通过经理层融资收购的方式，实现企业长期发展的深层次激励。1994年，浦东大众公司通过内部职工持股成立职工持股会。1995年8月，泰然公司成为股份制试点企业，通过管理层全额认购所配股额的方式，实现对公司的经营决策者和高级管理人员的股权激励。随后，很多企业都通过强制高级管理层持股方式进行股权激励。为推动国有高新技术企业的技术创新和可持续发展，2002年9月17日，《国务院办公厅转发财政部科技部关于国有高新技术企业开展股权激励试点工作指导意见的通知》，率先对国有高新技术企业的高级管理人员和核心技术人员进行股权激励，股权激励的主要方式为奖励股权、股权出售、技术折股，通过股权激励的实施充分调动企业科技人员、经营管理人员的积极性和创造性。

在此阶段，虽然一些企业实施股权激励的意愿强烈，但由于国家缺少对股权激励实施具体法律制度的规定和支持，导致企业股权激励计划可操作性较差，也达不到对管理者激励的目的。股权分置改革前，上市公司股权不能全部流通，资本市场定价功能不健全，股票市场环境抑制了股权激励效果的发挥。虽然一些企业对高管的股权激励模式进行了探索和实践，但总体上看，大多数上市公司还是以货币薪酬为主，股权激励没有得到足够的重视，即使实施了股权激励，也因为高管的持股比例和持股水平比较低，导致股权激励与企业绩效不相关或相关性较弱。总体上看，上市公司经理人的正式股权激励强度太弱，不能与市场接轨，个人收益与公司价值没有建立规范联系。不少企业经理人由于薪酬结构不合理，其利益不能通过透明的机制来实现，因而在企业决策时，往往选择对自己有利的条件决策，偏离了股东价值最大化目标。

3）高管股权激励的逐步发展和完善阶段（2006年至今）

直到2005年股权分置改革后，真正意义上的股权激励才正式拉开帷幕。2005年8月23日，中国证监会发布《关于上市公司股权分置改革的指导意见》，明确指出："完成股权分置改革的上市公司可以实施管理层股权激励。"2005年11月，国务院批转了中国证监会《关于提高上市公司质量的意见》，要求企业充分认识完善公司治理的重要意义，要加强对高级管理人员的激励和约束，增强上市公司核心竞争能力和盈利能力。随后，《公司法》和《证券法》为上市公司实施股权激励营造了新的法律环境，解决了股票来源问题，完善了行使期权的利益兑现机制，给出了计划实施的具体流程，对高管持股转让等股权激励问题做出了具体的规定，同时，股权分置改革全面推进，国内实施股权激励的法律环境和市场环境逐步完善。

2005年9月30日，中国证监会通过了《上市公司股权激励管理办法（试行）》，进一步规定我国上市公司股权激励方式主要为限制性股票和股票期权，并从实施程序和信息披露角度对股权激励机制做出了详细的实施规定，这表明我国高管的股权激励制度得到了国家法律政策的允许和支持。在这一政策的引导下，股权激励计划在我国资本市场被陆续推出。自《上市公司股权激励管理办法（试行）》通过以来，上市公司对股权激励的热情越来越高，股权激励已经成为上市公司激励高管的重要工具。股权激励将高管个人利益、公司利益与中小投资者利益有效结合，通过股权激励将上市公司高管的利益和上市公司市值的增长捆绑在一起，能为我国内生股市增长提供源源不断的动力。仅2006年，就有多达40家上市公司推出了股权激励方案。

2007年3—10月，证监会开展了"加强上市公司治理专项活动"，股权激励暂缓审批，国资委、证监会出台配套政策规范股权激励。2008年3—9月，证监会陆续发布了《股权激励有关事项备忘录1号、2号、3号》，同年10月，国资委、财政部《关于规范国有控股上市公司实施股权激励制度有关问题的通知》从严规范股权激励的操作。由于股权激励方案的复杂性，涉及股票回购，会计处理，税收等诸多法律问题。我国相继制定和出台了一系列的法律法规，这些法律对上市公司实施股权激励计划的股票回购、会计处理、信息披露等关键问题进行了比较详细的规定，2009—2010年，股权激励相关配套政策不断完善和细化，中国资本市场上的制度建设更加深化和规范化，股权激励在我国的发展日趋完善，并逐渐进入成熟推广期。

股权激励制度在我国资本市场正式建立，在完善上市公司治理机制、降低代理成本、推动所有者与经营者利益一致方面发挥了巨大的作用。潘秒丽、邓舒文在2015年上海证券交易所研究报告中指出，自上市公司开展股权激励以来，高管股权激励在完善公司法人治理结构，建立健全激励与约束相结合的中长期激励机制，以及有效协调高管个人利益、公司利益和股东利益等方面有巨大促进作用。《上市公司股权激励管理办法》规定，股权激励模式可以有股票期权、限制性股权以及股票增值权计划等。从目前执行情况来看，绝大部分公司选择了期权模式和股票模式，仅有极少数公司（仅有16家）采用股票增值权模式。从时间上看，央企和地方国企推行股权激励高峰在2008年左右，而民企在2008年高峰后不断跟进股权激励方案，并且在2011年之后再创新高。自2010年起，上市公司大范围实施股权激励计划，其中，中小板和创业板民企成为倡导股权激励的绝对主力。随着上市公司治理结构的日趋完善，在全流通的市场环境下，股东价值最大化的理念被普遍接受，而上市公司股权也更加分散，股权激励得到更规范的推进。从2011年之后，股权激励方案的差异化和个性化开始显现。已经有越来越多的上市公司将股权激励作为完善公司治理结构、充分调动高级管理人员及核心技术（业务）人员的有效手段。这一时期的另外一个显著特点是，民营企业成为股权激励的主力军。民营上市企业一般规模较小、成长性高，公司高管的任职多为市场竞争行为，因此，对于吸引和稳定人才、完善公司治理结构有着更为迫切的需求，成为股权激励的主力军。

通过对上市公司股权激励发展过程的分析发现，我国股权激励的发展受公司治理结构和资本市场环境影响比较大，虽然上市公司对股权激励的热情越来越高，股权激励发展迅速，相关的法律制度规范也越来越完善，但我国上市公司股权激励发展的时间还是太短，股权激励实施的效果受资本市场的不确定性影响较大，股权激励是否能将高管利益和股东利益真正联系在一起，还需要长期检验。股权激励的作用机制是通过将经理人的报酬与公司价值增长挂钩，用来评价和激励经理人。其能否真正有效，不仅取决于方案设计的水平，还取决于公司治理的内部和外部环境是否对股权激励的实施有促进作用。上市公司实施股权激励的重要前提是完善的公司治理机制，通过完善的公司治理结构建立起股东、管理层之间的制度规范和利益制衡机制。

在股权激励和公司治理机制不断发展完善的过程中，我国上市公司的董事会治理机制也不断发展完善，上市公司董事会建设成为企业发展的核心，通过引入监事会、独立董事制度以及董事长和总经理分任等内部制衡机制改善公司治理有一定积极的作用。2001年，中国证监会发布了《关于在上市公司建立独立董事制度的指导意见》明确提出了在上市公司中建立独立董事制度，并且要求“2003年6月30日前，上市公司董事会成员中应当至少包括1/3独立董事”，随后2005年修订的《公司法》规定，“上市公司设立独立董事，具体办法由国务院规定”。2006年，中国证监会修订了《上市公司章程指引》，对上市公司独立董事的职责进行了进一步的扩充。

建立了高效的董事会制度和股东监督机制体系之后，股权激励才能发挥应有的效用，否则，会出现管理者侵害股东和企业利益的现象。股权激励是把“双刃剑”，要发挥其激励作用必须对管理者进行有效的监督和约束，在缺乏监管的情况下，上市公司高管更多的是通过操纵股票期权的授予与信息披露机制来牟取私利。比如，对于那些被高管控制了董事会的公司，往往在股权激励过程中选择性地进行信息披露，从而获得最大的资本利得；往往会在股权激励授予日之前披露坏消息，在行权之前披露好消息。从长远来看，股权激励是让管理层和股东利益保持一致的调节方式，但这理应是激励性的，而不能是福利性的。把股权激励当成福利，也就丧失了股票期权本身的功能。因此，要发挥股权激励的应有效果，必须以高效的监督模式和有效的公司治理结构为基础。股权激励的作用机制是通过将经理人的报酬与公司价值增长挂钩，用来评价和激励经理人。其能否真正有效，不仅取决于方案设计的水平，还取决于公司治理的内部和外部环境是否对股权激励的实施有促进作用。

资本市场的有效性对于上市公司实施股权激励有着重要的作用。高管股权激励是与股票价值挂钩的激励工具，经理人的行为和努力程度影响上市公司长期业绩，而公司的长期业绩通过资本市场上的股票价格反映出来。因此，资本市场是否有效直接决定股权激励的正面效应能否得到充分发挥。美国资本市场在全球范围看来，有效性名列前茅，因此，经理人股票激励计划在美国使用效果更好。我国的资本市场在股权分置改革之前是一个利益和风险不对称的市场。股权分置改革之前，资本市场缺乏资产定价的功能，本质上讲，公司的业绩不能通过股权价格来反映。股权分置改革后，上市公司的股票实现全流通，市值表现与大股东的经济利益密切相关，市场有效性有一定程度的提高。非流通股与流通股股东利益趋向一致，上市公司追求的目标也转变为公司价值最大化，市值成为衡量上市公司价值的新标杆。在成熟市场中，公司资产市值是考核管理层的核心指标。由于大股东的目标函数与公司的目标函数趋于一致，资产市值的最大化成为全体股东的共同目标，也成为考核经营管理层的核心目标，在此基础上实施的管理层激励从短期效应转向长期发展。

4.1.2 上市公司CEO薪酬结构的现状和发展趋势

本书根据CSMAR中国上市公司高管特征数据库，对我国上市公司2008—2014年CEO薪酬激励的发展趋势进行了统计分析。具体统计分析了上市公司CEO平均货币薪酬和CEO薪酬结构的水平和增长变化趋势特点，结果显示：

（1）CEO平均货币薪酬水平逐年保持持续增长态势。从2008—2014年上市公司CEO薪酬水平统计结果可以看出，CEO年度货币薪酬水平均值每年都保持一定程度的增长。2008年CEO货币薪酬均值为428 859.8元，2009年为458 464元，相比2008年增长6.9%。2010年CEO货币薪酬均值为509 592.8元，比2009年增长11.2%。2011年CEO平均货币薪酬为582 671.8元，比2010年增长了14.3%。2012年CEO平均货币薪酬为

622 540.4 元，比 2011 年增长了 6.8%。2013 年 CEO 平均货币薪酬为 675 171.8 元，比 2012 年增长了 8.5%。2014 年 CEO 平均货币薪酬为 715 400.5 元，比 2013 年增长了 6.0%。由此可见，CEO 平均货币薪酬水平逐年增长。图 4-1 为 2008—2014 年 CEO 平均货币薪酬水平，图 4-2 为 2008—2014 年 CEO 平均货币薪酬水平增加幅度，其中，2010 年和 2011 年增长幅度较为显著，超过 10%。2012 年和 2014 年增长幅度显著下降至 10% 以下，货币薪酬水平增加幅度显著波动。

图 4-1　2008—2014 年 CEO 平均货币薪酬水平

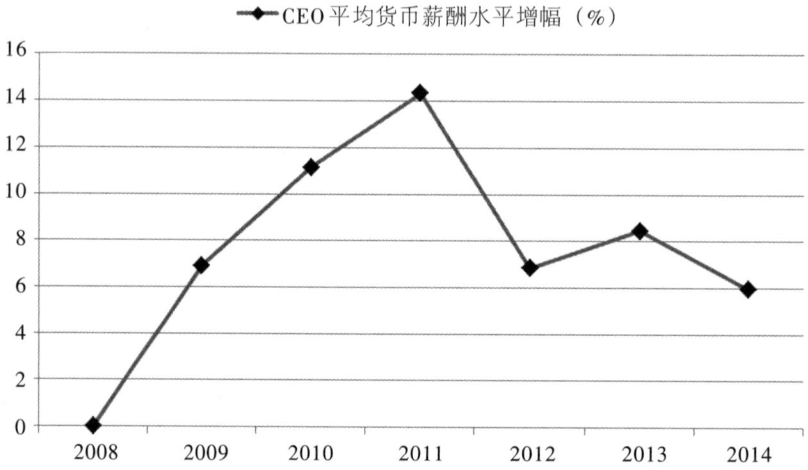

图 4-2　2008—2014 年 CEO 平均货币薪酬水平增加幅度

（2）CEO平均权益薪酬增长总体波动比较大。从2008年至2014年，CEO年度权益薪酬水平虽然呈增长趋势，但是权益薪酬的增长幅度比货币薪酬波动更大。CEO平均权益薪酬的价值显著大于货币薪酬。2008年，CEO平均权益薪酬为15 200万元；2009年，CEO平均权益薪酬为21 600万元，比2008年增长了42.1%。2010年CEO平均权益薪酬为31 100万元，比2009年增长了44.0%。2011年CEO平均权益薪酬为21 400万元，比2010年减少了31.2%。2012年CEO平均权益薪酬为18 700万元，比2011年减少了12.6%。2013年CEO平均权益薪酬为27 600万元，比2012年增加了47.6%。2014年CEO平均权益薪酬为38 600万元，比2013年增加了39.9%。图4-3为2008年至2014年CEO平均权益薪酬水平，2009年和2010年连续2年，CEO平均权益薪酬水平增幅巨大，2011年和2012年，CEO平均权益薪酬水平出现了下降趋势。但2013年和2014年，CEO平均权益薪酬水平又出现了巨大增幅。图4-4为2008年至2014年CEO平均权益薪酬水平增长幅度，CEO权益薪酬增加幅度显著超过CEO货币薪酬增加幅度，但是CEO权益薪酬增幅波动风险也很大。

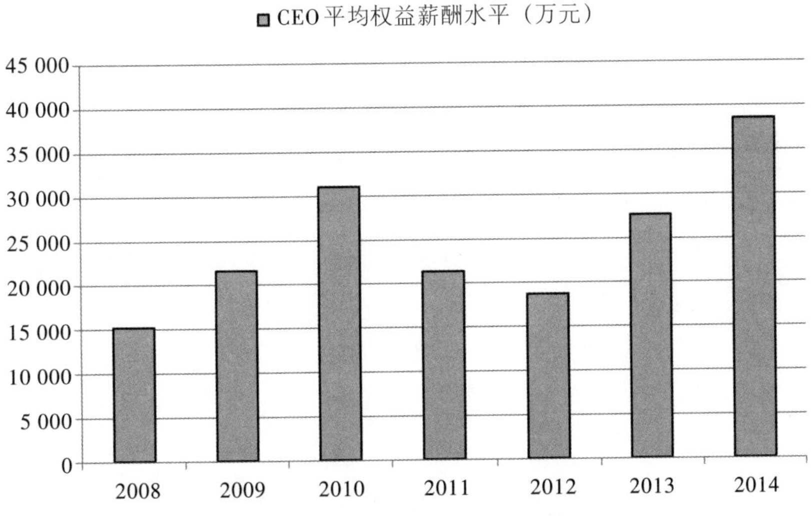

图4-3　2008—2014年CEO平均权益薪酬水平

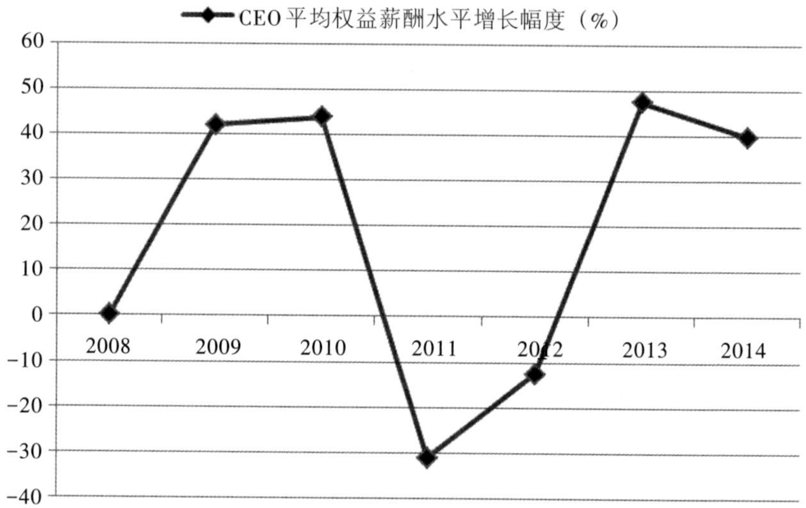

图4-4　2008—2014年CEO平均权益薪酬水平增长幅度

（3）CEO薪酬结构中，货币薪酬占比较大，但权益薪酬占比总体逐年趋势增加。2008年，CEO平均权益薪酬占比为32.4%；2009年，CEO平均权益薪酬占比35.3%，比2008年增长了9.0%。2010年CEO平均权益薪酬占比为40.8%，比2009年增长了15.6%。2011年CEO平均权益薪酬占比为41.18%，比2010年增加了0.9%。2012年CEO平均权益薪酬占比39.7%，比2011年减少了3.6%。2013年CEO平均权益薪酬占比为40.2%，比2012年增长了1.3%。2014年CEO平均权益薪酬占比为45.4%，比2013年增加了12.9%，权益薪酬占比超过50%。图4-5为2008—2014年CEO平均权益薪酬占总薪酬比重，图4-6为2008—2014年CEO平均权益薪酬占总薪酬比重增长幅度。CEO薪酬结构变化趋势平缓，固定薪酬和权益薪酬所占的比例变化幅度较小，但是，从总体变化趋势上看，货币薪酬在总薪酬中的比例有逐年持续下降的趋势，而权益薪酬占比逐年保持平稳上升的趋势，这说明CEO薪酬结构中风险激励机制逐年增强。

从以上对上市公司CEO薪酬结构和发展趋势的描述性统计分析可以看出，经理人薪酬结构的发展趋势是更加注重长期激励性报酬。早期，上市公司传统的薪酬结构是“基本工资+年度奖金”，薪酬结构比较单一，不能对高管人员起到足够的激励作用。随着对股权激励的发展，

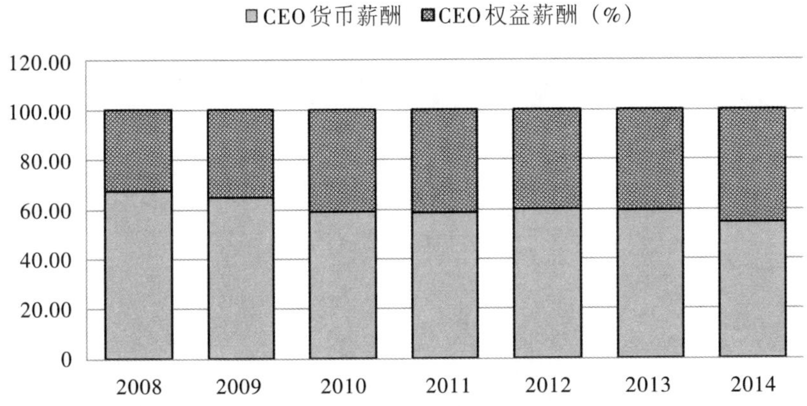

图4-5　2008—2014年CEO平均权益薪酬占总薪酬比重

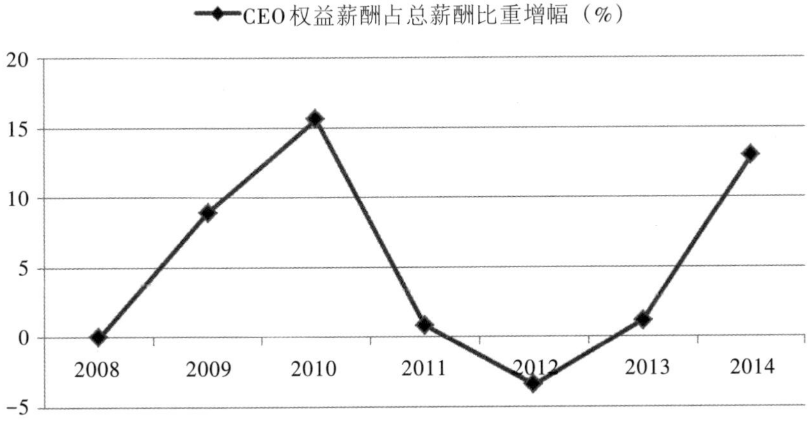

图4-6　2008—2014年CEO平均权益薪酬占总薪酬比重增长幅度

在“基本工资+年度奖金”的传统薪酬制度中引进了长期股权激励计划，经理人的薪酬结构设计为“基本工资+年度奖金+长期激励性报酬”。基本工资能给经理人提供最基本的保障作用，年度奖金在短期内具有激励作用，但这种薪酬结构存在局限性。从业绩角度来看，基本工资是根据经理人历史的业绩来确定的，而年度奖金是与公司当前的业绩挂钩的。但是与公司的未来都没有关系，公司价值的变动与经理人的收入几乎不存在相关性，这种情况下就不可能激励经理人关注公司未来的业绩。而股权激励是在历史和今天业绩的基础上，更加关注公司未来业绩的实现，关注股东长期价值的实现，也是股权激励与基本工资、年度奖金本质的不同之处。从本质上看，股权激励与传统薪酬制度还有一个不同点：股权激励能够有效地解决经理人的短期行为。因此，上市公司越来越注重对高管的长期股权激励，20世纪90年代，我国的一些企业，如联想、慧聪、TCL等公司开始使用股权激励，但这个阶段对股权激励的关注更多的是一些改制的国有企业，股权激励为中国众多企业关注是在2000年之后，不仅股东关心股权激励机制对经理人进行有效激励和约束，经理人对自己薪酬中股权或者期权也有明确的要求。

在高管人员薪酬的演进过程中，CEO的报酬变化主要体现在两个方面：一是CEO的收入越来越高；二是CEO的薪酬结构中股权激励占据了较大比例。股权激励的模式越来越多，运用最多的是业绩股票、股票增值权、限制性股票、股票期权，根据资本市场和公司实际的不同，为了达到激励效果，长期激励性报酬形式的选择更有针对性，激励模式也越来越多。随着对股权激励的认识，股权激励这一长期激励性报酬形式在高管薪酬激励机制中发挥着越来越重要的作用。与西方发达国家相比，尽管目前我国股权激励制度尚存在不足和差距，但在上市公司高管薪酬结构中，股权性的薪酬所占比重越来越大，股权激励已经成为上市公司高管激励的主要工具。股权激励在减少代理成本，激励高管追求股东价值最大化，推动所有者与经营者利益一致性方面发挥了巨大的作用，且随着我国法律制度与资本市场的不断发展，公司治理机制和信息披露制度不断完善，高管薪酬结构、水平将更加趋于合理和完善，在未来相当长的一段时期内我国高管股权激励机制将得到更为广泛的应用和发展。

4.2 上市公司并购的发展过程与制度背景分析

企业并购是通过资本市场优化资源配置的重要方式，我国以产权转让为主的并购活动起始于1984年，以河北保定市锅炉厂承债式兼并保定市风机厂为开端，此后，随着中国资本市场和上市公司的规模不断扩大，上市公司并购交易的规模和金额也不断增长，并购成为资本市场最为激荡的主旋律。根据我国资本市场发展的不同阶段，上市公司并购活动的演进历程主要分为以下三个阶段：

1）股票市场起步阶段的企业并购行为（1988—1989年）

1978年10月起，我国开始了扩大企业经营自主权的改革，1984年5月10日，为了提高国有企业经营效率，国务院颁布了《关于进一步扩大国营工业企业自主权的暂行规定》，解决了国家与企业的分配关系，进一步调动了企业的积极性。1984年，河北省保定市的企业开创了我国改革开放以来企业兼并之先河，截止到1987年底，河北省保定市优势企业兼并了14家劣势企业，通过将劣势资源和控制权转移到优势企业中，被无效占用的生产要素在优势企业中产生了活力，随后，其他地区的企业也纷纷学习保定市企业兼并的经验。1989年，国家体改委、国家计委、财政部、国有资产管理局联合颁布了《关于企业兼并的暂行办法》和《关于出售国有小型企业产权暂行办法》。在政府的推动和干预下，在全国范围内迅速掀起了兼并浪潮，势头强劲。这一时期企业并购的特点是企业不是因为市场竞争或者是自身战略发展的需要而进行并购，而是在政府主导下，为企图拯救或消灭亏损企业，卸掉财政包袱而发起的并购行为。并购方式主要为承担债务式、出资购买式和无偿划转式等，政府引导企业并购的目的在于：一是通过企业并购机制加大亏损企业的经营压力，使其努力提高经营效率；二是由政府主导引入企业并购机制，通过并购实现资源向优势企业转移；三是通过优势企业并购劣势企业来改善亏损企业的经营机制，带动亏损企业的发展。我国的企业并购之所以会以政府主导型并购为主，是由我国这一时期的制度背景决定的，改革开放以前，计划经济体制下，行政性指令为主要经济管理手段，虽然从1979年开始，为扩大企业经营自主权，提高企业经营的积极性，我国进行了“放权让利”“承包责任制”等一系列的所有制改革，但仍未从根本上解决我国企业产权不明、政企不分的问题，企业的市场主体地位没有确立，所以政府在企业资源配置中起主导作用，以所有者身份进行干预，来主导企业间的收购兼并。

2）股权分置时代的企业并购行为（1990—2005年）

1990年，沪深证券交易所相继成立，我国上市公司数量日趋增多和规模日趋扩大，随后又开通了全国证券交易自动报价系统（STAQ）与全国电子交易系统（NET）。资本市场和系统的建立为通过股票市场开展公司并购创造了有利的条件。1992年，中国经济体制改革确定了市场经济方向，产权改革成为企业改革的重要组成部分，产权交易和产权交易市场的培育和发展越来越得到政府的重视。1993年以前，中国证券市场处于试点阶段，上市公司数量比较少，法律制度也不健全，大量非流通股的存在使得二级市场收购的主要模式集中在“三无”板块（无国家股、无法人股、无转配股）。1993年，深圳宝安集团通过上海证券交易二级市场举牌上海延中实业，打响了中国上市公司收购兼并的第一枪。之后，又发生了万科参股申华、天极参股小飞乐、光大标购玉柴、恒通受让棱光股权等事件。可见，通过股市收购上市公司部分股份，参股或取得控股权，进而收购全部股份而并购该公司已具备基本的条件。1994年11月3日，国有资产管理局、国家经济体制改革委员会发布了《股份有限公司国有股权管理暂行办法》，对国有股权的转让办法做了明确的规定。日本五十铃和伊藤忠商事株式会社协议收购北旅股份的行为，开创了外商直接收购我国上市公司的先例。在这一阶段，许多收购并非出于战略性投资的考虑，带有明显的二级市场炒作获利的性质；非公众公司大量受让上市公司的股权，达到“买壳上市”获得融资渠道的目的；重组方和被重组方多为国有企业，其股权划拨为主，并没有从实质上改变上市公司国有控股的性质。

1997—2000年，证券市场进一步发展壮大，上市公司的重组规模也越来越大。这一时期，由于监管部门关于并购的相关法律尚未健全，缺乏具体细节的规范、指引，导致上市公司并购重组中出现“暗箱操作”、信息披露不透明等投机行为。上市公司并购重组片面追求利润套现等短期利益，报表式重组甚至虚假重组不断，30%以下的收购行为也未纳入监管。当时，格林柯尔收购科龙电器、鸿仪投资入主国光瓷业、斯威特收购上海科技等都属于这一时期并购引发的重大风险案例。

从2001年开始，监管部门颁布了相应的法规对上市公司并购重组的具体操作和实施进行详细的规定。2001年初发布的四项独立审计准则，分别从会计准则的角度对上市公司并购重组进行了规范，制约了上市公司利用债务重组、非货币性交易和无形资产来操纵公司利润的行为。2001

年12月，《关于上市公司重大购买、出售、置换资产若干问题的通知》发布，旨在支持上市公司可持续发展的重组行为，遏制个别公司因并购动机不纯损害中小投资者利益，打击内幕交易和股价炒作。2002年12月实行的《上市公司收购管理办法》和《上市公司股东持股变动信息披露管理办法》把上市公司并购纳入统一的监管体系，强化信息披露，增强了上市公司并购重组的透明度和规范，这些规定鼓励上市公司进行价值并购，发挥了资本市场优化资源配置和价格发现功能。

随着企业并购的规模日益扩大，大型并购、强强并购等事件越来越多。例如，一汽收购沈阳金杯51%的股权，出资额高达5亿元，产权转让出现多样化，上市公司股权收购逐步占据主要地位。2002年1月，《关于向外商转让上市公司国有股和法人股有关问题的通知》放松了对外资并购控股地位的限制，境外企业参与国内企业并购得到了法律上的支持。在这一时期，我国上市公司并购浪潮再次兴起，但在我国经济转轨时期，政府对上市公司并购行为过度干预，政策驱动并购，已经成了影响并购绩效的一个重要因素。另外，股权分置背景下，国有股不能流通仍是制约并购的重要因素，使得在市场化并购中资本市场定价机制和市场竞争机制不能发挥作用，政府干预并购造成的负面效应逐步显现。

3）股权全流通时代的企业并购行为（2006年至今）

2005年8月23日，中国证监会、国资委和财政部等部门联合发布了《关于上市公司股权分置改革的指导意见》，同年9月4日，中国证监会发布了《上市公司股权分置改革管理办法》，旨在消除非流通股股东和流通股股东之间股份转让制度性差异，我国上市公司全面启动股权分置改革，截至2007年年底，98%的上市公司完成了股权分置改革[①]。股权分置改革提高了资本市场的效率，促进了上市公司治理结构的改善；股权分置改革实现了资本市场真实的供求关系和定价机制，有利于改善投资环境，这为上市公司并购的展开提供了必要的条件。与此同时，股权分置改革后，优化了上市公司的股权结构，充分发挥了资本市场定价功能，有效地刺激了上市公司通过控制权市场对优质上市公司资本和资源进行战略控股和战略

① 中国证券监督管理委员会. 中国资本市场发展报告［M］. 北京：中国金融出版社，2008.

竞争的行为。

在股权分置改革后，我国企业的战略性并购拉开序幕。我国钢铁企业率先带领一些企业集团如上港集团、上汽集团等，通过兼并和收购的方式对集团的业务和资产进行整合后整体上市，有效地解决了行业集中率低和产品结构不合理的问题，降低了生产成本，通过集团一体化管理增强了企业集团的竞争能力；海通证券通过借壳上市成为继中信证券、宏源证券后第三家正式上市的券商，提高了企业综合实力，为股东带来了巨额回报；一些ST公司通过资产置换、定向增发等资产重组方式，优化了企业资产结构，在较短时间内提升了企业绩效。同时，外资并购日益活跃，成为并购市场的积极力量，如德国FAG轴承合并西北轴承、格林柯尔集团并购科龙电器、高能并购双汇等，对我国企业来说，引进外资是盘活资本、提高技术和管理水平的一个重要选择。此阶段还出现了易趣与雅宝联姻、联想与赢时通结合、搜狐收购Chinaren、华润控股万科、小天鹅与科龙结成战略联盟、海信集团与浪潮电子信息产业合并、青岛海尔斥巨资收购海尔空调有限公司的大部分股份等事件。这一时期的并购主要目的是强强连手，实现企业长期发展战略；并购的重点多是高技术的交流与合作，力图形成优势互补。并购体现企业自由结合，而不是政府干预。

2006年9月1日起施行的《上市公司收购管理办法》中规定，收购人可以依收购股份多少的不同而采取多种方式收购上市公司，股份的全流通加上上市公司收购允许部分要约收购，允许现金、证券等多种支付方式，降低了收购难度，为上市公司实施并购交易提供了便利。股权分置改革后，我国上市公司的并购方式不再局限于协议转让，为要约收购逐步取代协议收购创造了条件。股权分置时期，由于缺少股票定价的市场机制，因此，企业大部分采用现金支付而不是股票支付的并购方式，企业并购往往需要大量的资金支持，这加大了并购融资的难度。股权分置改革后，股权将更趋分散，股票定价机制完善，为上市公司采用股票支付方式进行并购交易提供了条件，股改后利用证券市场进行并购融资更加容易，拓展了上市公司并购的融资渠道。在此期间，我国上市公司通过要约收购、使用股票对价的并购数量得到了显著增加。

股权分置改革促进了上市公司治理机制的完善，充分发挥了并购对于优化资源配置的作用，减少了大股东侵害中小股东利益的关联交易，企业有强烈动机通过收购优质资产提升上市公司价值和核心竞争能力，控制权市场的约束机制得到加强。随着股权分置改革的结束，长期困扰我国证券市场发展的制度障碍消失了，大规模并购所依托的资本市场的流动性得到了解决。作为证券市场里最能体现市场效率和最具创新活力的并购运作，对我国的上市公司正在产生深远影响。股份全流通使控制权市场价值体现与过去相比发生实质性变化，并购是企业为了实现自身战略发展、战略扩张的自主行为，市场机制和竞争压力是驱动企业进行并购的根本原因。多数并购交易以市场驱动为主取代政府指导为主，政府行政干预在上市公司并购中的作用将逐渐淡化，根据企业自身的意愿来实施的并购成为主流。在全流通时代，大股东和中小股东的利益基础趋同，都更加注重通过股价来体现自身价值。企业更多地从适应市场需要来进行产业整合和战略并购，从而保持企业的生存和发展，并通过股价变化来体现企业价值。并购目的将从追求短期利益向强化核心竞争能力的长远战略转移，战略性重组成为主导方向。

股权分置改革后，股价真正成为衡量其收益的因素，高管股权激励机制将真正发挥作用。管理者的股权激励对企业并购中的价值创造影响重大，大股东成为并购市场参与的主体，随着管理者股权激励机制的不断发展和完善，激励管理层发现有价值的并购目标，激励管理层更注重股东利益，通过实施提高企业核心竞争能力的战略并购重组实现为股东创造价值，在股权激励下，管理层实施的收购兼并将被赋予新的内涵，基于提升上市公司核心能力和产业竞争力的战略性并购和产业重组将是全流通时代的并购主旋律。

4.3 上市公司并购交易特征分析

本书研究所选取的并购事件时间区间为2008—2014年，以上市公司并购交易规模、行业特征、支付方式和溢价情况四个维度对我国并购事件的特征进行初步的描述性统计分析。统计分析所使用的数据主要来自国泰安数据服务中心的中国上市公司公司治理结构研究数据库和并购重组研究数据库，对上市公司并购事件按照如下的标准进行筛选：（1）将上市公司的并购限定为资产收购、股权转让和吸收合并等控制权发生明显转移的并购行为，不包括资产剥离、资产置换、债务重组、股份回购等资产重组行为；（2）由于非上市公司并购相关数据没有公开披露，难以获得，因此，本书只选取主并公司是上市公司的并购事件作为分析对象；（3）只保留成功完成并购的公司。

4.3.1 上市公司并购交易规模特征

1）交易总量持续攀升且交易金额创新高

从表4-1和图4-7可以看出，2008年以后，我国上市公司的并购交易数量基本上保持稳步上升的趋势。但是，并购交易金额有所波动，在2009—2011年，交易金额下降。以2011年为分界线，2011年以后的并购交易金额激增，2014年并购交易金额高达12 000亿元，比2011年增长67.5%。

表4-1 **2008—2014年并购规模一览表**

年份	交易金额（亿元）	交易数量
2008	6 800	1 765
2009	6 900	1 481
2010	5 700	1 953
2011	3 900	2 008
2012	5 600	2 006
2013	8 200	2 153
2014	12 000	2 122

数据来源：国泰安数据库。

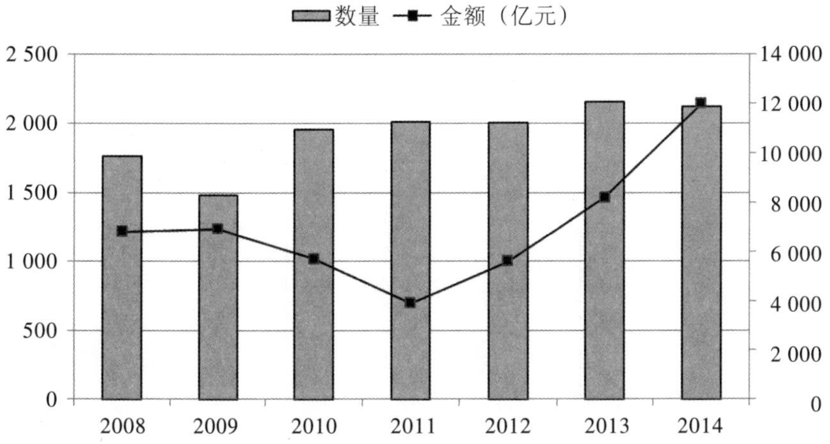

图4-7 2008—2014年并购规模走势图

2）股权交易担当并购市场的主力

通过表4-2和图4-8对我国上市公司2008—2014年的并购交易数量分类统计可以看出，我国上市公司的并购股权交易数量自2008年以后保持逐年上升的趋势，资产交易数量逐年减少，资产交易数量在并购交易总量中占比较少，股权交易为并购市场主力。通过表4-3和图4-9对我国上市公司2008—2014年的并购交易金额分类统计可以看出，在2008—2011年，资产交易数量虽然少，但资产交易金额和股权交易金额水平相当，2001年以后资产交易金额和股权交易金额差距逐渐明显，股权交易金额增长迅速，2014年股权交易金额高达10 000亿元，占并购总交易金额的86.2%。由此可见，无论从交易数量还是交易金额上看，股权收购都是我国并购市场中主要的交易形式。

表4-2 **2008—2014年并购交易数量分类统计**

年份	资产交易数量	数量占比（%）	股权交易数量	数量占比（%）	资产和股权交易数量	数量占比（%）
2008	619	35.1	1114	63.1	32	1.8
2009	462	31.2	985	66.5	34	2.3
2010	625	32.0	1301	66.6	27	1.4
2011	641	31.9	1350	67.2	17	0.8
2012	551	27.5	1435	71.6	19	0.9
2013	500	23.2	1641	76.2	12	0.6
2014	367	17.3	1747	82.3	8	0.4

数据来源：国泰安数据库。

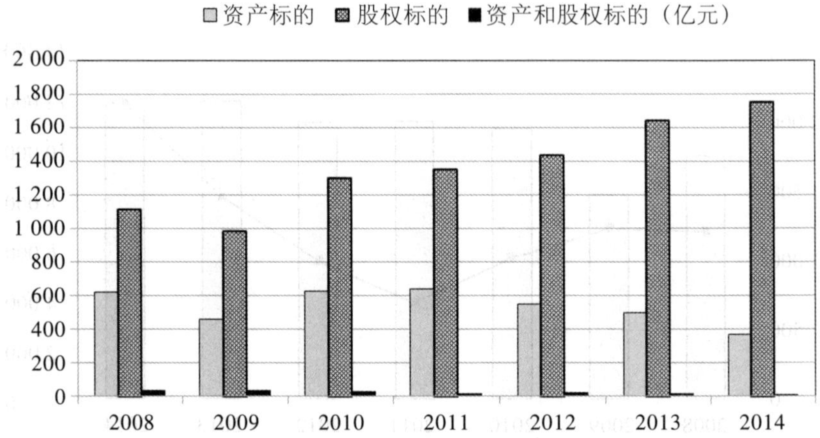

图4-8 2008—2014年资产标的和股权标的并购交易数量变化趋势图

表4-3 **2008—2014年并购交易金额分类统计**

年份	股权交易金额（亿元）	金额占比（%）	资产交易金额（亿元）	金额占比（%）	资产和股权交易金额（亿元）	金额占比（%）
2008	3 600	52.3	2 600	37.8	680	9.9
2009	2 300	33.3	1 600	23.2	3 000	43.5
2010	2 900	51.1	2 500	44.1	270	4.8
2011	2 100	54.5	1 600	41.6	150	3.9
2012	3 200	57.1	2 100	37.5	300	5.4
2013	5 900	72.4	2 100	25.8	150	1.8
2014	10 000	86.2	1 600	13.8	4	0.0

数据来源：国泰安数据库。

4.3.2 上市公司并购交易行业特征

1）并购交易行业分布差异显著

表4-4为2008—2004年间上市公司并购事件的行业特征统计分析，按上市公司行业类别报告了2008—2014年并购事件的交易金额和数量的行业分布情况（按照并购发生数量占总样本比例的降序排列），行业分类标准采用中国证监会《上市公司分类指引》（2012年修订）规定的上市公司行业分类标准（共20个，其中制造业采用二级代码分类，其他行业采用一级代码分类）。

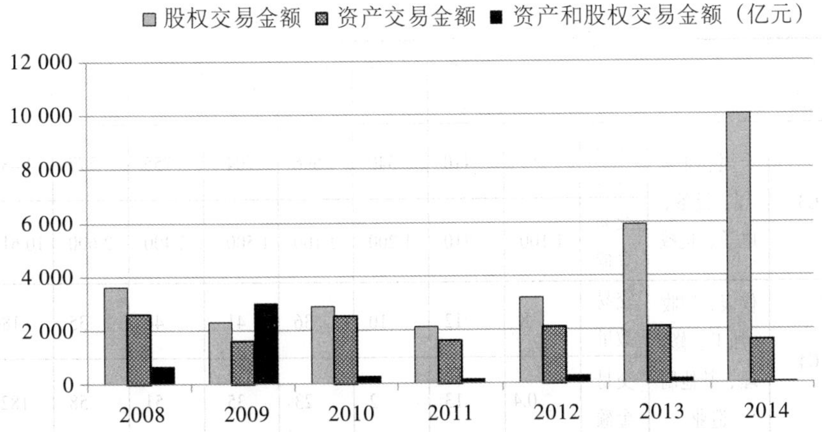

图4-9　资产标的和股权标的并购交易金额变化趋势图

表4-4　**并购事件行业特征分析**　金额单位：亿元

行业代码	行业名称		2008年	2009年	2010年	2011年	2012年	2013年	2014年	合计
A	农、林、牧、渔业	交易数量	25	14	12	40	46	49	28	214
		交易金额	28	32	2	10	18	66	95	251
B	采矿业	交易数量	100	83	78	69	112	44	60	546
		交易金额	510	390	540	290	580	250	900	3 460
C1	食品饮料、纺织、服装、皮毛	交易数量	102	85	133	106	97	114	115	752
		交易金额	85	260	470	47	91	310	630	1 893
C2	木材、家具、造纸、印刷、石油、化学、塑胶、塑料、医药、文教	交易数量	227	215	330	315	362	386	339	2 174
		交易金额	1 300	160	370	170	780	770	1 300	4 850

续表

行业代码	行业名称		2008年	2009年	2010年	2011年	2012年	2013年	2014年	合计
C3	金属、非金属、设备、电子、机械	交易数量	555	410	540	696	704	755	777	4 437
		交易金额	1 100	710	1 200	1 100	1 500	2 400	2 600	10 610
C4	仪表、回收加工、修理、其他制造业	交易数量	8	12	10	36	41	44	35	186
		交易金额	0.4	13	2	23	35	51	58	182.4
D	电力、热力、燃气及水生产和供应业	交易数量	84	108	118	84	69	78	84	625
		交易金额	220	2 800	400	660	63	630	710	5 483
E	建筑业	交易数量	46	36	52	80	55	51	48	368
		交易金额	120	130	470	100	110	200	390	1 520
F	批发和零售业	交易数量	144	141	131	161	118	113	100	908
		交易金额	240	530	600	250	130	300	910	2 960
G	交通运输、仓储和邮政业	交易数量	61	41	75	74	73	40	52	416
		交易金额	1 500	410	410	480	660	95	440	3 995
H	住宿和餐饮业	交易数量	11	5	14	4	5	6	9	54
		交易金额	17	1	7	3	6	17	8	59
I	信息传输、软件和信息技术服务业	交易数量	35	49	109	107	116	159	174	749
		交易金额	140	88	35	84	380	410	640	1777

续表

行业代码	行业名称		2008年	2009年	2010年	2011年	2012年	2013年	2014年	合计
J	金融业	交易数量	21	21	6	15	14	16	20	113
		交易金额	290	240	44	96	91	190	600	1551
K	房地产业	交易数量	233	209	225	146	111	177	164	1265
		交易金额	1 200	1 100	980	520	450	2 200	2 400	8 850
L	租赁和商务服务业	交易数量	22	10	27	27	24	30	27	167
		交易金额	75	38	130	18	68	110	170	609
M	科学研究和技术服务业	交易数量	2	0	10	6	15	9	25	67
		交易金额	3	0	3	1	4	6	48	65
N	水利、环境和公共设施管理业	交易数量	6	16	30	18	19	27	25	141
		交易金额	170	68	10	14	26	38	150	476
Q	卫生和社会工作	交易数量	0	0	12	5	4	4	3	28
		交易金额	0	0	1	1	0.3	1	0.1	3.4
R	文化、体育和娱乐业	交易数量	31	30	21	16	24	51	44	217
		交易金额	33	150	79	71	65	290	410	1 098
S	综合	交易数量	23	17	26	18	11	14	13	122
		交易金额	34	11	15	8	6	33	18	125

数据来源：国泰安数据库。

根据表4-4和图4-10的统计结果可以看出，2008—2014年我国上市公司并购交易的数量和金额在行业间差异明显。根据图4-10的各行业趋势分析，并购交易数量最多的三个行业分别为：行业C3（金属、非金属、设备、电子、机械）、行业C2（木材、家具、造纸、印刷、石油、化学、塑胶、塑料、医药、文教）和行业K（房地产业）。C3和C2为传统制造业，制造企业在我国上市公司中占很大比例，行业集中率低和产品结构不合理的问题使得制造业的竞争激烈，产业整合使得制造业并购热度高涨。中国房地产业在开发投资期高速增长，大量资本涌入房地产行业，有些房地产公司规模小、资金少且开发能力有限，在竞争中难以持续发展，而一些规模比较大的优质房地产公司为了扩大规模，获得土地资源，需要进行不断的扩张才能实现自身发展需求，因此，房地产行业所面临的形势决定了房地产行业必须进行并购重组。此外，根据图4-10我们可以发现，行业M（科学研究和技术服务业）、行业R（卫生和社会工作）和行业H（住宿和餐饮业）发生并购事件的数量较少，这主要是因为这些行业内的上市公司数量较少。就交易金额而言，行业C3（金属、非金属、设备、电子、机械）仍居榜首，行业K（房地产业）交易金额仍领先于其他行业。行业D（电力、热力、燃气及水生产和供应业）虽然并购数量较少，但平均交易金额高达65亿元。行业C3尽管发生了4 437起并购事件，但是平均交易金额只有2.3亿元。由此可见，不同行业间的并购规模差异还是显著的。

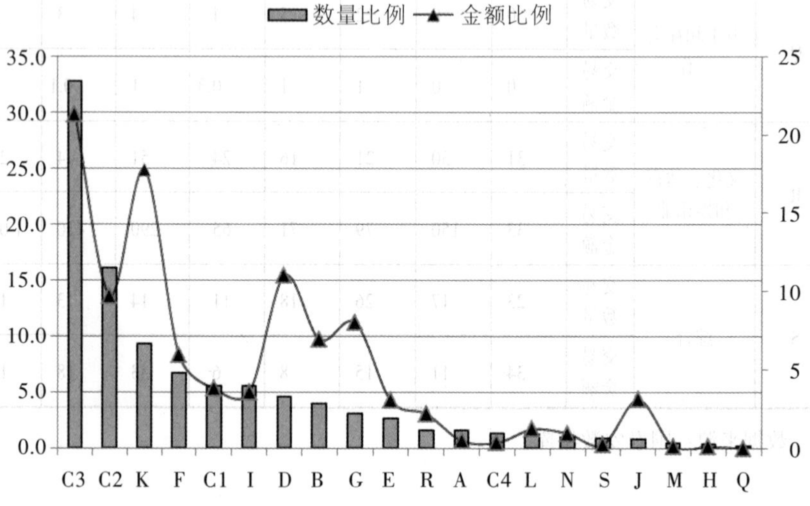

图4-10 2008—2014年各行业间并购事件趋势分析

2）并购目的以行业横向整合为主

按照并购的目的（多元化战略，垂直整合和横向整合）对2008—2014年并购交易的金额和数量进行分类统计（见表4-5），从图4-11和图4-12可以看出，无论从并购数量还是并购金额来看，并购目的都以横向整合为主。以多元化为并购目的的交易虽然数量不多，但平均交易金额超过横向整合的平均交易金额。由此可见，并购是企业实现多元化发展，快速涉足其他行业的重要途径，因此，可使企业在本行业范畴以外扩张，以求做大做强。

表4-5　**并购事件（按并购目的分类）交易的数量和金额年度分布表**

年份	数量与金额	多元化战略	横向整合	垂直整合
2008	数量	265	1 188	136
	金额（亿元）	695	5 856	272
2009	数量	359	890	86
	金额（亿元）	884	5 347	450
2010	数量	591	738	70
	金额（亿元）	2 783	4 480	130
2011	数量	763	870	152
	金额（亿元）	1770	3467	298
2012	数量	232	761	141
	金额（亿元）	716	4378	471
2013	数量	418	973	128
	金额（亿元）	1275	4235	854
2014	数量	626	1992	125
	金额（亿元）	2 330	6 671	329

数据来源：国泰安数据库。

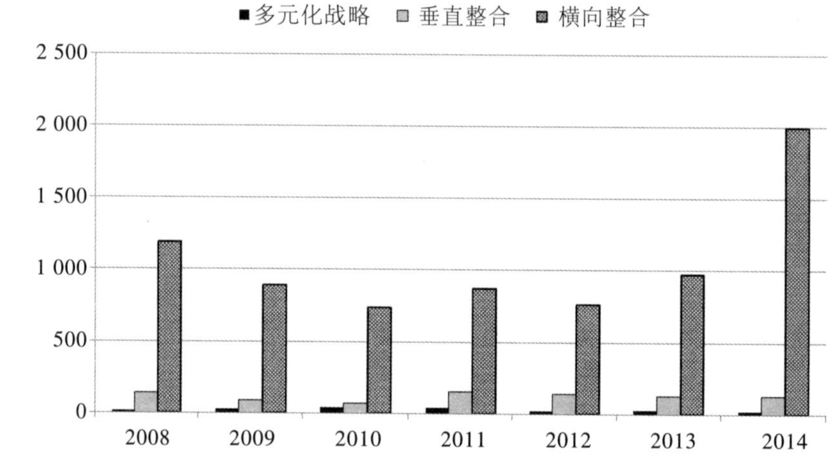

图4-11　2008—2014年以并购目的分类交易数量

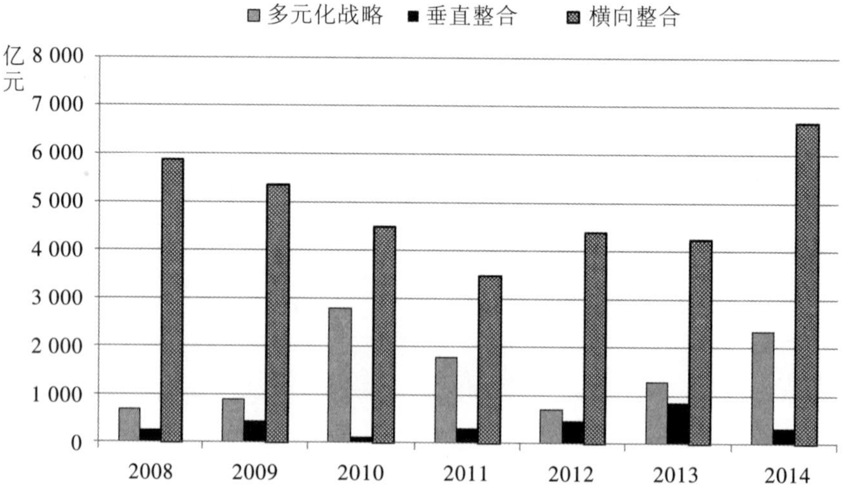

图4-12　2008—2014年以并购目的分类交易金额

4.3.3　上市公司并购交易的对价方式

表4-6列示了2008—2011年间各行业并购事件采用现金对价方式、股票对价方式以及其他对价方式的数量，图4-13直观地展示了2008—2011年间各行业并购事件采用的现金对价方式、股票对价方式以及其他对价方式的占比情况。

通过表4-6按并购行业的并购交易对价方式报告可以看出，位于并购数量排名第一的C3（金属、非金属、设备、电子、机械）行业，采用现

表4-6　　并购对价方式的行业特征分析

行业代码	行业名称	现金对价（亿元）	所占百分比（%）	股票对价	所占百分比（%）	其他对价方式	所占百分比（%）	合计
A	农、林、牧、渔业	189	1.4	17	0.1	8	0.1	214
B	采矿业	424	3.1	80	0.6	40	0.3	544
C1	食品饮料、纺织、服装、皮毛	661	4.9	56	0.4	31	0.2	748
C2	木材、家具、造纸、印刷、石油、化学、塑胶、塑料、医药、文教	1 956	14.5	177	1.3	81	0.6	2 214
C3	金属、非金属、设备、电子、机械	3 758	27.8	379	2.8	285	2.1	4 422
C4	仪表、回收加工、修理、其他制造业	163	1.2	9	0.1	14	0.1	186
D	电力、热力、燃气及水生产和供应业	513	3.8	65	0.5	41	0.3	619
E	建筑业	302	2.2	35	0.3	29	0.2	366
F	批发和零售业	783	5.8	75	0.6	44	0.3	902
G	交通运输、仓储和邮政业	373	2.8	35	0.3	4	0	412
H	住宿和餐饮业	50	0.4	0	0	4	0	54
I	信息传输、软件和信息技术服务业	577	4.3	60	0.4	109	0.8	746

续表

行业代码	行业名称	现金对价（亿元）	所占百分比（%）	股票对价	所占百分比（%）	其他对价方式	所占百分比（%）	合计
J	金融业	95	0.7	12	0.1	6	0	113
K	房地产业	1 118	8.3	101	0.7	42	0.3	1 261
L	租赁和商务服务业	120	0.9	25	0.2	22	0.2	167
M	科学研究和技术服务业	57	0.4	3	0	7	0.1	67
N	水利、环境和公共设施管理业	97	0.7	35	0.3	8	0.1	140
Q	卫生和社会工作	28	0.2	0	0	0	0	28
R	文化、体育和娱乐业	144	1.1	36	0.3	0	0	180
S	综合	108	0.8	6	0	6	0	120
合计		11 516	85.3	1 206	9	6	1	13 503

数据来源：国泰安数据库。

金支付的并购交易数量为3 758例，占整体现金对价的并购交易比例为32.6%，约占C3行业的并购支付方式选择的84.98%；C2（木材、家具、造纸、印刷、石油、化学、塑胶、塑料、医药、文教）的现金对价的交易数量是1 956例，占行业现金对价比重的17%，约占C2行业的并购支付方式选择的88.3%；房地产业的现金对价交易数量紧随其后，为1 118例，占行业现金对价比重的9.7%，约占房地产业并购支付方式选择的88.65%；大部分行业几乎100%采用现金对价方式进行并购交易。整体来看，各行业的上市公司在并购交易中，90%的交易是采用现金对价的方式，选择股票和其他对价方式（如承债支付、资产支付和混合支付）的并购交易只占10%。由此可知，我国上市公司的并购交易中，主要以现金对价为主要的支付方式，而股票对价的方式在我国并购交易的对价方式中所占比重很小，我国上市公司的并购交易中所采用的对价方式比较单一。

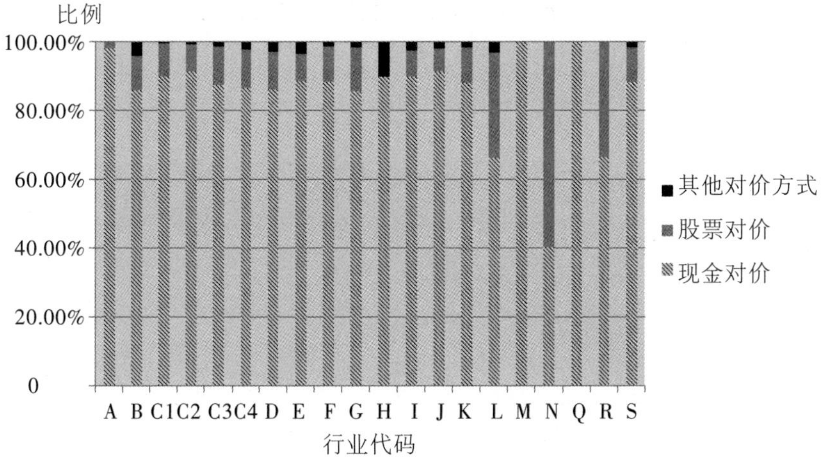

图4-13 2008—2011年并购对价方式的行业分布

4.3.4 上市公司并购交易的溢价情况

通过表4-7和图4-14数据可知，2008—2014年并购交易中，并购溢价现象普遍存在，并购溢价交易数量占总交易数量的比例整体上逐年上升。将上市公司获得控制权的比例分为4个区间：(0，25)、(25，50)、(50，75)、(75，100)。其中(0，25)和(75，100)的溢价交易数量占比较多，超过20%。(25，50)和(50，75)的溢价交易数量占比低于20%。并购在企业获得规模效应、扩大市场份额、迅速进入全新的领域、优化资源配置、提高企业竞争力等方面具有巨大的作用，在许多情况下，并购也是企业迅速获得上市公司地位的捷径。并购能否成功取决于多种因素，而并购的定价是否恰当、主并公司向被并公司支付的资产溢价多少，往往起着十分重要的作用。美国学者马克·赛罗沃(1999)指出，并购溢价越高，从并购中获益的难度就越大。合理的并购溢价水平对于企业并购能否成功意义重大。过高的并购溢价水平会使并购产生的协同效应减少，甚至导致并购失败。因此，防止并购溢价的产生以及探求通过何种途径来降低并购溢价对上市公司并购绩效的提高有积极意义。管理层股权激励程度是否能够直接影响在并购溢价中积极与目标公司协商的努力程度和并购溢价的高低有待实证检验，一旦管理层股权激励对并购溢价的负向相关性得到证实，那么我们对于管理层股权激励机制的研究是正确且有意义的。

表4-7　　2008—2014年上市公司并购溢价情况表

年份	2008	2009	2010	2011	2012	2013	2014
(0，25)	130	102	126	223	308	416	161
占比（%）	26.9	24.7	25.1	30.2	32.6	35.9	18.2
(25，50)	47	56	79	103	134	166	135
占比（%）	9.7	13.6	15.8	14.0	14.2	14.3	15.2
(50，75)	43	33	43	88	101	121	107
占比（%）	8.9	8.0	8.6	11.9	10.7	10.4	12.1
(75，100)	100	70	77	149	207	258	384
占比	20.7	16.9	15.4	20.2	21.9	22.3	43.3
溢价交易数	320	261	325	599	750	961	787
交易数	484	413	501	738	944	1159	887
溢价交易占比（%）	66.1	63.2	64.9	81.2	79.4	82.9	88.7

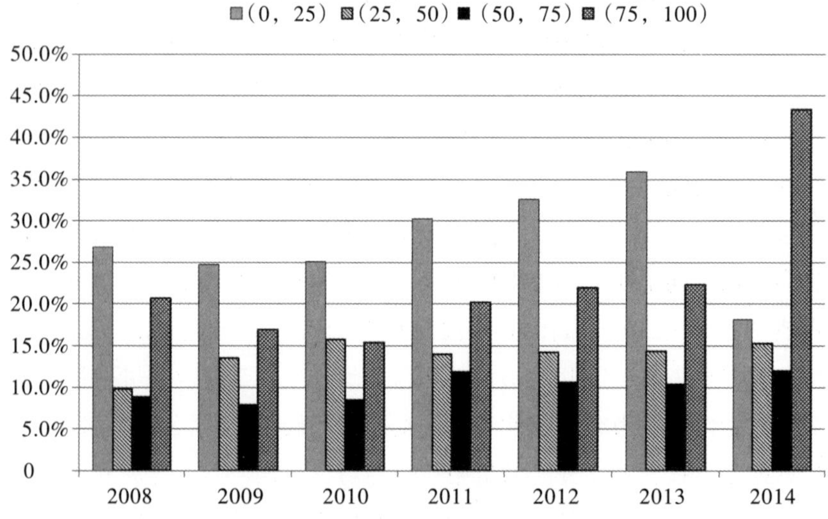

图4-14　2008—2014年上市公司并购溢价占比分布

4.3.5　上市公司并购交易的产权特征

1）并购事件产权特征

本书对我国上市公司的产权性质的判断标准是基于上市公司实际控制人的性质，如果上市公司的实际控制人为中央国有企业、国资委、地方国有企业、地方国资委、中央政府机关和地方政府机关等，则将上市公司的产权性质认定为国有控股的上市公司，本书对国有控股的上市公司进行进一步的划分，如果上市公司的实际控制人为国资委和中央国企，则将上市公司的产权性质定为中央国有控股的上市公司，若上市公司的实际控制人为地方国有企业和政府机关，则将上市公司的产权性质定为地方国有控股的上市公司。如果上市公司的实际控制人为自然人、民营企业、外资企业，则将上市公司的产权性质认定为非国有控股的上市公司。表4-8列示2008—2011年间不同产权性质的上市公司并购事件的数量和金额的统计结果。根据统计结果，表4-8和图4-15和图4-16分别显示了2008—2011年上市公司并购事件的数量和金额按产权性质分类占总并购交易事件的数量和金额的比例的趋势分析。

表4-8　**并购事件产权特征分析**　金额单位：亿元

年度	国有控股				小计		非国有控股		合计	
	中央		地方							
	数量	金额	数量	金额	数量	金额	数量	金额	数量	金额
2008	426	4 000	555	1 900	981	5 900	771	920	1 752	6 820
2009	352	3 900	412	1 100	764	5 000	623	1 500	1 387	6 500
2010	446	2 000	461	2 000	907	4 000	961	1 500	1 868	5 500
2011	382	1 100	459	1 200	841	2 300	1 085	1 100	1 926	3 400
2012	334	2 100	410	1 800	744	3 900	1 197	1 500	1 941	5 400
2013	340	2 300	395	1 700	735	4 000	1 351	3 800	2 086	7 800
2014	258	2 800	391	3 100	649	5 900	1 417	5 500	2 066	11 400
合计	2538	18 200	3 083	12 800	5 621	31 000	7 405	15 820	13 026	46 820

数据来源：国泰安数据库。

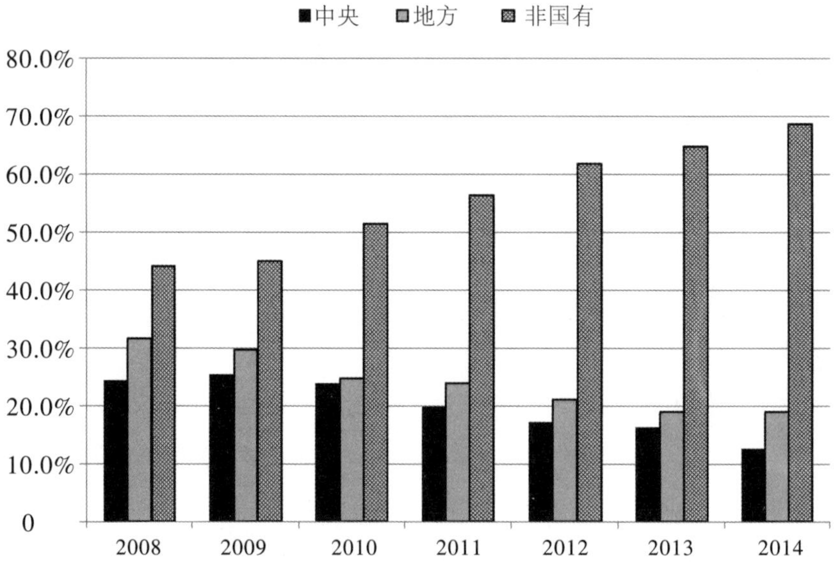

图4-15　基于产权性质的并购事件数量占比趋势分析

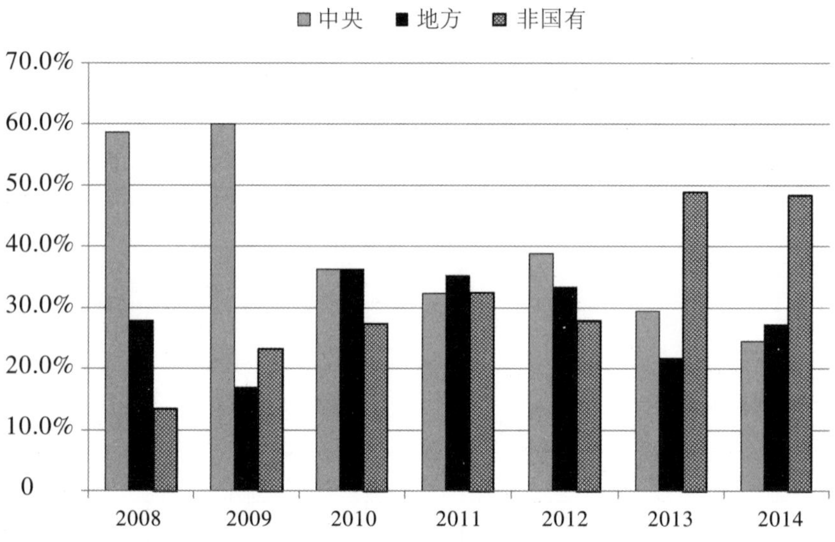

图4-16　基于产权性质的并购事件金额占比趋势分析

从表4-8的数据可以看出，从并购的交易数量来看，国有产权并购事件中，地方国企每年的并购数量大于中央国企的并购数量，非国产权每年的并购数量大于国有产权的并购数量。从并购的交易金额来看，国有产权并购事件中，中央国有企业每年的并购交易金额大于地方产权的并购交易金额。国有产权的交易金额大于非国有产权的交易金额。从图4-15、图4-16的趋势分析可以看出，从交易数量来看，地方和中央产权的国有企业并购数量整体上逐年降低，非国有产权的并购数量逐年增加。从交易金额来看，中央产权的的国有企业交易金额整体上逐年下降趋势，地方国有企业交易金额波动较大，非国有企业的并购交易金额逐年上升趋势。

2）并购标的产权特征

根据表4-9和图4-17的统计结果，在中央国有控股的上市公司、地方国有控股上市公司和非国有控股上市公司中以股权为标的的并购交易事件的比例均超过65%，表不同产权性质的上市公司的并购事件标的以股权标的为主。中央国有控股的上市公司和非国有控股的上市公司以资产为标的的并购事件的比例大致相同，都少于33%；而地方国有控股上市公司以资产为标的的并购事件所占比例最大，约为33%。

表4-9　**并购标的产权特征分析**　金额单位：亿元

产权性质		资产标的	股权标的	合计
国有控股	中央	742	1 795	2 537
	地方	998	2 023	3 021
	小计	1 740	3 818	5 558
非国有控股		1 907	5 498	7 405
合计		3 647	9 316	12 963

数据来源：国泰安数据库。

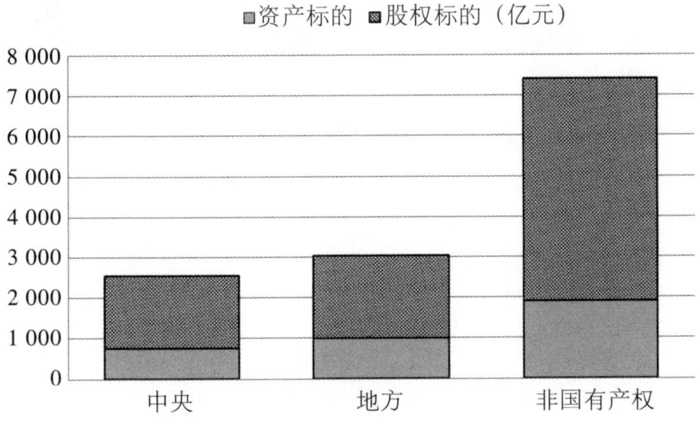

图4-17　并购标的产权特征分析

3）股权交易的产权特征

从表4-10和图4-18可以看出，中央国有控股的上市公司、地方国有控股的上市公司和非国有控股的上市公司中获取控制权比例在（0，25）区间的并购事件比例均超过50%，中央国有控股上市公司、地方国有控股上市公司和非国有控股上市公司中获取控制权比例超过50%的并购事件比例均不超过30%，表明各产权上市公司的数股权交易中一次获得控制权比例较少。

表4-10　**股权交易的控股特征**

控制权比例	（0，25）	（25，50）	（50，75）	（75，100）	合计
中央	1 308	574	453	232	2 567
地方	755	359	266	142	1 522
非国有	2756	827	603	350	4 536

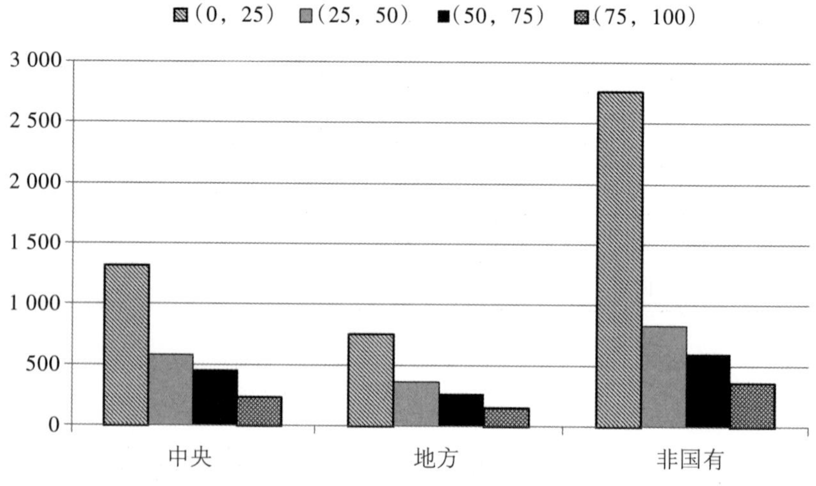

图4-18　股权交易的产权特征

4.4 本章小结

本章首先结合制度背景分析了我国上市公司高管股权激励的演进过程，对我国上市公司2008—2014年CEO薪酬结构和发展趋势进行了统计分析。我国上市公司CEO薪酬发展和特征分析表明，随着中国资本市场的发展和股权改革的推进，高管股权激励的逐步发展和完善，权益性薪酬所占比重越来越大，股权激励已经成为上市公司高管激励的主要方式。

其次，本章结合制度背景分析上市公司的发展特征，对我国上市公司2008—2014年并购事件的并购规模、行业特征、并购交易的对价方式、并购的产权性质特征和并购支付的溢价情况进行了初步的统计分析。股权分置改革后，大股东成为并购市场参与的主体，上市公司治理机制中高管股权激励越来越重要，随着国内并购市场的逐渐成熟，国内战略性并购交易逐渐增长，上市公司通过股权激励机制激励管理层发现有价值的并购标的，驱动管理层进行战略性并购和产业整合，通过战略并购提升上市公司的核心竞争力，对并购公司的价值创造具有重大的意义。

通过高管股权激励和公司并购发展的相关制度背景分析，一方面可以为本书的研究提供与我国上市公司实际情况相结合的切入点，另一方面也能够为后续章节的实证研究提供较为充分的制度背景支持。

第 5 章

CEO股权激励对并购决策影响的实证分析

5.1 理论分析与研究假设

Modigliani和Miller（1959）认为在完美市场中，投资机会的盈利能力是影响公司投资决策的唯一因素。但是现实中的市场存在代理问题和信息不对称，公司投资行为会受到其他因素的影响。高管薪酬激励作为解决代理问题的重要机制，一方面可以降低代理成本，促使管理者按照股东价值最大化进行决策；另一方面，薪酬结构中的权益性薪酬有助于风险归避的管理者接受风险，促使管理者做出风险投资决策。国外大量实证研究得出一致结论，权益性薪酬激励能够诱使管理者做出风险投资决策，但对于高管薪酬结构是否会影响我国上市公司的并购决策目前尚缺乏实证研究，本书在国外学者研究基础上，从风险角度阐述高管薪酬激励与上市公司并购决策之间的驱动关系，同时结合我国上市公司股权激励实际存在的问题，将环境不确定性、管理者过度自信和公司内部治理结构纳入薪酬激励和并购决策关系的理论分析框架，就以上观点进行理论分析并提出研究假设。

1）高管股权激励与并购决策关系

公司并购是一个理想的检验管理者激励和风险投资决策间关系的平

台，因为并购是企业对外战略扩张所进行的一项规模最大的高风险投资，公司的其他投资与并购投资相比规模较小。正如Harford和Li（2007）所论述的，并购决策是CEO所做的最重要的公司资源分配决策，但是，并购也是NPV不确定的投资项目，并购可能会改变公司现状并增加风险。不论是否所有的并购都会增加公司的风险，并购都被认为是风险比较高的投资，因为它使CEO暴露于一定程度的风险中。如果并购的结果是不好的，CEO可能会被解雇或者降职，同时主并公司反而可能成为潜在的被收购目标（Mitchell和Lehn，1990）。

最近的理论研究证实，风险厌恶的CEO被授予更多的风险激励诱使他们去从事高风险的并购项目（Edmans和Gabaix，2011）。国外学者研究证实管理者的投资决策与其薪酬结构相联系，高管薪酬组成有工资、奖金、限制性股票、股票期权、长期激励收益（LTIPS），构成了长期和短期激励计划。短期激励与企业绩效挂钩，与企业风险无关，长期激励与风险联系紧密，股票和期权激励都具有凸性，但期权激励的凸性更大。股权激励的凸性将风险厌恶的CEO的个人财富和股东利益联系在一起，通过薪酬激励促使风险厌恶的管理者进行风险投资。Jensen和Meckling（1976）提出的委托代理理论的中心原则是风险和激励之间的正相关性，基于绩效的薪酬激励会促使管理者选择风险较低的投资项目，随着管理层所持股权的减少，管理者会放弃越来越多的增值行动。CEO财富对股价的敏感性（Delta）将管理者和股东的利益联系在一起，同时CEO财富对股票收益波动的敏感度（Vega）——凸性的增加，能够诱使CEO进行风险投资，因为他们可能从股票价格波动的收益中受益（Guay，1999）。如果薪酬激励是有效的，我们可以认为管理者的投资决策就是薪酬激励诱使下的投资行为，股权激励可以通过协调股东与管理者利益达到缓解代理矛盾的目的，其设计的特点还可以激励管理者接受风险，增加投资（Edmans和Gabaix，2011）。Datta等（2004）研究表明，如果投标企业的CEO基于股权的薪酬份额较高，那么市场反应会比较积极；反之亦然。薪酬结构还影响了目标企业的选择，基于股权的薪酬份额较高的管理者会以较高的M/B寻找目标企业；相反，如果CEO的薪酬激励较少，那么他对目标企业发展前景的要求也会降低。因此，基于股权薪酬份额较高的管理者更愿意冒险并进行有价值的并购活动。

国内学者研究证实高管股权激励与企业投资正相关（罗富碧等，2008），股权激励能够减少代理成本，增加管理者的风险承担（吕长江，2011）。但股权激励与并购决策之间关系缺乏实证研究，国内学者研究大多从CEO权力和私有收益来解释企业并购行为，CEO权力和私有收益是企业并购的主要推动力（张洽等，2013），通过发动并购高管获得更高的薪酬和在职消费（李善民等，2009）。虽然并购是一项风险投资决策，但是CEO薪酬结构中股权薪酬占比越大，越可能增加管理者的风险承担，股权薪酬中的凸性能使管理者的个人财富增值更大，管理者能够从并购中获得更多的私人收益，因此，股权激励强度越强，上市公司越有可能发起并购；股权激励能够促进CEO承担风险，增加投资规模，激励越强，并购交易的价值也越大。基于以上分析，本书提出如下假设：

H1：股权激励强度与并购决策和并购交易规模正相关。

2）不确定性对股权激励与并购决策关系的影响

企业的战略投资决策和股权激励计划，都离不开对企业风险的分析与评价，环境不确定性是管理者进行投资决策需要考虑的重要内容之一。最近的实证研究表明，企业风险和管理者投资策略有很强的联系（Gilchrist等，2010）。在外部环境不确定性高的情况下，决策者通常需要结合外部环境的影响状况权变地采取相应的行动。为实现企业的价值增值，管理者并非被动地应对环境不确定性，而是主动地采取有利于企业经营的管理战略（冯巧根，2014）。环境不确定性能够影响管理者的投资行为，一方面，在环境不确定性下，管理者倾向过度投资的可能性提高。不确定性增加了企业信息不对称程度，管理者可能将企业自由现金流用于净现值（NPV）为负的项目，以谋取私利，并且企业面临较高不确定性时，管理层可以将投资失败的原因归于外部客观环境，较高的环境不确定性也增加了股东监管的难度（Jensen，1993）。环境不确定性提高了公司的投资，管理层在环境不确定下可以通过无效率的投资追逐私人收益（申慧慧等，2012）。另一方面，环境不确定性增加了取得项目成功所需承担的私人成本，导致管理者风险回避，抑制其投资动机（Panousi和Papanikolaou，2012）。企业所面临的环境不确定性会降低企业投资效率，导致过度投资

或投资不足（徐倩，2014）

股权激励机制与企业风险相关，将管理者个人的财富与企业风险相联系，不确定性使管理者自身的权益薪酬暴露于非股东投资所带来的公司特定风险之中，如果股东不能完全对管理者进行监督，那么管理者的最优投资策略反映的是基于管理者股权激励和不确定性风险共同驱动下的结果（Glover和Levine，2015）。此时，股权激励机制并不能减少管理者非股东价值最大化的决策，反而可能成为代理问题的一部分，不确定性降低了股权激励机制的效果，管理者可能会通过无效率并购投资加重代理冲突。用于缓和代理冲突的管理激励，可能会产生类似鼓励管理者冒更大风险的不利影响，公司管理者有可能做出利己的投资冒险行为。管理者的股权激励能够增加管理者风险承担的能力，有助于缓解环境不确定引起的企业管理者风险厌恶情绪，同时较大的风险波动增强股权激励的凸性，促使管理者做出风险投资决策，管理者的股权激励会使得不确定与投资负向关系弱化，这在一定程度上支持投资的冒险行为和风险转移的代理理论，因此，在不确定性下，管理者股权激励的增加会表现出投资风险偏好的冒险行为倾向。

在不确定性下，管理层可以将投资失败的原因归于外部客观环境，通过其他手段保证自己的利益不受损失，管理者为实现私有收益会做出寻求风险的短期投资行为。我国外部监督机制（资本市场、机构投资者和经理人市场等）不健全，环境不确定性下，管理者投资的代理问题会更加严重。较高的环境不确定会使高管变更与并购绩效敏感度降低，管理者可能不会因为糟糕的并购结果而受到惩罚（Duchin和Schmidt，2013）。在这种情况下，加剧自由现金流问题等代理冲突，管理者更可能冒险发起并购，通过并购扩大自身的权力范围，创造“企业帝国”。我国受制度环境影响明显，复杂的股权结构如所有权高度集中、交叉持股、集团控制、金字塔所有权结构，信息不对称和代理问题更加严重，这些因素都会加剧上市公司的环境不确定性。因此，环境不确定能够增强对股权激励与并购决策的正相关性，基于以上分析，本书提出如下假设：

H2：不确定性增加股权激励与并购决策之间的正相关性。

3）高管过度自信对股权激励和并购决策关系的影响

行为金融学理论认为，错误定价可能存在于人类心理，管理者不会总是完全理性的，有限理性会导致其行为偏差，管理者过度自信会使自己对目标公司的估价高于市场股价，从而导致错误定价，也会导致主并公司支付过高的溢价。Roll（1986）认为，正是由于经理人的过度自信往往高估公司并购的收益，即使大多数的公司并购案例并不成功，但投标经理们仍然相信自己的能力高于他人，因此，过度自信的管理层更容易发起并购。国外学者对CEO过度自信与并购的关系研究发现，过度自信的CEO更愿意去并购，并且对公司长短期收益都有负面的影响。过度自信的管理者比非过度自信的管理者更容易发起并购，尤其是多元化并购。国内学者傅强等（2008）、李善民等（2010）的研究也证实了CEO过度自信与并购决策正相关。

管理者的股权激励效果是否会受自身的这种过度自信的情绪影响呢？鉴于股权激励的效果取决于管理者对风险的厌恶程度，本书进一步提出思考，股权激励和并购投资之间的关系在过度自信和非过度自信CEO之间是否存在差异？Ross（2004）的研究表明，股权激励的凸性发挥作用的前提假设是管理者是理性的并且风险厌恶的，管理者对待风险的态度才是影响股权激励机制的重要因素。Gervais等（2011）认为，过度自信会增加CEO的风险承担意愿，会减少股权激励的凸性与投资决策之间的相关性。过度自信的CEO会低估项目的风险从而更容易发起并购。事实上，CEO的过度自信可能会是传统的管理者风险厌恶理论的另一种替代解释。在这种情况下，对过度自信的CEO进行股权激励可能是一种多余的、浪费成本的无效激励，因为管理者自身情绪特征才是发起并购的根本驱动因素。因此，本书提出如下假设，股权激励会增加并购的可能性，但是这种关系仅仅局限于非过度自信的CEO，对于过度自信的CEO并不存在这种关系。

H3.1：对非过度自信的CEO组，激励强度与并购决策正相关。

H3.2：对过度自信的CEO组，激励强度与并购决策无关。

4）董事会机制对高管股权激励和并购决策关系的影响

董事会是公司治理的核心机制，其主要功能是监督和决策，董事会治理和高管薪酬激励都能够降低代理成本。不同的董事会结构能够影响公司绩效。杨青等（2011）提出董事会的监控作用表现为以薪酬激励监督CEO为间接手段来改善公司业绩；战略咨询则体现为董事会功能对公司业绩的直接贡献。谢志华等（2011）认为，董事会的基本功能是决策，董事会的监督职责主要源于其决策功能，董事会为保证其决策的执行，必须实施监督，形成决策制衡，以及怎样的结构才能使决策效率提高。有关董事会结构与公司绩效相关性的实证研究都是以CEO两职合一、独立董事占比和董事会规模作为衡量董事会特征的指标来考察董事会的治理机制。理论上对于CEO两职合一与公司业绩的关系尚没有一致的结论。有的学者认为两职分离对公司更有利，并且两职合一的公司通过分离可以提高公司绩效；有的学者认为两职合一与公司绩效负相关。关于独立董事与公司绩效关系的研究也存在两种相反的结论，一方面是独立董事通过降低代理成本促进绩效，另一方面为董事会决策效率会因独立董事比例的提高而下降。独立董事能否发挥应有的公司治理作用取决于独立董事在履职过程中所掌握的信息、拥有的权力和所负的责任，它们直接决定了独立董事进行监督的能力和动机。国内学者认为，独立董事可以减少因大股东的利益输送而造成的投资不足问题，但没有证据显示独立董事可以减少因管理者代理问题而产生的过度投资。关于董事会规模的影响，学者们得出一致的结论，董事会规模过大会导致董事会成员之间缺乏沟通，并增加协调的困难，这样可能进一步导致许多好的创意与策略因沟通的困难而无法实施。“搭便车”问题同样会造成规模相对较大的董事会的功能障碍，规模较大的董事会更为低效和官僚。Cheng（2008）认为，董事会有监督和制约CEO决策的职责，当公司的董事会规模过大时，董事会内部很难达成统一意见，从而会导致董事会对CEO的决策监督松懈。Nakan和Nguyen（2012）认为，由于在规模比较大的决策团队内很难达成一致意见，那些较大规模的决策团队更倾向于采纳那些比较不极端的决策。公司拥有较大规模的董事会，除了对管理者的监督效率降低会抑制公司风险承担行为外，董事会内部的决策行为特点也会造成公司风险规避行为。

薪酬激励作用受制于公司内部治理问题，作为一种长效的激励机制，股权激励必须在完善的治理结构下才能发挥作用。董事会机制是公司治理的核心，有效的公司治理不仅能够对管理者进行监督还会影响决策效率，良好的公司治理环境能够降低代理成本，使得CEO在股权激励下做出增加股东价值的投资决策（Chen等，2006）。Bauguess和Stegemoller（2008）指出董事会治理特征会影响高管做出价值增值的并购决策，因此，我们将董事会治理变量纳入到股权激励与并购决策关系研究框架之中。根据管理者权力理论，CEO通过并购获取私有收益的多少与管理者权力的大小存在正向关系。两职合一的CEO权力更大。当公司需要进行重大的战略决策时，如并购，会增加决策效率，因此，在股权激励作用下，两职合一的CEO更容易发起并购；独立董事所占比例会影响董事会的决策效率和监督效率，独立董事有效性会降低CEO通过并购广泛建立“企业帝国”，巩固自己地位和权力的可能性，我国的独立董事一般不授予股权薪酬，固定薪酬的独立董事可能会降低风险并购决策，因此，独立董事占比会降低CEO股权激励和并购决策的正相关性；董事会规模越大，董事会成员越难达成一致意见，规模比较大的董事会能够降低企业战略决策的效率，因此，董事会的规模过大可能会降低CEO股权激励与并购决策之间的正相关性。有效的公司治理机制能够影响股权激励的效果和并购决策的效率，在不同的董事会结构下，股权激励对并购决策可能会产生不同的影响，因此，本书引入股权激励与董事会特征变量的交乘项同时检验二者对并购决策的共同影响并提出如下假设：

H4.1：CEO两职合一能够增强股权激励与并购决策正相关关系。

H4.2：独立董事占比和董事会规模会降低股权激励与并购决策正相关关系。

5.2 研究设计

5.2.1 样本和数据来源

2006年我国颁布了《企业会计准则》，实现了与国际财务报告准则（IFRS）的实质性趋同，提高了企业的会计信息质量和信息相关性；同时，股权分置改革增强了资本市场的有效性，股价真正成为衡量其收益的因素，高管股权激励机制将真正发挥效用，上市公司的并购行为也与股权分置改革前有明显的不同，价值发现和战略驱动并购逐渐增多。因此，本书选择2008年作为研究的起始点，选取我国深、沪两市的上市公司2008—2014年间发生的并购交易事件作为初始研究样本。上市公司财务数据来自国泰安CSMAR中国上市公司财务报表数据库，公司治理和CEO薪酬激励等其他相关数据来自CSMAR中国上市公司治理研究数据库，并购样本数据来自CSMAR中国上市公司并购重组研究数据库，并以万得资讯金融数据库、上海证券交易所和深圳证券交易所网站公告的数据作为补充。初始样本选择标准如下：（1）剔除金融保险行业和ST类的上市公司；（2）剔除未披露交易价格和交易标的净资产的并购交易；（3）剔除上市公司并购重组数据库中标注“交易失败”的并购事件；（4）剔除上市公司的财务数据披露不完整的并购交易；（5）以CSMAR中国上市公司并购重组研究数据库的重组类型为标准，将并购限定为资产收购、股权转让与吸收合并，不包括资产剥离、债务重组、资产置换与股份回购等形式的并购重组活动；（6）剔除并购方不是上市公司的并购事件；（7）剔除无法确定并购溢价程度的并购事件。经过以上步骤的筛选，最终得到1 713家上市公司（11 991个观察值）发起的2 672起并购事件。

5.2.2　变量的定义和模型的构建

1）被解释变量——并购可能（Acquisition）

Acquisition被定义为一个二元虚拟变量，用来衡量公司在会计年度内发动并购的可能性，如果上市公司在特定年份发起了至少一次成功的并购交易，则Acquisition赋值为1；如果上市公司在特定年份没有发起并购交易，则Acquisition赋值为0。并购交易规模（Acquisition Investments）被定义为特定年份发起并购交易金额总额占主并公司并购前一年营业收入总额的比例。

2）解释变量——CEO股权激励（BEC）

CEO股权激励通过股权激励强度来刻画，对于股权激励强度指标的度量方法，本书借鉴胡国强（2014）的研究模型，见模型（5.1）。

$$BEC_{i,t-1}=\frac{0.01\times Price_{i,t-1}\times(Soption_{i,t-1}+RStock_{i,t-1}+HStock_{i,t-1})}{0.01\times Price_{i,t-1}\times(Soption_{i,t-1}+RStock_{i,t-1}+HStock_{i,t-1})+Cash\_compensation_{i,t-1}} \tag{5.1}$$

式中，$Soption_{i,\ t-1}$与$RStock_{i,\ t-1}$分别为CEO持有的股票期权与限制性股票数；$HStock_{i,\ t-1}$为CEO经营持股数；$Price_{i,\ t-1}$为股票价格；$Cash_compensation_{i,\ t-1}$为CEO的货币薪酬总额。$BEC_{i,\ t-1}$越大，股权激励强度越高。鉴于当前我国上市公司股权激励数据具有明显的截断特征，借鉴李春涛（2010）的方法，对$BEC_{i,\ t-1}$做加1再取自然对数的处理。

3）控制变量

本书建立两组控制变量，一组是反映公司财务特征的控制变量，另一组是反映CEO个体特征的控制变量。货币薪酬、性别、任期和年龄都是管理者风险厌恶的代理变量，所有的控制变量包括：

（1）公司规模（Lnsale）。与小公司相比，规模越大的公司越注重战略发展，更容易通过并购进行对外扩张。并购需要大量资金支持，对企业经营现金流产生重大影响，而大公司比小公司融资约束的程度低，更容易获得多种融资的支持且融资成本低（Banz，1981；Fama和French，1996）。Malmendier和Tate（2008）的研究认为，公司的规模效应能够对并购行为产生正向影响。这是因为，大公司盈利能力强，比小公司有更强的抗风险能力，而小公司盈利能力低，更容易陷入财务困境，降低了它们的风险承担能力。本书采用并购公告前一年主并公司的营业收入的自然对数衡量上市公司规模（Lnsale）。

（2）市账比（BM）①。Rhodes Kropf、Robinson和Viswanathan（2005），Ang和Cheng（2006），Dong、Hirshleifer、Richardson和Teoh（2006）等研究发现，兼并浪潮与高的市账比是一致的。一种观点认为，市账比是表示市场溢价的可靠指标并且收购者的错误估价会导致兼并浪潮的出现。当上市公司的股票被市场高估时，管理者会择时发起并购。本书用并购前一年末主并公司权益的账面价值/市场价值来衡量市账比。

（3）现金持有水平（Cash_reserves）。Harford（1999）研究发现，现

① ROA也是影响并购的另一重要因素，但是由于ROA和BM变量具有多重共线性，因此，本书没有加入ROA控制变量。

金持有量充足的公司比现金持有量不足的公司更容易发起并购投资，现金持有不足，公司可供管理者自由支配的现金比较少，管理者需要从外部资本市场融资满足经营和投资的资金需求，企业可能由于缺乏资金而放弃一些投资行为，而现金充足的企业的管理者为了谋取个人私利过度投资进行“价值毁灭”并购投资的可能性更高（Faccio和Masulis，2005）。本书用并购前一年末的现金及现金等价物余额与非现金资产的比值来衡量主并公司并购前一年末的现金持有水平（Cash_reserves）。

（4）现金流动性（Cash_flow）。现金流变量在Titman等（2004）文章中被运用，能产生大量现金流的公司不受融资约束的影响，增加了并购的可能性。本书用主并公司并购前一年营业收入扣除利息、税、普通股股利与资产总额之比来衡量现金流动性。

（5）财务杠杆（Leverage）。财务杠杆也是影响并购决策的重要因素之一，一方面财务杠杆会增加主并公司进行风险投资的可能，Faccio和Masulis（2005）研究证实财务杠杆和并购决策正相关。另一方面过度负债的水平会降低主并公司的融资能力从而降低风险投资的可能。过多的负债容易使公司新的投资项目所获得的收益被债权人优先获得，因此，管理者没有动力进行投资（Myers，1977）。Uysal（2011）认为过度负债会降低并购的可能性。本书采用主并公司并购前一年末的资产负债率来表示财务杠杆（Leverage）。

（6）CEO货币薪酬（Ln_cashsalary）。货币薪酬较高的CEO更容易进行管理者防御并寻求避免风险的投资策略，更容易发起多元化并购（Guay，1999）。本书采用主并公司并购前一年的现金薪酬和奖金总额的对数来衡量CEO货币薪酬水平（Ln_cashsalary）。

（7）CEO性别（Female）。学者们普遍认为，男性会比女性更容易表现出过度自信的情绪（Soll和Klayman，2004）。Barber和Odean（2001）指出，男性CEO风险厌恶水平低，风险承受能力高，容易发起并购。在本书的实证中CEO性别为女性赋值为1，男性赋值为0。

（8）CEO年龄（Age）。Vroom和Pahl（1971）的研究表明年龄较大的管理者在投资决策上存在规避风险的倾向。Kovalchik、Camerer和Grether等（2005）在对年龄与投资决策关系研究中也发现，年龄较长的人员比年龄小的人员更容易做出风险规避的投资决策。Forties（2005）研究发现，相比年龄小的管理者，年龄较大的管理者更为成熟，可能由于其拥有更丰富的经营管理经验，因此，他们在重大战略决策时会三思而后行。Yim（2013）认为，CEO年龄和并购可能负相关。本书的实证研究采用Age度量主并公司CEO年龄的实际值。

（9）CEO任期（Tenure）。Shleifer和Vishny（1989）强调，管理者为了保住职位而进行适合自身人力资本的专用性投资有助于巩固自身的地位。CEO任期是管理者防御的代理变量，任期很长的CEO比新上任的CEO有更大的权力，会运用他们的权力去影响并购决策。CEO既有任期越长，投资水平越高（李培功等，2012）。本书以Tenure表示CEO任期，该指标按经理人在公司实际任职的年数计算。

4）调节变量

根据前文理论分析与假设，本书引入环境不确定性、董事会治理机制和CEO过度自信作为CEO股权激励与并购决策关系研究的调节变量。

董事会是公司治理的核心机制，董事会的结构特征能够影响公司战略决策，本书引入董事会规模、独立董事比例和CEO两职合一来表示董事会结构特征。董事会规模（Boardsize）指董事会全体成员的人数，独立董事比例（Independent）是指主并公司的独立董事占董事会全体董事的比例，计算公式为独立董事人数比上董事会总人数；CEO两职合一（Dual）是描述主并公司的董事长是否兼任总经理的哑变量，两职合一则赋值为1，否则为0。

（1）环境不确定性（UC）。本书借鉴徐倩（2014）使用公司股票收益的波动程度对不确定性进行衡量。具体计算方法如下，用第i个企业第τ周的周个股回报率$R_{i,\tau}$对按市值加权平均的周市场回报率（R_{MKT}）与按市值加权平均的周行业回报率（R_{RIND}）进行回归，即将第i个企业第τ周总的回报率分解为周市场回报率、周行业回报率与企业个体的回报率：

$$R_{i,t} = \alpha_{1,i} + \alpha_{2,i}F_{i,t} + \varepsilon_{i,t}$$

其中，τ表示周数，$F_{i,\tau}=[R_{MKT}, R_{RIND}]$。对第i个企业第t年面临的不确定性程度的衡量用该企业年度中各周数据回归得到的残差的标准差表示，即：

$$UC_{i,t} = \sigma_{i,t} = \sqrt{\varepsilon_{i,t}^{2}} \tag{5.2}$$

其中，$UC_{i,t}$越大，表示企业面临的风险或不确定性越大。本书引入不确定性和激励强度的交乘项来检验在不确定环境下的股权激励是否更容易引起并购决策。

（2）CEO过度自信（OC）。关于管理者过度自信，国外学者研究多使用两种方法来度量，一是股票期权法，CEO在本公司股票价格上涨的情况下仍旧长期不行权，则被认为过度自信（Malmendier和Tate，2005）①，另一种是通过网络媒体披露的信息分析来得出CEO是否过度自信（Brown和Sarma，2007）。国内学者实证研究中采用两种方法来度量：一是企业景气指数②；二是盈利预测偏差。国内外的学者一致认为管理层对公司未来盈利能力和业绩的预测能够反映管理者过度自信的程度（姜付秀等，2014；Lin等，2005）。我国上市公司高管持有的期权数量较少，大部分权益薪酬为限制性股票，如果采用股票期权法只能反映一小部分高管过度自信的程度，不存在普遍的适用性。通过网络媒体披露的信息主观判断管理者是否过度自信可能存在误差，导致研究结果不够准确。相比企业景气指数，管理层对企业盈利能力分析的相关数据更容易获得，更能够恰当反映管理者对公司未来经济情况和发展是否乐观的心理特征，因此，本书采用管理层盈利预测偏差（Profit Forecast Variance，PFV）来度量CEO是否过度自信。将上市公司管理层对每年四个季度的公司盈利情况的预测结果作为分析的对象，将预测结果与实际的业绩情况进行比对，如果预测的结果是乐观的，而实际业绩与预测结果不一致则认为CEO过度自信。

所有变量定义与计算见表5-1。

5）模型构建

本研究拟在控制公司财务特征（公司规模、现金持有水平、财务杠杆、市账比、投资机会、现金流动性）和CEO特征（性别、年龄、任期）的条件下，实证检验CEO股权激励对企业并购决策的影响，建立如下模型来验证前文假设：

---

① 参见Hirshleifer等（2012），尽管从期权授予日起股票价格上涨了67%，CEO仍然在剩下期限内不行权，表明CEO过度自信。

② 企业景气指数是根据企业负责人对本企业综合生产经营情况的判断与预期而编制的指数，用以综合反映企业的生产经营状况（Oliver，2005；余明桂等，2006）。

表5-1 **变量定义**

变量名称	变量符号	变量定义
并购可能性	Acquisition	二值虚拟变量，主并公司在t年份发起并购交易则赋值为1，否则为0
并购交易规模	Acquisition investment	主并公司t年份发起并购交易金额总额/主并公司t-1年营业收入总额
股权激励强度	BEC	由模型（5.1）计算而得
环境不确定性	UC	由模型（5.2）计算而得
CEO货币薪酬	Ln_cashsalary	CEO年第t-1年现金薪酬和奖金总额的对数
CEO过度自信	OC	根据文中的界定方法，如果CEO过度自信取值为1，否则为0
独立董事比例	Independent	主并公司t-1年末董事会中独立董事所占的比例
CEO两职状态	Dual	二值虚拟变量，如果董事长和CEO兼任取值为1，两职分离取值为0
董事会规模	Boardsize	主并公司t-1年末董事会董事的人数
CEO性别	Female	二值虚拟变量，CEO是女性取值为1，男性取值为0
CEO年龄	Age	主并公司CEO的年龄
CEO任期	Tenure	并购发生年份与CEO任职开始年份之差
公司规模	Lnsale	主并公司t-1年末各公司总收入的对数
市账比	BM	主并公司t-1年末各公司权益的账面价值/市场价值
现金持有水平	Cash_reserves	主并公司t-1年末货币资金与交易性金融资产之和与资产总额之比
财务杠杆	Leverage	主并公司t-1年末总负债与资产总额之比
现金流动性	Cash_flow	主并公司t-1年末营业收入扣除利息、税、普通股股利与资产总额之比
年份效应	Year	以2008年为基准，设置年份虚拟变量
行业效应	Industry	行业分类标准采用2012年中国证监会发布的《上市公司分类代码》中定义的行业分类标准，制造行业采用二级代码分类，剔除金融、保险行业，其他行业采用一级代码分类。公司属于该行业时赋值为1，否则为0

$$\text{Acquisition}_{i,t} = \beta_0 + \beta_1 \text{BEC}_{i,t-1} + \beta_2 \text{UC} \times \text{BEC}_{i,t-1} + \beta_3 \text{Independent} \times \text{BEC}_{i,t-1} + \beta_4 \text{Dual} \times \text{BEC}_{i,t-1} + \delta \text{Controls}_{i,t-1} + \sum \text{Industry} + \sum \text{Year} + \varepsilon_{i,t} \quad (5.3)$$

其中，β为回归系数，Controls代表控制变量，$\varepsilon_{i,t}$为随机误差项。在对各组样本进行回归分析的过程中，逐渐引入环境不确定变量、董事会结构特征变量与股权激励的交乘项，检验这些因素对CEO股权激励与并购决策关系的调节作用。本书将样本分为CEO过度自信与非过度自信两组，分别对两组样本进行回归估计，进一步检验CEO情绪特征是否影响股权激励与并购决策的关系。为避免内生性的影响，除二元变量外其他变量都取滞后一期。

5.2.3　实证检验与结果分析

1）描述性统计

表5-2报告了并购决策相关影响变量的描述性统计结果，Panel A报告了二元变量的描述性统计，30%的样本公司在特定年份发起并购，33%的样本公司CEO过度自信，董事长和CEO两职合一的观察值占样本比为25%，只有少数公司CEO是女性，占比5.8%。Panel B报告了连续变量的描述性统计，为处理离群值，本书对所有非二元变量进行了Winsor双边缩尾处理。并购相对交易规模最大值为2.944，均值为0.3，说明上市公司的并购投资规模存在差异。CEO股权激励价值占总薪酬的均值为38.8%，最大值为96.3%，最小值为0，整体上看，上市公司股权激励强度有较大的差异，说明股权激励使用不均衡；环境不确定性平均值为4%，最大值为86%，说明主并公司面临较高的环境不确定性；描述上市公司财务特征变量表示，市账比均值为0.97，最大值为8，说明并购公司面临较好的投资机会；财务杠杆最小值为0.44，最大值为1.02，上市公司资产负债结构存在差异；现金持有水平最小值为0.2，最大值为0.77，说明上市公司现金持有量相对充足。描述董事会特征变量表明，独立董事平均值为37%，董事会规模平均为8.8，上市公司董事会结构符合公司法规定。CEO特征描述性统计显示，CEO年龄的均值是48，任期均值为2.86，CEO货币薪酬均值为12.98，最大值为14.94，上市公司CEO的货币薪酬也存在很大差异。

表5-2　　　　主要变量描述性统计

Panel A：哑变量描述性统计

变量	变量分类	样本数	占总样本比（%）
Acquisition	发生并购	3 597	30%
	未发生并购	8 393	70%
OC	CEO过度自信	3 957	33%
	CEO非过度自信	8 033	67%
Dual	CEO两职合一	2 997	25%
	CEO两职分离	8 993	75%
Female	CEO为女性	695	5.8%
	CEO为男性	11 295	94.2%

Panel B：连续变量描述性统计

变量	均值	中位数	最小值	最大值	标准差	观察值
Acq_investment	0.3	0	0	2.944	0.368	11991
BEC	0.388	0.098	0	0.963	0.458	11578
UC	0.0400	0.040	0	0.860	0.0300	11578
Independent	0.370	0.330	0.09	0.800	0.055	11892
Boardsize	8.865	9	4	18	1.796	11892
Age	48.01	48	24	74	6.340	11892
Ln_cashsalary	12.989	13.021	10.673	14.945	0.790	11582
Tenure	3.099	2.333	0	17.58	2.729	11892
Lnsale	21.213	21.110	17.281	25.285	1.528	10440
BM	0.972	0.616	0	5.38	1.045	11902
Cash_reserves	0.216	0.162	0.009	0.778	0.171	10461
Leverage	0.445	0.444	0.041	1.024	0.226	10369
Cash_flow	0.014	0.015	-0.23	0.218	0.075	10456

2）相关性检验

回归模型中的解释变量之间存在近似或高度的多重共线性会使得回归系数的估计趋向于很大的标准误差，其结果是导致系数的总体值不能准确地加以估计，为侦测本书的回归模型中的各解释变量之间是否存在多重共线性的问题，本书在对模型（5.3）进行多元回归分析之前，通过Spearman相关性分析来判断模型中的解释变量之间是否存在多重共线性的问题。表5-3列示了并购决策回归模型中的各解释变量之间的Spearman相关系数。

表5-3　并购决策相关变量的相关性检验表

	1	2	3	4	5	6	7	8	9	10	11	12	13	14	15	16
1.Acquisition	1															
2.BEC	0.0688*	1														
3.Ln_cashsalary	0.0672*	-0.0237	1													
4.UC	0.1834*	0.1912*	-0.1020*	1												
5.Leverage	0.0210	-0.3218*	0.1081*	-0.0738*	1											
6.BM	0.1196*	0.2143*	-0.0791*	0.4028*	-0.1774*	1										
7.lnsale	0.0882*	-0.1552*	0.4017*	-0.1696*	0.4384*	-0.2522*	1									
8.Cash_flow	0.0660*	0.1197*	-0.0477*	0.1344*	0.0202	0.1455*	-0.0556*	1								
9.Cash_reser	-0.0503*	0.2567*	-0.0259*	0.0770*	-0.4159*	0.1964*	-0.3021*	0.1117*	1							
10.Dual	-0.0152	0.3025*	-0.0429*	0.0402*	-0.1937*	0.0641*	-0.2341*	0.0769*	0.1672*	1						
11.Boardsize	-0.0204	-0.0926*	0.1239*	-0.1347*	0.1605*	-0.1047*	0.2771*	-0.0386*	-0.1042*	-0.1788*	1					
12.Independent	-0.006	0.0262*	0.0106	0.0014	-0.0252*	0.0042	-0.0369*	0.0004	0.0388*	0.1025*	-0.4930*	1				
13.Age	0.0477*	-0.0363*	0.1427*	-0.0336*	0.0602*	-0.0319*	0.1344*	-0.0754*	-0.1021*	0.0822*	0.0590*	0.0197	1			
14.Female	-0.0078	0.0126	-0.0016	0.0315*	0.0078	0.0308*	-0.0261*	0.0479*	-0.0038	-0.0317*	-0.0542*	0.0277*	-0.0204	1		
15.Tenure	0.0462*	0.1717*	0.1236*	0.0107	-0.0376*	-0.0564*	0.0207	-0.1230*	-0.0811*	0.1006*	-0.0396*	0.0368*	0.1641*	0.0063	1	
16.OC	0.0939*	0.1192*	-0.0072	0.2833*	-0.0538*	0.2765*	-0.0290*	0.1679*	0.0604*	0.0211	-0.0474*	-0.0022	0.0088	0.0080	0.0829*	1

注：*代表显著性水平小于0.05。

从表5-3相关性分析的结果来看，模型的各主要变量之间的两两相关系数的绝对值均小于0.5，表明模型主要变量之间的相关性均较弱，变量之间的多重共线性不会对模型的回归结果产生严重的不利影响。

3）实证分析

（1）CEO薪酬激励与并购决策的关系实证结果分析

鉴于并购可能（Acquisition）为二值虚拟变量，并购交易规模（Acquisition Investment）为连续变量，本书分别采用混合Logit模型和Tobit模型对假设1进行实证检验。从表5-4可以看出，在所有的估计模型中，CEO股权激励强度的回归系数在1%水平上显著正相关，说明CEO的股权激励越强上市公司越容易发起并购投资且并购交易规模越大，实证检验结果验证了假设1。对于相关控制变量，CEO的货币薪酬的回归系数在Tobit模型和Logit模型中都不显著，国外学者研究证实有很高货币性薪酬的CEO更容易进行管理者防御并寻求避免风险的投资策略；国内学者研究认为，高管为获取更高的货币性薪酬驱动并购。从本书的实证结果来看，CEO的货币薪酬激励对上市公司的并购决策没有显著影响。反映公司财务特征的控制变量中，财务杠杆的回归系数在1%和5%水平上显著负相关，Uysal（2011）认为，过度负债会降低并购的可能性。过度负债的水平会减少主并公司的融资能力从而降低风险投资的可能，本书得到了一致的实证结果。B/M比率的回归系数在1%水平上与并购决策显著负相关，说明管理者会择时发起并购，验证了并购的市场驱动理论。收入对数的回归系数与并购可能在1%水平上正相关，这与前人学者的研究结论一致，规模较大的公司更容易发起并购。现金流变量的回归系数在1%水平上与并购决策正相关，说明能产生大量现金流的公司不受融资约束的影响，增加了并购的可能性。企业现金持有水平的回归系数在1%和10%水平上与并购决策正相关，说明现金充裕的公司更可能发动并购。在反映CEO特征的控制变量中，CEO年龄与并购决策在1%水平上显著正相关，年龄越大的CEO越容易发起并购；CEO过度自信的回归系数在1%水平上显著为正，说明过度自信的CEO在非理性情绪下，更容易发起大规模的并购交易。

表5-4 CEO股权激励与并购决策关系的实证结果

	Acquisition（Logit）	Acquisition investment（Tobit）
BEC	0.226***	0.295**
	[0.07]	[0.14]
Ln_cashsalary	0.008	-0.07
	[0.021]	[0.07]
Leverage	-1.223***	-0.985**
	[0.28]	[0.39]
BM	-0.097***	-0.229***
	[0.04]	[0.05]
Lnsale	0.065***	0.199***
	[0.02]	[0.037]
Cash_flow	0.458***	1.016**
	[0.118]	[0.44]
Cash_reserve	0.314*	2.027***
	[0.17]	[0.35]
OC	0.197***	0.267***
	[0.07]	[0.07]
CEO Age	0.027***	0.017***
	[0.001]	[0.006]
Female	0.092	0.099
	[0.11]	[0.21]
CEO Tenure	0.005	-0.004
	[0.01]	[0.01]
Constant	-2.584***	-1.512***
	[0.49]	[0.35]
Year&Industry FE	Yes	Yes
N	11991	11991
Pseudo R^2	0.063	0.039

注：***、**、*分别表示在1%、5%和10%的置信水平上显著，方括号内为稳健标准误差。

（2）CEO股权激励强度与并购决策关系的调节机制

运用Logit模型检验股权激励强度与并购决策之间关系的影响机制。根据前文的分析与假设，本书将风险不确定性、CEO过度自信和公司治理结构纳入到研究框架之中，考察这些因素是否影响股权激励和并购决策的关系。为体现研究的连续性，本书逐渐加入激励强度及其他因素的交乘项并列示相关结果。为减少内生性，所有变量都取滞后一期，表5-5为实证结果。模型1显示，加入股权激励强度和不确定性（UC）的交乘项后，BEC和UC的回归系数仍然在1%水平上显著，表明主并公司的环境不确定性增强股权激励与并购决策之间的正相关性，验证了假设2的结论。模型2和模型3是将CEO分为两组分别检验CEO股权激励对并购决策的影响，一组为CEO过度自信组，另一组为CEO非过度自信组。模型3表明对非过度自信的CEO组，股权激励的回归系数在1%水平上显著正相关；而模型2表明，股权激励对过度自信的CEO并购决策并不产生影响。这说明CEO自身情绪特质影响了股权激励的效果，过度自信使得CEO更容易冒险去发起并购交易，而与管理者自身的薪酬结构并无联系，股权激励的凸性不是引起过度自信的CEO发起并购的内在动因。正如Ross（2004）所说的那样，增加激励的凸性并不一定会使管理层更愿意承担风险，管理者对待风险的态度才是决定激励效果的因素，股权激励增加了风险厌恶的CEO进行并购投资的可能性。这个结果表明，在管理者薪酬激励对并购决策的影响关系中，CEO是否过度自信是重要的影响因素，该结果支持了Gervais等（2011）的理论，验证了假设3。模型4将董事会结构特征（CEO两职合一、独立董事比例和董事会规模）与股权激励强度的交乘项纳入并购决策模型，检验了董事会治理机制对并购决策的影响。实证结果显示，CEO两职合一下，股权激励与并购决策的回归系数在5%水平上显著正相关，这表明，两职合一的CEO拥有更大的权力，在股权激励下更容易发起并购投资，支持了管理者权力理论；董事会规模与股权激励强度的交乘项的回归系数在5%水平上负相关，这表明董事会规模会降低CEO的股权激励下的并购可能性；独立董事比例与激励强度的交乘项的回归系数也在5%水平上负相关，在股权激励下，独立董事比例越多会降低CEO在股权激励下发起并购的可能性，结果表明，董事会治理机制会影响股权激励下CEO的并购决策，实证检验结果验证了假设4。

表5-5　　CEO股权激励对并购决策关系的影响机制分析

	模型1	模型2	模型3	模型4
BEC	0.702*** [0.126]	0.148 [0.102]	0.526*** [0.0911]	2.244*** [0.732]
UC	3.452*** [1.193]	0.821 [1.400]	10.08*** [1.970]	6.887*** [1.355]
BEC×UC	13.16*** [2.267]			
BEC×Dual				0.270** [0.137]
BEC×Boardsize				-0.094** [0.044]
BEC×Independent				-2.834** [0.850]
OC	0.162** [0.064]			0.320*** [0.059]
Dual	-0.106 [0.124]			0.201** [0.092]
Board_size	-0.136*** [0.045]			-0.019 [0.022]
Independent	-0.637 [1.066]			-0.412 [0.661]
Age	0.028*** [0.009]	0.002 [0.006]	0.017*** [0.006]	0.011** [0.005]
Female	-0.229 [0.244]	-0.163 [0.183]	-0.031 [0.155]	-0.064 [0.117]
Tenure	-0.0032 [0.013]	-0.024 [0.017]	0.053*** [0.014]	0.021* [0.010]

续表

	模型1	模型2	模型3	模型4
Ln_cashsalary	0.099***	0.090*	0.110*	0.074
	[0.037]	[0.049]	[0.057]	[0.059]
Leverage	-0.769*	-1.223***	-0.847***	-0.808***
	[0.392]	[0.278]	[0.236]	[0.177]
BM	0.145***	0.0685***	0.0960***	0.0849***
	[0.02]	[0.021]	[0.016]	[0.012]
Lnsale	0.486***	0.199***	0.218***	0.200***
	[0.079]	[0.037]	[0.033]	[0.024]
Cash_flow	0.391***	1.589***	0.308**	0.362***
	[0.119]	[0.209]	[0.123]	[0.101]
Cash_reserve	-1.899***	-0.344	-1.601***	-1.264***
	[0.361]	[0.334]	[0.305]	[0.223]
Constant	-5.661***	-7.448***	-9.286***	-7.143***
	[0.915]	[0.66]	[0.960]	[1.134]
Year&Industry FE	Yes	Yes	Yes	Yes
N	11991	3957	8033	11991
Pseudo R^2	0.033	0.039	0.032	0.030

注：***、**、*分别表示在1%、5%和10%的置信水平上显著，方括号内为标准误差。

5.2.4 稳健性检验

1）CEO股权激励强度对并购决策影响的稳健性检验

为减轻内生性的影响，本书同时采用含内生变量的Probit模型和Tobit模型进行稳健性检验。如果股权激励强度能够增加并购可能性，那么股权激励强度的增加对并购决策影响也应该显著为正，稳健性检验的结果得到与前文一致的结论，见表5-6。模型1报告了Tobit模型下CEO股权激励强度增量对并购交易规模影响在1%水平上正相关。模型2考虑到内生性的影响，使用IV Probit模型进行回归估计后，CEO股权激励强度对并购决策影响在1%水平上仍然为正相关，支持了前文假设1的结论，结果稳健。

表5-6　　CEO股权激励强度对并购决策影响的稳健性检验结果

	模型1（Tobit）	模型2（IV Probit）
BEC		0.207^{***}
		[0.05]
ΔBEC	0.285^{***}	
	[0.040]	
Ln_cashsalary	0.026	0.008
	[0.036]	[0.021]
Leverage	0.023	-0.158^{**}
	[0.161]	[0.072]
BM	-0.099^{***}	-0.048^{**}
	[0.033]	[0.02]
Lnsale	0.056^{**}	0.031^{**}
	[0.022]	[0.012]
Cash_flow	0.104	0.016
	[0.346]	[0.102]
Cash_reserve	0.459^{***}	0.201^{*}
	[0.170]	[0.11]
Overconfidence	0.350^{***}	0.097^{**}
	[0.064]	[0.05]
CEO Age	-0.006	-0.003
	[0.004]	[0.002]
Female	-0.048	0.056
	[0.07]	[0.06]

续表

	模型1（Tobit）	模型2（IV Probit）
CEO Tenure	0.01	0.001
	[0.01]	[0.01]
Constant	-0.710***	-1.464***
	[0.129]	[0.304]
Year&Industry FE	Yes	Yes
N	11991	11991
Pseudo R2	0.066	
Wald test of exogeneity（Prob>chi2）		0.036

注：***、**、*分别表示在1%、5%和10%的置信水平上显著，方括号内为标准误差。

2）关于股权激励与并购决策关系的调节机制的稳健性检验

前文的实证研究采取高管盈利预测偏差来判断CEO过度自信，为增强稳健性，本书同时借鉴国外期权度量思路，认为CEO没有通过出售所持有本公司的股票变现，CEO持有本公司股票的数量增加或者保持不变，则其存在过度自信，因为这表明管理者对自己的经营策略过度自信并对公司的前景过度乐观。同时，本书还借鉴研究过度自信的心理学实验思路，以被实验者对自己的能力与全体的平均能力的比较来判断其是否过度自信。如果某CEO所在公司的股票收益低于市场平均收益，那么他可以通过减持自己公司股票来购买股票指数基金从而获得更多的收益，即在本公司股票价格收益小于市场平均收益的情况下，CEO增持自己公司股票或者保持不变，则CEO存在过度自信。鉴于此，判断CEO是否过度自信的两个条件为：

①$H_{i,t} - H_{i,t-1} \geqslant 0$

②$\frac{P_{i,t}}{P_{i,t-1}} < \frac{Index_{i,t}}{Index_{i,t-1}}$

其中，$H_{i,t}$为i年末CEO持有本公司股票的数量，$P_{i,t}$为i年末本公司股票价格，$Index_{i,t}$为i年末股票指数。如果①、②两个条件都满足，则认为CEO过度自信。本书样本区间是基于2010—2014年的并购样本数据，采用含内生变量的Probit模型对于股权激励与并购决策的调节机制的回归结果进行了稳健性检验，检验结果见表5-7。

表5-7　　CEO股权激励与并购决策关系的调节机制的稳健性检验结果

	模型1	模型2	模型3	模型4
BEC	1.029***	-0.398	0.668***	0.833***
	[0.306]	[0.334]	[0.125]	[0.150]
UC	5.088			
	[6.116]			
UC×BEC	3.225**			
	[1.252]			
Dual				0.141
				[0.196]
Board_size				-0.034
				[0.022]
Independent				-0.136
				[0.688]
BEC×Dual				0.513**
				[0.257]
BEC ×Boardsize				-0.122**
				[0.059]
BEC×Independent				-2.803*
				[1.703]
Ln_cashsalary	0.191	0.126**	0.042	0.071*
	[0.128]	[0.055]	[0.049]	[0.036]
Leverage	-0.835**	-0.965***	-0.381*	-0.565***
	[0.385]	[0.264]	[0.228]	[0.172]
BM	0.171***	0.066***	0.073***	0.101***
	[0.019]	[0.021]	[0.015]	[0.012]

续表

	模型1	模型2	模型3	模型4
Lnsale	0.525***	0.167***	0.100***	0.179***
	[0.079]	[0.036]	[0.031]	[0.024]
Cash_flow	0.386***	1.470***	-0.119	0.253**
	[0.117]	[0.204]	[0.119]	[0.101]
Cash_reserve	-1.749***	-0.192	-1.725***	-1.266***
	[0.354]	[0.332]	[0.294]	[0.218]
Age	0.028***	0.001	0.013**	0.010**
	[0.009]	[0.007]	[0.006]	[0.004]
Female	-0.218	-0.155	-0.011	-0.076
	[0.244]	[0.182]	[0.154]	[0.117]
Tenure	0.010	-0.024	0.043***	0.019*
	[0.014]	[0.017]	[0.014]	[0.011]
Overconfidence	0.240***			0.321***
	[0.063]			[0.058]
Constant	-6.201***	-7.220***	-5.636***	-5.963***
	[0.900]	[0.906]	[0.619]	[0.655]
N	6770	2995	3760	6770

注：***、**、*分别表示在1%、5%和10%的置信水平上显著，方括号内为标准误差。

5.3 本章小结

本章以我国深、沪两市2008—2014年间1 713家上市公司发起的2 672起并购事件为研究样本，采用Logit模型实证检验了CEO股权激励对并购决策的影响。结果表明：CEO的股权激励能够影响上市公司的并购决策；

同时结合上市公司股权激励实施中存在的问题，实证检验了主并公司环境不确定性、董事会治理结构和CEO自身情绪对股权激励和并购决策关系的交互影响。本章的研究结论可以概括为四个方面：（1）CEO股权激励强度越强，上市公司越容易发起并购投资，说明股权激励的确能诱使管理者进行风险投资决策；（2）引入环境不确定性因素，股权激励强度仍与并购决策正相关，说明环境不确定性增强股权激励与并购决策之间的正向关系；（3）股权激励与并购决策这种正相关性仅存在于非过度自信的CEO，对于过度自信的CEO，股权激励与并购决策无关，说明管理者对风险的态度能够影响股权激励的效果，对风险厌恶的管理者进行风险相关的激励更为有效，而对于过度自信的管理者，股权激励可能是一种多余的无效成本的浪费；（4）董事会作为重要的公司治理机制能够显著影响股权激励与并购决策的关系。CEO两职合一增强了CEO股权激励与并购决策正相关性，权力大的CEO在股权激励下更容易发起并购；而独立董事占比和董事会规模显著降低股权激励和并购决策之间的正相关性。股权激励对并购决策的影响效果依赖于上市公司治理环境，不同的董事会结构下股权激励作用效果不同。

第 6 章

CEO股权激励对并购溢价影响的实证分析

6.1 理论分析与研究假设

很多学者认为，并购中对目标公司支付溢价越高，并购方股东从并购中获益的难度就越大。并购能否为并购方的股东创造价值取决于多种因素，而对目标公司支付的收购溢价是否恰当，是很重要的一个部分。并购并不一定会为并购方的股东创造价值，而这至少要部分地归因于并购中支付较高的并购溢价。还有研究表明，大型收购公司支付较高的溢价会使收购后股东的价值遭受巨大损失，主并公司对目标公司价值过高的支付可能导致并购后结果并不理想（Varaiya和Ferris，1987；Hunter和Jagtiani，2003）。

学者们从不同的角度探究和解释了并购交易中并购溢价水平的影响因素，主要集中在四个方面：一是市场竞价理论。该理论认为并购的价格一般都会略高于市场价格，否则卖方一般不会考虑出售（除非存在流动性需求或其他特殊的考虑）。但是，随着并购交易中参与竞价的竞争者数量的增多，收购公司的溢价能力被大大削弱，收购公司对被收购企业控制权的激烈争夺会使收购方的出价不断上升，为了赢得被收购公司的控制权最终会过高地支付收购溢价（Slusky和Caves，1991）；二是预期的财务或经营协同效应理论。在并购交易中，收购公司向被收购公司支付溢价的主要原因是看好标的公司的发展前景和并购后的协同效应，并购的协同效应能够为主并公司带来价值的增值，因此，并购后的协同效应是主并方愿意为并购支付一个数值为正的并购溢价的必要条件。Nielsen（1973）和Sirower（1997）研究了并购的协同效应与并购溢价的关系，发现主并公司预期的协同效应越高，支付的并购溢价水平也越高；三是过度自信理论。过度自信理论认为，收购方在并购交易中支付过高的并购溢价是源于管理者的个人心理偏好的行为，当管理者考虑收购其他公司时，过度自信会使得管理者低估收购中的风险，从而导致对目标公司的高估和支付过高的收购溢价（Roll，1986）。过度乐观的管理者经常对投资项目的预测现金流表现出向上的偏见，正是这种行为的偏见对管理者的收购溢价决策产生影响。四是信息不对称理论。完全竞争的资本市场有一个重要的假定，即信息是完全的。在现实的资本市场中，收购方与目标公司所获得和掌握的信息资源是不对称的，投标公司不能对资本市场有关信息完全掌握了解，对目标公司的各种信息的了解也是不完全的。因此，收购方只能在有限的信息下根据自己的判断做出并购交易中的决策，确定溢价区间，由于无法了解目标公司真实的价值而可能为获得目标公司的控制权对目标公司过度支付（Barney，1988）。

给目标公司定价并决定收购溢价是一个谈判的事项，由于高管是公司谈判和决策的主体，在与目标公司谈判协商的过程中，管理层是否会基于股东价值最大化的目标与目标公司针对收购的价格进行积极努力的协商是顺利完成并购交易、降低并购溢价实现为收购方股东创造价值的关键问题。根据代理理论，在并购的谈判过程中，高管可能会为了自身的利益（地位、权力、未来升职空间和“企业帝国”等）而偏离股东价值最大化的决策目标，高管可能更关注如何顺利促成并购交易以实现个人利益，而不会关心对目标公司支付的溢价水平高低（Conyon，2006）。Shleifer和Vishny（1989）认为，管理者对目标公司过度支付不是由于估价的错误，而是通过非股东价值最大化的并购活动获取个人私利。李梦瑶（2014）研究发现，高管为了快速实现企业业绩的增长，通过股东的绩效考核，会不顾并购给企业带来的风险，通过支付较高的并购溢价来促成并购交易。管理层股权激励机制是对代理行为提供解决思路的重要治理机制。管理层持有公司股票或股票期权能够把管理层利益与股东利益相联系；而作为外部市场的控制方式，并购也可以约束管理层。Shleifer和Vishny（1989）还提出，权益薪酬占比较低的公司不能对经理人产生激励效应，因而不能使其做出股东价值最大化的决策，这使得经理人对成长性较低的目标公司支付过多的溢价。Slusky和Caves（1991）首次检验公司代理问题对向目标公司股东支付控制权溢价程度的作用，得到结论是授予管理者股权可以使得管理者和股东在共同利益目标下结成联盟，在股权激励的作用下，管理者的持股比例越高，则会对目标公司股东支付越少的控制权溢价。Datta等（2004）研究发现，CEO权益薪酬占比高的公司（溢价均值35.88%）支付的控制权溢价显著少于CEO权益薪酬占比低的公司（溢价均值44.66%），8.78%的并购溢价的差异为股东节省了5 460万美元。Datta等（2010）的研究证实，股权激励越强的高管支付的并购溢价越低，选择收购的目标公司的成长性越高。CEO的股权激励会促使其在并购价格的协商中做出更大的努力，积极搜集信息去发掘目标公司的真实价值。对目标公司支付溢价水平越低，也会为收购公司的股东带来财富效应，股权激励将管理者的个人财富与股东价值联系在一起，所以也使管理者能够从中受益。因此，管理层在股权激励下应该不太可能采取违背股东利益的行动。基于以上分析，本书提出假设1。

H1：CEO股权激励强度与并购溢价呈负相关关系。

当CEO存在过度自信心理时，会使管理者低估收购中的风险，从而导致对目标公司价值的高估和支付过高的收购溢价。过度自信的心理会导致管理者决策行为的偏见，正是这种行为的偏见对管理者的收购溢价决策产生重大影响。管理者的股权激励效果也会受自身的这种过度自信的情绪影响，鉴于股权激励的效果取决于管理者对风险的厌恶程度，这导致股权激励和并购溢价之间的关系在过度自信和非过度自信CEO之间存在差异。Ross（2004）的研究表明股权激励的凸性发挥作用的前提假设为管理者是理性的并且风险厌恶的，管理者对待风险的态度才是影响股权激励机制的重要因素。Gervais（2011）认为，过度自信会增加CEO的风险承担意愿，会减少股权激励的凸性与投资决策之间的相关性。过度自信的CEO会低估项目的风险，夸大战略决策能够带来的潜在收益，在并购中支付较高的溢价。事实上，CEO的过度自信可能会是传统的管理者风险厌恶理论的另一种替代解释。在这种情况下，对过度自信的CEO进行股权激励可能是一种多余的浪费成本的无效激励。因此，我们提出如下假设，股权激励会减少并购溢价，但是这种关系仅仅局限于非过度自信的CEO，对于过度自信的CEO并不存在这种关系，过度自信的CEO会高估并购产生的价值并且对目标公司过度支付。基于此，本书提出假设2。

H2.1：对非过度自信的CEO组，股权激励强度与并购溢价负相关。

H2.2：对过度自信的CEO组，股权激励强度与并购溢价无关。

在并购溢价决策过程中，如果董事能够对CEO的行为进行积极的监督，并发挥董事会战略决策的职能，为并购溢价的协商提供专业咨询建议，则一定会加强股权激励机制的协同效应，降低CEO在并购中支付较高并购溢价的可能性。董事会的监控作用表现为以薪酬激励为传导机制避免CEO做出损害股东权益的决策，CEO薪酬激励能否减轻并购中的代理成本依赖于董事会是否能够发挥监控作用保证薪酬激励的有效性。

独立董事制度是董事会治理机制中的一个重要组成部分，可以与控股股东形成权力制衡，加强对经理人的行为和决策监督、约束作用，确保经理人的决策不会偏离股东价值最大化的目标，进而保护股东利益，促进企业业绩提高。因此，董事会的独立性对管理者并购溢价的协商很可能会起到积极作用，能够加强股权激励机制在并购溢价的协商中对CEO的激励效果。董事会的职能和效率建立在董事会权力结构之上，无论是战略决策职能还是对经理人的监督职能都依赖于董事会权力结构得以实现，两职合一不利于公司绩效的提升。根据代理理论，将监督执行董事（包括CEO）的任务和领导公司管理团队的任务结合在一个人身上，降低了董事会独立性，增加了经理人巩固自己地位的可能，不能解决经理人与股东之间的利益冲突，管理权力的存在会弱化董事会的监督职能和薪酬激励的有效性，使得公司内部治理机制不能发挥作用从而损害公司价值。两职分离能够维护董事监督的有效性和独立性，两职合一的CEO拥有更大的权力，管理权力在很多情况下会体现在其影响董事会或薪酬委员会的薪酬决策上，而使薪酬契约的制定向着自己所偏好的方向进行，降低CEO股权激励的效果。因此，CEO两职合一对管理者并购溢价的协商很可能起到了消极作用，不利于CEO股权激励机制在并购溢价的协商中发挥应有的激励效应。基于以上分析，本书提出假设3。

H3.1：CEO两职合一能降低CEO股权激励强度与并购溢价的负相关关系。

H3.2：高独立董事比例能显著提升CEO股权激励强度与并购溢价的负相关关系。

大股东持股比例越高越有动机发挥管家职能对管理层的决策和行为进行监督，有效缓解了股东与管理层之间的信息不对称，降低代理成本，在并购的谈判过程中，高管可能会为了自身的利益（地位、权力、未来升职空间和“企业帝国”等）而偏离股东价值最大化的决策目标，大股东的监督使得管理层在并购溢价协商中自利行为难以实现，从而提高了股权激励效果（Zeckhauser，1990）。另外，大股东以其丰富的管理经验介入决策的制定及实施，参与并购溢价的协商过程，这弥补了管理层可能存在的决策思考不足，从而完善了企业决策体系（Holderness等，1988）。根据以上两点，大股东的监督作用能够提高CEO股权激励效果。

很多研究表明，大股东能否发挥股权激励的协同效应与控股股东的股权性质高度相关。民营企业的大股东多为家族控股股东，家族大股东更注重家族声誉和长期利益，使得他们更关心家族控制权的价值，家族大股东对公司的历史背景和经营活动有深刻的了解，因此，家族大股东有强烈动机和能力去更加密切监督经理人的并购决策行为（Ali、Chen和Radhakrishnan，2007）。随着民营企业大股东持股水平的提高，大股东的管家意识和管家角色功能会更加明显，大股东会更加紧密地参与并购溢价协商过程，以获得投资决策的信息，进而降低公司的并购风险（Yermack，2010）。国有控股的上市公司由于激励比例及激励收益受到过多的政策限制，导致激励不足，国有企业的股权激励设计倾向于福利型，激励效果较差。相反，民营控股公司股权激励方案设计更加合理，倾向于激励型（吕长江等，2011）。因此，本书认为，在CEO并购溢价决策中，民营企业的大股东持股比例越高，CEO的股权激励实施效果越好，基于以上分析，本书提出假设4。

H4：上市公司实际控制人为非国有时，第一大股东持股比例能够显著提升CEO股权激励强度与并购溢价的负相关关系。

6.2 研究设计

6.2.1 样本和数据来源

由于2006年我国颁布了《企业会计准则》，实现了与IFRS的实质性趋同，提高了企业的会计信息质量和信息相关性；同时，股权分置改革增强了资本市场的有效性，股价真正成为衡量其收益的因素，提高上市公司高管股权激励机制的有效性，强化了原有的激励效果，此外，上市公司的并购行为也与股权分置改革前有明显的不同，价值发现和战略驱动并购逐渐增多。因此，本书选择2008年作为研究的起始点，选取2008—2014年我国上市公司发生的并购交易作为研究样本。上市公司财务数据来自CSMAR中国上市公司财务报表数据库，公司治理和CEO薪酬激励等其他相关数据来自CSMAR中国上市公司治理研究数据库，并购样本数据来自国泰安数据库CSMAR中国上市公司并购重组研究数据库，并以万得资讯金融数据库、沪深证券交易所网站公告的数据作为补充。按如下标准筛选初始研究样本：（1）剔除ST上市公司和金融、保险业的上市公司；（2）剔除未披露交易价格和交易标的净资产的并购交易；（3）剔除并购重组数据库中标注“交易失败”的并购事件；（4）剔除上市公司财务数据披露不完整的并购交易；（5）参考CSMAR中国上市公司并购重组研究数据库的并购分类标准，将研究样本的并购事件类型限定为资产收购、股权转让与吸收合并，不包括资产剥离、债务重组、资产置换与股份回购等形式的并购重组活动；（6）剔除并购方不是上市公司的并购事件；（7）剔除上市公司并购溢价数据缺漏的并购事件。通过对初始研究样本的筛选，最终获得样本的有效观察值。

6.2.2 变量的定义和模型的构建

1）被解释变量——并购溢价（Premium）

国外学者主要采用两种方法来度量并购溢价。一种是基于目标公司股价的市场测量方法（Haunschild和Miner，1997；Kim等，1993；Alexandridis等，2013）：

并购溢价=（每股收购价格-每股市值）/每股市值[①]

该方法适用于目标公司为上市公司的并购，对于非上市公司每股市价难以获取。

另一种是基于目标公司的账面价值测量方法（Shawky等，1996；Brewer等，2000；Diaz等，2004）：

并购溢价=（交易价值-目标公司账面价值）/目标公司账面价值

由于我国上市公司并购主要采用协议转让的方式，协议转让时双方对并购溢价谈判的基准是目标公司净资产的账面价值。国内学者在实证研究中多采用基于目标公司账面价值的测量方法（唐宗明，2002；陈仕华等，2013），本书借鉴国内学者的做法。

2）解释变量——CEO股权激励

CEO股权激励通过股权激励强度来刻画，对于股权激励强度指标的度量方法，本书借鉴胡国强等（2014）的研究模型，见模型6.1。

$$BEC_{i,t-1}=\frac{0.01\times Price_{i,t-1}\times(Soption_{i,t-1}+RStock_{i,t-1}+HStock_{i,t-1})}{0.01\times Price_{i,t-1}\times(Soption_{i,t-1}+RStock_{i,t-1}+HStock_{i,t-1})+Cash\_compensation_{i,t-1}} \tag{6.1}$$

式中，$Soption_{i,\ t-1}$与$RStock_{i,\ t-1}$分别为CEO持有的股票期权与限制性股票数；$HStock_{i,\ t-1}$为CEO经营持股数；$Price_{i,\ t-1}$为股票价格；$Cash_compensation_{i,\ t-1}$为CEO的现金薪酬总额。$BEC_{i,\ t-1}$越大，股权激励强度越高。鉴于当前我国上市公司股权激励数据具有明显的截断特征，借鉴李春涛等（2011）的方法，对$BEC_{i,\ t-1}$做加1再取自然对数的处理。

3）控制变量

本书建立两组控制变量，一组是反映公司特征的控制变量，另一组是

① 每股收购价格是并购公告中最终公布的交易单价，每股市值是并购公告前一周的股票单价。

反映并购交易特征的控制变量，所有的控制变量包括：

（1）支付方式（Paymethod）。并购的支付方式能够影响并购溢价，Huang和Walkling（1987）、Savor和Lu（2009）的研究认为，现金支付的并购溢价程度要比股票支付的并购溢价要大，因为目标公司的股东将会获得税收补偿。但是也有学者研究证实，现金支付会提升并购成功率，减少报价竞争的可能性，现金支付方式的溢价水平更低（Slusky和Caves，1991；Alexandridis等，2013）。在本书的实证研究中，并购交易对价方式为现金时Paymethod赋值为1，否则为0。

（2）交易规模（Dealsize）。并购的交易规模能够影响并购溢价的程度。Loderer和Martin（1990）认为，并购交易规模大，主并公司可能遭受更多的损失，因为他们更可能对目标公司过度支付。此外，交易规模较大的并购代理问题更严重，管理者会在并购谈判中为获得个人私利而支付更多的溢价（Grinstein和Hribar，2004；Harford和Li，2007）。但也有学者提供了相反的证据，Alexandridis等（2013）研究发现，并购交易规模越大，过度支付的可能越小。并购交易规模越大，并购的复杂程度越高，在支付并购成本时，董事会和管理层更为谨慎。同时较大规模的并购减少了对目标公司报价的竞争，也会降低并购溢价（Gorton等，2009）。在本书的实证研究中，借鉴国外学者关于并购交易规模的判定标准，用并购交易价值占上市公司并购前一年总资产的比例来衡量。

（3）财务顾问（Consultant）。聘任财务顾问的并购交易，更可能支付较低的并购溢价（Haunschild和Miner，1997；Kim等，1993）。在本书的实证研究中，主并公司在并购交易中聘用财务顾问，则Consultant为1，否则为0。

（4）自由现金流（FCF）。市场非有效性使企业外部融资成本较高，转而通过内部现金流来支撑投资，自由现金流反映了公司的代理问题，即经理人会将资金浪费在一些不必要的项目上，进行非效率投资。自由现金流的存在会加重并购溢价中的代理问题，经理人在企业现金流充裕时更可能对目标公司过度支付（Jensen，1986）。在本书的实证研究中，采用并购方自由现金流与总资产的比值来度量。

（5）并购类型（Diversitication）。根据Gondhalekar（2004）的研究，

在横向并购中，规模经济、范围经济以及学习经济的产生是并购创造价值的真正源泉，横向并购容易遭到行业内竞争者的对抗，更容易实现并购的协同效应，因此，同行业的横向并购与较高的并购溢价相关。反之，跨行业并购中并购双方需要一定时间的业务融合，并购后的整合成本更高，企业将面临更大的经营风险，Gondhalekar（2004）研究发现，企业跨行业并购中所支付的并购溢价远低于同行业并购。本研究的设计中，用一个哑变量Diversitication来表示并购类型，若并购是横向或纵向并购时，Diversitication为0；若并购既不是横向也不是纵向并购时，即多元化并购，Diversitication为1。

（6）控制权是否转移（Transfer）。公司控制权是有价值的，当并购交易涉及控制权的转移时，为弥补被收购公司由于控制权的丧失所造成的损失，收购公司所支付的并购溢价可能会更高。本书判断并购涉及控制权转移的标准是：如果在收购前并购公司不是目标公司的第一大股东，而在并购后成为第一大股东则将Transfer赋值为1，否则赋值为0。

（7）实际控制人性质（State）。国有股东没有足够动力为争取更好的谈判结果而在并购溢价协商过程中对管理层进行更好的激励和监督，因此，国有股东的代理成本导致国有控股的上市公司支付较高的溢价，另外，非国有控股的上市公司的股东有足够动力激励监督管理层为并购溢价进行积极的谈判和协商以获得更低的溢价水平。本书采用设置二元变量State来表示上市公司实际控制人性质，如果上市公司实际控制人为国有控股则将State赋值为1，非国有控股则赋值为0。

（8）信息不对称程度（INFO）。完全竞争的资本市场有一个重要的假定，即信息是完全的。在现实的资本市场中，收购方与目标公司所获得和掌握的信息资源是不对称的，投标公司不能对资本市场有关信息完全掌握，对目标公司的各种信息的了解也是不完全的。因此，收购方只能在有限的信息下根据自己的判断做出并购交易中的决策，确定溢价区间，由于无法了解目标公司真实的价值则可能为获得目标公司的控制权对目标公司过度支付（Barney，1988）。Leuz等（2000）指出，日股票换手率越大，公司的可获信息越多，信息不对称水平越低。因此，本书在实证研究中采用日股票换手率（日均股票交易量/公司总市值）来对信息不对称进行度量。

（9）资产负债率（Leverage）。Hart（1995）提出公司的硬债务能够约束管理者的投资行为，较高的债务减少了可供管理层自由控制的资金，债务也是一项有效的监督机制，能够防止管理层因思虑不周或为了强化个人权力而进行无效率投资。本书采用主并公司并购前一年末的资产负债率Leverage来表示公司的举债经营比率，即：

资产负债率=期末负债总额/期末资产总额

（9）市账比（B/M）。兼并浪潮是由市场溢价和管理择时引起，牛市可能导致持有高估股票用做流通的投标者去购买估值不足公司的资产。Shleifer和Vishny（1989）认为，假设目标公司管理层目光短浅，则他们会接受定价过高的投标者股票。Kropf和Viswanathan（2004）认为，因为目标公司管理者在这个阶段会过高估计兼并的协同效应，所以他们在市场高峰期会从估价过高的投标者那里接受更多的报价。本书用并购前一年末主并公司权益的账面价值/市场价值来衡量市账比。

4）调节变量

CEO股权激励是通过公司内部治理机制共同发挥作用，公司内部治理结构（董事会结构和股权结构）会影响CEO薪酬激励的效果。本书引入董事会规模、独立董事比例和CEO两职合一来表示董事会结构特征。董事会规模（Boardsize）指董事会全体成员的人数，独立董事比例（Independent）是指主并公司的独立董事占董事会全体董事的比例，计算公式为独立董事人数比上董事会总人数；CEO两职合一（Dual）是描述主并公司的董事长是否兼任总经理的哑变量，当两职合一时记为1，否则记为0。本书采用第一大股东的持股比例来衡量主并公司的股权集中度（Share）。

过度自信理论认为，收购方在并购交易中支付过高的并购溢价是源于管理者的个人心理偏好的行为，当管理者考虑收购其他公司时，过度自信会使得管理者低估收购中的风险，从而导致对目标公司的高估和支付过高的收购溢价（Roll，1986）。本书采用管理层盈利预测偏差（Profit forecast variance，PFV）来度量CEO是否过度自信。将上市公司管理层对每年四个季度的公司盈利情况预测的结果作为分析的对象，将预测结果与实际的业绩情况进行比对，如果预测的结果是乐观的，而实际业绩与预测结果不一致则认为CEO过度自信。

所有变量定义与计算见表6-1。

表6-1　　**变量定义**

变量名称	变量符号	变量定义
并购溢价	Premium	（交易价值-目标公司账面价值）/目标公司账面价值
股权激励强度	BEC	由模型（6.1）计算而得
CEO过度自信	OC	按照文中介绍的判定方法，如果CEO过度自信取值为1，否则为0
支付方式	Paymethod	并购交易对价方式为现金时取值为1，否则为0
交易规模	Dealsize	第t年并购交易价值/t-1年主并公司总资产
财务顾问	Consultant	二值虚拟变量，如果主并公司在并购交易中聘用财务顾问，则赋值为1，否则为0
自由现金流	FCF	主并公司t-1年企业自由现金流/总资产
实际控制人性质	State	主并公司实际控制人为国有，赋值为1，否则为0
并购类型	Diversification	二值虚拟变量，如果是多元化并购则赋值为1，否则为0
控制权转移	Transfer	二值虚拟变量，按照控制权转移的判定标准，如果并购涉及控制权转移则赋值为1，否则为0
信息不对称程度	INFO	日均股票交易量/公司总市值
资产负债率	Leverage	主并公司t-1年末负债总额/期末资产总额
市账比	BM	主并公司t-1年末各公司权益的账面价值/市场价值
独立董事比例	Independent	主并企业的独立董事人数占董事会总人数的比例
CEO两职合一	Dual	二值虚拟变量，当董事长兼任总经理时，赋值为1，否则为0
股权集中度	Share	主并公司t-1年末第一大股东持股比例
年份效应	Year	以2008年为基准，设置年份虚拟变量
行业效应	Industry	设置行业虚拟变量，行业分类标准采用2012年中国证监会发布的《上市公司分类代码》中定义的行业分类标准，制造行业采用二级代码分类，剔除金融、保险行业，其他行业采用一级代码分类。公司属于该行业时赋值为1，否则为0

5）检验模型

为了研究CEO股权激励对并购过程中所支付的溢价程度的影响，本书对已有的文献进行回顾和理论分析后，拟在控制公司特征和并购双方的交易特征的条件下，将并购溢价作为被解释变量，将CEO股权激励强度作为主要的解释变量，建立回归模型如下：

$$Premium_{i,t} = \alpha + \beta_1 BEC_{i,t-1} + \beta_2 Dual \times BEC_{i,t-1} + \beta_3 NED \times BEC_{i,t-1} + \beta_4 Share \times BEC_{i,t-1} + \delta Controls_{i,t-1} + \sum Industry + \sum Year + \varepsilon_{i,t} \tag{6.2}$$

其中，β为回归系数，Controls代表控制变量，$\varepsilon_{i,t}$为随机误差项。在后文对各组样本进行回归分析的过程中，会根据研究的需要对此模型进行相应的调整，但基本框架不会改变。

6.2.3　实证检验与结果分析

1）描述性统计

表6-2报告了并购溢价程度及相关影响变量的描述性统计结果，Panel A报告了二元变量的描述性统计结果，上市公司发生的并购交易中，采用现金对价方式的并购交易约占79.2%，采用非现金对价方式的并购交易约占20.8%，说明上市公司并购交易仍以现金对价方式为主。19.6%的并购交易聘请了财务顾问，多元化并购占总样本的16.78%，表明上市公司通过并购寻求多元化发展并不普遍。发生控制权转移的并购占总样本的53.93%，说明半数以上的并购交易都涉及控制权转移。在总样本中，主并公司CEO过度自信占比为37.05%，CEO两职合一占比为23.24%，上市公司实际控制人为国有占比为45.89%。Panel B报告了连续变量的描述性统计结果，从样本总体的结果来看，上市公司并购溢价分布不均，并购溢价均值为3.63，中位数为0.77，大多数并购交易中支付的溢价程度较大；上市公司股权激励价值占总薪酬的38%，最大值为96%，最小值为0，整体上看，上市公司股权激励强度有较大的差异，说明股权激励使用不均衡；并购交易价值占总资产的比重的均值为0.22，上市公司并购交易相对规模较小；公司的自由现金流FCF均值为0.01，说明上市公司中发生并购溢价的收购企业的自由现金流量相对充足；代表公司信息披露的日股票换手率对数的均值为1.54，标准差为1.27；上市公司资产负债率的最小值为

0.08，最大值为0.86，说明在样本中上市公司的财务杠杆存在较大差异；市账比均值为1.01，最小值为0.14，最大值为4.22，上市公司面临不同的投资机会。独立董事比例均值为0.37，公司法要求独立董事比例不低于1/3，这一结果满足法律要求，有利于对董事会行为做出监督；上市公司第一大股东持股比例均值为36.89%，最大值为86.49%，说明上市公司普遍存在大股东控制且股权集中。

表6-2　　**主要变量描述性统计**

Panel A：哑变量描述性统计

变量名称	变量分类	变量取值	样本数	占总样本比（%）
Paymethod	现金对价	1	1 793	79.20
	非现金对价	0	471	20.80
Consultant	聘用财务顾问	1	445	19.66
	未聘用财务顾问	0	1 819	80.34
Diversification	多元化并购	1	380	16.78
	非多元化并购	0	1 884	83.22
Transfer	控制权转移	1	1 192	53.93
	无控制权转移	0	1 018	46.06
OC	CEO过度自信	1	839	37.05
	CEO非过度自信	0	1 425	62.94
Dual	CEO两职合一	1	520	23.24
	CEO两职分离	0	1 717	76.75
State	实际控制人为国有	1	1 039	45.89
	实际控制人非国有	0	1 225	54.10

Panel B：连续变量描述性统计

变量	均值	中位数	最小值	最大值	标准差	观察值
Premium	3.63	0.77	-1.00	49.72	8.90	2264
BEC	0.38	0.09	0	0.96	0.45	2001
Dealsize	0.22	0.02	0.0002	3.31	0.61	2205
FCF	0.01	0.03	-0.34	0.21	0.11	2206
INFO	1.54	1.16	0.14	5.41	1.27	2245
Leverage	0.46	0.46	0.08	0.86	0.21	2264
BM	1.01	0.68	0.14	4.22	0.90	2264
Independent	0.37	0.33	0.09	0.80	0.06	2253
Share	36.89	35.95	2.20	86.49	15.21	2264

2）分组均值与中位数检验

表6-3报告了并购溢价组间比较结果，Panel A运用均值T检验和Wilcoxon秩和检验对并购溢价按高股权激励强度和低股权激励强度样本[①]分别进行了分组检验。结果表明，高激励强度组的并购溢价均值和中位数显著低于低激励强度组的并购溢价均值和中位数，说明CEO权益性薪酬在总薪酬中占比越高，越能够激励CEO在并购溢价决策中为股东创造价值。在Panel B和Panel C中，采用交叉分组的方法，对CEO股权激励与并购溢价的关系进行进一步稳健性检验。自由现金流理论认为，企业低效并购的重要原因是高自由现金流量产生的代理成本，经理可能利用自由现金流对目标公司过度支付，实施损毁股东价值的低效并购（Harford，1999；黄本多、干胜道，2008）。以往的研究表明，公司控制权是有价值的，当并购涉及控制权的转移时，相应的并购溢价很可能会更高，以弥补被并企业控制权的丧失所造成的损失。本小节将样本按照并购公司的自由现金流[②]和并购交易是否发生控制权转移进行分组，对并购溢价按高激励强度组和低激励强度组进行再一次均值和中位数分组检验。Panel B结果表明，在高自由现金流组中，高激励强度组的并购溢价均值和中位数显著低于低激励强度组的并购溢价均值和中位数；在低自由现金流组中，也得到了同样的结果。Panel C的结果也表明，在控制权发生转移和无控制权转移的样本中，高BEC组的并购溢价均值和中位数显著低于低激励强度组的并购溢价均值和中位数。

3）相关性检验

回归模型中的解释变量之间存在近似或高度的多重共线性会使得回归系数的估计趋向于很大的标准误差，其结果是导致系数的总体值不能准确地加以估计，为检测本书的回归模型中的各解释变量之间是否存在多重共线性的问题，本书在对模型6.2进行多元回归分析之前，通过Spearman相关性分析来判断模型中的解释变量之间是否存在多重共线性的问题。表6-4列示了并购决策回归模型中各解释变量之间的Spearman相关系数。

---

① CEO股权激励强度（BEC）按五分位分组，股权激励强度（BEC）大于五分之三分位定义为高BEC组，股权激励强度小于五分之三分位定义为低BEC组。

② 按企业自由现金流的中位数分组，大于中位数定义为高FCF组，小于中位数定义为低FCF组。

表6-3　　　　　　　　　　**并购溢价组间比较**

Panel A：并购溢价（%）按股权激励强度（BEC）分组

属性	全样本	低BEC组	高BEC组	t/z统计量
均值	3.63	4.48	3.45	4.00***
中位数	0.77	0.66	1.43	5.24***
观察值	1825	1002	823	

Panel B：并购溢价（%）按股权激励强度（BEC）和自由现金流（FCF）交叉分组

高FCF组	全样本	低BEC组	高BEC组	t/z统计量
均值	4.66	5.03	3.32	2.38***
中位数	0.62	0.71	0.58	5.56***
观察值	1103	428	381	
低FCF组	全样本	低BEC组	高BEC组	t/z统计量
均值	3.82	4.01	3.24	3.2***
中位数	0.91	1.02	0.84	2.76***
观察值	1103	574	442	

Panel C：并购溢价（%）按股权激励强度（BEC）和控制权转移（Transfer）交叉分组

控制权转移	全样本	低BEC组	高BEC组	t/z统计量
均值	4.19	5.31	3.90	2.1**
中位数	1.05	0.88	1.27	2.3***
观察值	1192	605	587	
无控制权转移	全样本	低BEC组	高BEC组	t/z统计量
均值	2.93	3.06	2.77	2.09**
中位数	0.47	0.63	0.40	3.4***
观察值	1018	571	447	

注：*、**、***分别表示在10%、5%、1%的置信水平上显著。

表 6-4　　**并购溢价及影响变量相关系数**

	1	2	3	4	5	6	7	8	9	10	11	12	13	14	15	16
1.Premium	1															
2.BEC	-0.0985*	1														
3.Dealsize	0.4186*	0.0779*	1													
4.FCF	0.0352	0.0365	0.0614*	1												
5.INFO	-0.0883*	-0.2135*	0.0131	-0.0585*	1											
6.Leverage	-0.1124*	-0.3028*	-0.2094*	-0.0515*	0.2261*	1										
7.BM	0.1347*	0.1649*	0.0441	0.0981*	-0.4734*	-0.4148*	1									
8.Independent	-0.0024	0.0324	0.0182	-0.0214	-0.0377	-0.0256	0.0046	1								
9.Share	-0.0603*	-0.1195*	-0.0598*	0.0236	-0.3021*	0.0572*	0.0739*	0.0213	1							
10.Consultant	0.3511*	0.0741*	0.0563*	-0.0745*	0.0158	-0.1009*	-0.0287	-0.0140	-0.0973*	1						
11.Paymethod	-0.3340*	-0.0435	-0.2642*	0.0770*	-0.0272	0.0646*	0.0381	0.0162	0.0609*	-0.1671*	1					
12.State	0.1353*	0.3302*	0.1668*	0.0328	-0.0476*	-0.3283*	0.0985*	0.0881*	-0.1388*	0.0887*	-0.0542*	1				
13.Transfer	0.1529*	0.0627*	0.2928*	0.0140	-0.0335	-0.1057*	0.0219	0.0180	0.0006	0.1185*	-0.1319*	0.0927*	1			
14.OC	-0.0736*	-0.1473*	-0.0407	-0.0297	0.1602*	0.2266*	-0.1360*	-0.0140	0.1223*	-0.0368	0.0090	-0.2466*	-0.0330	1		
15.Diversification	0.0472*	0.0480*	0.0404	0.0266	0.0208	-0.0266	0.0081	0.0327	-0.0132	0.0208	-0.0242	0.0910*	0.0379	-0.0433	1	
16.Dual	0.0660*	0.3279*	0.0631*	0.0454*	-0.0526*	-0.1869*	0.0457*	0.1158*	-0.0332	0.0460*	-0.0430	0.2544*	0.0593*	-0.2194*	0.0454*	1

注：*代表显著性水平<0.05。

从表6-4相关性分析的结果来看，企业并购溢价（Premium）与股权激励强度（BEC）的Spearman相关系数为-0.09，且在0.05水平上显著，呈现显著负相关关系，这与前文假设的预测（即二者呈负相关关系）相符。模型6.2的各解释变量之间的两两相关系数的绝对值均小于0.5，表明回归模型6.2中的解释变量之间不存在高度的多重共线性。

4）回归分析

表6-5给出CEO股权激励对并购溢价决策影响的相关假设的回归结果。其中模型1报告的是所有控制变量的回归结果，模型2至模型8均是在模型1的基础之上逐次引入股权激励强度、调节变量（CEO两职合一、独立董事比例和第一大股东持股比例）以及股权激励强度与调节变量的交乘项。

表6-5　　**CEO股权激励对并购溢价决策影响的回归结果**

	模型1	模型2	模型3	模型4	模型5	模型6	模型7	模型8
BEC		-1.043*	-0.713*	-0.626	-0.961**	-0.939*	-0.118*	-0.447
		[0.60]	[0.42]	[0.43]	[0.44]	[0.54]	[0.07]	[2.44]
BEC×Independent					-1.001**			
					[0.46]			
BEC×Dual						2.018***		
						[0.64]		
BEC×Share							-0.128**	-0.044
							[0.06]	[0.05]
Share							-0.135	0.023
							[0.17]	[0.03]
Independent					-0.047			
					[0.34]			
Dual						0.569		
						[0.71]		
Dealsize	1.046*	0.016**	1.515*	0.106***	0.265**	0.101**	0.107**	2.500***
	[0.58]	[0.01]	[0.92]	[0.04]	[0.13]	[0.04]	[0.05]	[0.93]

续表

	模型1	模型2	模型3	模型4	模型5	模型6	模型7	模型8
FCF	2.551*	3.216**	7.939*	6.841*	2.943*	4.987*	4.900*	-2.702
	[1.49]	[1.63]	[4.34]	[4.13]	[1.70]	[2.75]	[2.74]	[2.85]
INFO	-0.01	-0.019	-0.011	-0.002	-0.034	0.151	0.338	1.138**
	[0.13]	[0.16]	[0.48]	[0.01]	[0.16]	[0.25]	[0.27]	[0.52]
Leverage	2.443***	1.151	2.817	0.105	2.386**	-0.045	-0.154	0.455
	[0.94]	[1.05]	[2.83]	[0.10]	[1.13]	[1.82]	[1.81]	[2.98]
BM	-0.784**	-0.396*	-0.388**	-0.392**	-0.400**	-0.390**	-0.445**	-0.391**
	[0.34]	[0.22]	[0.18]	[0.18]	[0.18]	[0.18]	[0.22]	[0.18]
Consultant	0.585	0.381	0.457	6.222*	0.135	3.939**	3.639**	3.389
	[1.03]	[1.22]	[1.22]	[3.50]	[1.40]	[1.76]	[1.76]	[2.31]
Paymethod	0.572	-0.35	-1.199	3.019	-0.366	-1.801*	3.741**	4.740*
	[1.00]	[1.33]	[2.87]	[3.39]	[1.38]	[1.08]	[1.78]	[2.79]
State	0.475	0.721*	1.3	-1.14	0.275	-0.423	-0.58	-0.033
	[0.42]	[0.42]	[1.22]	[0.73]	[0.44]	[0.75]	[0.75]	[0.97]
Transfer	0.886**	0.854**	2.656**	2.323***	0.851*	1.555***	1.300**	1.296**
	[0.37]	[0.42]	[1.17]	[0.61]	[0.46]	[0.59]	[0.57]	[0.57]
OC	0.757***	0.676***	0.554***	0.536***	0.562***	0.684***	0.679***	0.699***
	[0.23]	[0.12]	[0.09]	[0.12]	[0.02]	[0.23]	[0.12]	[0.03]
Diversification	-0.904*	-0.879*	-1.969*	-1.952*	-1.022*	-1.888**	-1.651**	-2.190*
	[0.51]	[0.53]	[1.18]	[1.17]	[0.57]	[0.83]	[0.73]	[1.22]
Constant	4.685**	3.932**	5.475***	3.839**	3.958**	3.786**	3.956**	3.165**
	[1.99]	[1.58]	[1.8]	[1.59]	[1.60]	[1.69]	[1.58]	[1.31]
Year&Industry	Yes	Yes	Yes	Yes	Yes	Yes	Yes	Yes
R^2	0.019	0.245	0.244	0.248	0.026	0.247	0.252	0.284
N	1950	1950	1080	644	1680	1687	830	858

注：***、**、*分别表示在1%、5%和10%的置信水平上显著，方括号内为稳健标准误差。

模型1报告了所有控制变量的回归结果，我们可以看出，并购交易规模变量（Dealsize）的回归系数在10%水平上显著为正，并且在模型2至模型8中也是显著为正，这说明并购交易的规模越大，主并公司支付的并购溢价水平越高，这与Grinstein和Hribar（2004）等研究结论相一致。控制权转移变量（Transfer）的回归系数在模型1至模型8都显著为正，说明涉及控制权转移时，相应的并购溢价水平更高。并购类型变量（Diversification）的回归系数在模型1至模型8显著为负，说明多元化并购与并购溢价负相关，与Gondhalekar（2004）的研究结论一致。模型2通过多元回归分析检验假设1，结果表明，股权激励强度（BEC）与并购溢价在10%水平上显著负相关，说明管理层股权激励越强越有利于并购溢价的协商。为考察CEO过度自信对股权激励与并购溢价关系的影响，将样本分为过度自信（模型4）和非过度自信（模型3）两组分别检验假设2。模型2和模型3的回归结果说明，对于非过度自信的CEO，股权激励强度与并购溢价显著负相关；对于过度自信的CEO，股权激励强度对并购溢价无显著影响，管理者的情绪特征影响了股权激励的效果。模型5和模型6将独立董事比例和CEO两职合一与股权激励强度的交乘项引入到模型中，是关于假设3的实证检验，回归结果表明，独立董事与股权激励强度的交乘项在5%水平上显著，CEO两职合一与股权激励强度的交乘项在1%水平上显著为正。说明提高独立董事比例能增强CEO股权激励与并购溢价的负相关关系，在并购溢价的协商过程中，董事会的监督和决策效应对CEO的激励起到了积极的作用，这支持了假设3.2；但是CEO两职合一对CEO股权激励强度与并购溢价关系有负向调节作用，说明在并购溢价决策中，CEO两职合一拥有更大的权力，破坏了股权激励的有效性，验证了假设3.1。对于假设4，将样本按照主并公司实际控制人类型分为国有（模型8）和非国有（模型7）两组检验第一大股东持股比例的调节效应，模型7的回归结果表明，当上市公司实际控制人为非国有时，股权激励强度（BEC）与第一大股东持股比例的回归系数在5%水平上显著，这说明民营企业的第一大股东在并购溢价决策中能够发挥监督效应，增强CEO股权激励的效果。模型8的回归结果表明，当上市公司实际控制人为国有时，股权激励强度（BEC）与第一大股东持股比例的回归系数不显著，这说明国有企业的大股东在并购溢价决策中对CEO股权激励的效果并无提升，假设4得到验证。

6.2.4　稳健性检验

前文的实证研究中采取高管盈利预测偏差来判断CEO过度自信，为增强稳健性，本书同时借鉴国外期权度量思路，认为CEO没有通过出售所持有本公司的股票变现，CEO持有本公司股票的数量增加或者保持不变，则认为其存在过度自信，因为这表明管理者对自己的经营策略过度自信并对公司的前景过度乐观。同时，本书还借鉴研究过度自信的心理学实验思路，以被实验者对自己能力与全体的平均能力的比较来判断其是否过度自信。如果某CEO所在公司的股票收益低于市场平均收益，那么他可以通过减持自己公司股票来购买股票指数基金从而获得更多的收益，即在本公司股票价格收益小于市场平均收益的情况下，CEO增持自己公司股票或者保持不变，则认为CEO存在过度自信。鉴于此，判断CEO是否过度自信的两个条件为：

①$H_{i,t} - H_{i,t-1} \geqslant 0$

②$\frac{P_{i,t}}{P_{i,t-1}} < \frac{Index_{i,t}}{Index_{i,t-1}}$

其中，$H_{i,t}$为i年末CEO持有本公司股票的数量，$P_{i,t}$为i年末本公司股票价格，$Index_{i,t}$为i年末股票指数。如果①、②两个条件都满足，则认为CEO过度自信。同时，为考察前文实证结果的稳健性，本书使用并购样本溢价程度在30%左右，如果收购公司并购支付的溢价程度超过30%，Premium赋值为1，溢价程度未超过30%则赋值为0。在控制并购公司特征和并购交易特征的条件下，采用Logistic模型对CEO股权激励对并购过程中所支付的溢价程度的影响进行稳健性检验，表6-6报告了Logistic模型的回归结果。与前文假设相关的回归结果没有发生实质性改变，由此说明研究结论不受度量方法影响，结果更为稳健。

表6-6　CEO股权激励对并购溢价影响的Logit模型稳健性检验

	模型1	模型2	模型3	模型4	模型5	模型6	模型7
BEC	-0.418*	-0.472*	0.063	-0.432*	-0.363	-1.122*	0.282
	[0.22]	[0.21]	[0.14]	[0.19]	[0.28]	[0.67]	[0.40]
BEC×Independent				-0.430**			
				[0.21]			
BEC×Dual					1.509*		
					[0.85]		
BEC×Share						-1.203**	-1.107
						[0.58]	[1.42]
Share						-0.635	-1.213
						[1.60]	[2.03]
Independent				-0.887			
				[1.12]			
Dual					1.388*		
					[0.81]		
Dealsize	0.380*	0.498**	0.46	0.408*	0.460**	0.392	0.615
	[0.22]	[0.25]	[0.54]	[0.22]	[0.23]	[0.30]	[0.38]
FCF	0.172	0.502	-0.512	0.648*	0.674**	0.793	0.629
	[0.51]	[0.68]	[0.82]	[0.33]	[0.33]	[0.51]	[0.44]
INFO	-0.067	-0.077	-0.075	-0.074	-0.077*	-0.194***	-0.121*
	[0.05]	[0.06]	[0.08]	[0.05]	[0.04]	[0.07]	[0.06]
Leverage	0.710**	1.188***	0.168	0.614*	0.604*	1.120**	0.328
	[0.35]	[0.44]	[0.57]	[0.33]	[0.33]	[0.50]	[0.45]
BM	-0.391**	-0.084	-0.242*	-0.087	-0.081	-0.088	-0.171
	[0.18]	[0.06]	[0.14]	[0.07]	[0.07]	[0.06]	[0.15]

续表

	模型1	模型2	模型3	模型4	模型5	模型6	模型7
Consultant	1.353***	1.112***	2.030***	1.375***	1.476***	1.374***	1.417***
	[0.32]	[0.37]	[0.66]	[0.32]	[0.31]	[0.41]	[0.50]
Paymethod	-0.515*	-0.505	-0.297	-0.482	-0.424	-0.46	-0.486
	[0.30]	[0.35]	[0.63]	[0.31]	[0.29]	[0.37]	[0.50]
State	-0.261**	-0.343**	-0.23	-0.276**	-0.259**		
	[0.12]	[0.16]	[0.22]	[0.12]	[0.12]		
Transfer	0.450***	0.402***	0.514***	0.441***	0.415***	0.436***	0.308**
	[0.11]	[0.14]	[0.18]	[0.11]	[0.10]	[0.15]	[0.15]
OC	0.104***	0.104***	0.103***	0.148*	0.118*	0.117*	0.180*
	[0.02]	[0.03]	[0.05]	[0.08]	[0.06]	[0.06]	[0.09]
Diversification	0.101	0.387*	-0.316	0.088	0.071	0.05	-0.001
	[0.15]	[0.20]	[0.23]	[0.15]	[0.14]	[0.22]	[0.19]
Constant	1.577*	3.932**	1.106	3.839**	3.958**	3.786**	1.725***
	[0.82]	[1.58]	[0.81]	[1.59]	[1.60]	[1.69]	[0.35]
Year&Industry	Yes	Yes	Yes	Yes	Yes	Yes	Yes
Pseudo R^2	0.139	0.12	0.128	0.106	0.104	0.104	0.107
N	1688	991	697	1680	1859	854	1008

注：***、**、*分别表示在1%、5%和10%的置信水平上显著，方括号内为稳健标准误差。

6.3 本章小结

本章以2008—2014年我国上市公司并购交易事件作为初始研究样本，通过理论分析提出相关假设，建立多元回归模型对CEO股权激励与并购溢价之间的关系进行了实证检验，回归结果表明：（1）CEO股权激励强度与并购溢价负相关，说明股权激励机制的确能够减少管理者在并购溢价决策中的代理成本，激励主并公司管理层与目标公司之间关于并购溢价努力积极的协商，促使管理者做出股东价值最大化的决策。(2) CEO股权激励的效果受管理者个人情绪特征和公司内部治理结构的影响，股权激励会减少并购溢价，但是这种关系仅仅局限于非过度自信的CEO，对于过度自信的CEO并不存在这种关系，过度自信的CEO会高估并购产生的价值并且对目标公司过度支付。过度自信的心理会导致管理者决策行为的偏见，正是这种行为的偏见使得CEO支付过多的收益溢价。在这种情况下，对过度自信的CEO进行股权激励可能是一种多余的浪费成本的无效激励，对于过度自信的CEO，股权激励并不能较少代理成本。(3) 董事会结构特征能够影响CEO股权激励的效果，其中，独立董事能够提升CEO股权激励的效果，增强CEO股权激励对并购溢价的负向作用机制；根据管理层权力理论，两职合一的CEO拥有更大的权力，削弱了股权激励对并购溢价的负向作用机制。(4) 当上市公司实际控制人为非国有时，第一大股东持股比例能够显著增强CEO股权激励对并购溢价的负向作用机制，民营企业的大股东有动机和能力对管理层的并购溢价决策进行监督，增强了CEO股权激励的效果。

第 7 章
CEO股权激励对并购绩效影响的实证分析

7.1 理论分析与研究假设

学术界关于影响企业并购绩效的因素进行了较多研究（如并购对价方式、目标公司的选择以及并购类型等），从经济和战略逻辑的角度看，并购是为了建立竞争优势以及为股东创造价值。从财务的角度看，并购重要的目标是实现股东价值最大化。但是类似委托代理问题，较差的公司治理结构以及公司控制的不完善等多种环境因素很可能会导致目标的偏离。管理者在并购交易过程中会面临很多选择，比如，管理者需要考虑选择采用何种收购方式、选择哪家目标公司、并购金额和并购溢价多少、是否发起并购，等等，由于并购决策的做出、并购接管的进行、到收购后整合等并购的全过程中，高管都在其中起着关键性作用。高管是并购决策的主体，公司治理机制与高管的并购决策以及带来的经济后果息息相关（Sudarsanam等，2007）。

股东通过股权激励将股东财富和管理者财富联系在一起，作为解决代理问题、降低代理成本的一种有效的长期激励方式，促使管理者做出最优的投资决策（罗富碧等，2008）。国外学者的实证研究认为，CEO股权激励能够减少管理者非股东价值最大化的并购行为，为并购公司的股东创造价值。Jensen和Ruback（1983）首先质疑了并购管理者的薪酬如何与并购绩效的股价效应相联系。Datta等（2004）的研究表明，如果投标企业的CEO基于权益的薪酬份额较高，那么市场反应会比较积极，主并公司高管权益薪酬比例与并购公告日的累计超额收益显著正相关。CEO的薪酬结构还影响目标企业的选择，基于权益的薪酬份额较高的管理者会以较高的M/B寻找目标企业；基于权益的薪酬份额较高的管理者更愿意冒险并进行有价值的并购活动，高权益薪酬的公司比低权益薪酬的公司长期绩效更好。Dhiensiri等（2011）也研究了高管权益薪酬对主并公司价值创造的影响，与Datta等的研究结果相比，高权益薪酬的公司并购公告日的累计超额收益更低，但是主并公司并购后的长期价值创造与权益薪酬比例成显著正相关。Frye和Yang（2015）研究了CEO薪酬结构对并购收益的影响，限制性股票薪酬与并购异常收益显著相关，股票薪酬能够降低并购公司的风险。股权激励能够将管理者的个人财富与股东价值联系在一起，促使管理者做出增加股东价值的并购决策，降低并购中的代理成本，有效抑制管理者非股东价值最大化的并购动机，提升并购绩效，激励管理者为并购公司股东创造价值，进而对并购公司的股东财富的增加产生积极的影响。基于此，本书提出如下假设：

H1：股权激励能够减少CEO非股东价值最大化的决策，提升并购绩效。

环境不确定性会加剧信息的不对称，有助于管理者隐藏对自己不利的信息，降低自己的努力程度，股东无法观测和恰当评价管理者的努力程度和真实行为，从而加大了股东监督的难度。环境的不确定性会增加并购决策的难度和并购失败的风险，在不确定性下，管理者更可能控制公司的资源用于净现值（NPV）为负的项目进行无效率的投资来追求私人收益，加重代理冲突，委托代理理论认为，在股东与管理者利益不一致的情况下，公司管理者有可能做出利己的投资冒险行为。虽然管理者的无效率投资最终会使得企业整体绩效下滑，损害股东价值，最终也会影响到管理者的收益，但在不确定性下，管理层可以将投资失败归因于外部客观环境，通过其他手段保证自己的利益不受损失（Holmstrom和Milgrom，1994），由于不确定性的存在使得激励效果很难达到最优。在高不确定性的环境下，并购后的绩效可能会受并购前的不确定性影响，降低股权激励的效果。Duchin和Schmidt（2013）研究发现，并购浪潮增加了环境的不确定性，在不确定性较高的环境下，容易引发代理问题驱动的并购，降低CEO股权激励的效果。基于此，本书提出如下假设：

H2：环境不确定性能够降低CEO股权激励与并购绩效的正相关性。

委托代理理论认为，在股东与经理利益不一致的情况下，用于缓和代理冲突的管理激励，可能会产生类似鼓励管理者冒更大风险的不利影响，公司管理者有可能做出利己的投资冒险行为。管理者为实现私有收益会做出寻求风险的短期投资行为。在我国外部监督机制（资本市场、机构投资者和经理人市场等）不健全、环境不确定性的情况下，管理者投资的代理问题会更严重，因此，需要加强董事会、大股东等内部治理机制对管理者行为的监督程度。Prendergast（2002）研究表明，契约环境对管理层的激励有着重要影响，在高不确定性的环境下，需要加大股东对代理人工作投入的监督。公司治理机制通过一系列互补的机制能够将管理者的利益和股东的利益联系在一起，管理者激励是通过公司内部治理机制共同发挥作用。好的内部治理机制能够保证薪酬激励计划设计合理和有效，能够降低代理成本，使得CEO在股权激励下做出增加股东价值的投资决策（Chen等，2006）。

CEO股权激励对并购绩效的积极作用受制于公司内部治理环境，董事会机制是公司治理结构的核心，独立董事能够提高董事会决策效率，约束管理者的机会主义行为，董事长与CEO两职分离能够维护董事监督的有效性和独立性，对约束和监督管理者行为、保证股权激励实施的有效性、提高企业并购绩效起到积极的作用。在高不确定性的环境下，大股东有强烈的动机去收集信息、监督管理层、积极干预管理者的行为、积极参与企业决策，进而降低自己的经营风险，从而有助于减轻环境不确定性下存在的代理问题（Zeckhauser，1990）。大股东的控制权不仅能够对企业价值产生正向激励作用，而且对公司其他的治理机制起到促进或者替代的效应，会提高高管股权激励与公司绩效间的相关性，进而提高对管理层实施股权激励的效果，更好地激励管理者为并购公司股东创造价值。良好的内部治理机制能够在不确定的环境下对CEO的并购决策进行监督和约束，并提升CEO并购决策效率。针对高管机会主义行为的内部公司治理机制能够约束和控制CEO的并购决策与股东利益趋同，进而提升CEO股权激励与并购绩效的正相关性。基于此，本书提出如下假设：

假设3.1：在高不确定性的环境下，董事会治理机制能够提升股权激励与并购绩效的相关性。独立董事所占比例能够增强CEO股权激励强度与并购绩效之间的正相关关系，董事长与CEO二职合一会减弱CEO股权激励强度与并购绩效之间的正相关关系。

假设3.2：在高不确定性的环境下，股东的监督效应能够提升CEO股权激励与并购绩效的相关性。第一大股东持股比例越高，CEO股权激励强度与并购绩效之间的正相关关系越强。

7.2 研究设计

7.2.1 样本和数据来源

2006年我国颁布了《企业会计准则》，实现了与IFRS的实质性趋同，提高了企业的会计信息质量和信息相关性。同时，股权分置改革增强了资本市场的有效性，股价真正成为衡量其收益的因素，提高了上市公司高管高股权激励机制的有效性，强化了原有的激励效果。此外，上市公司的并购行为也与股权分置改革前有明显的不同，价值发现和战略驱动并购逐渐增多。因此，本书选择2008年作为研究的起始点，同时考虑到评价并购绩效的时间跨度，选取2008—2013年我国上市公司发生的并购交易作为研究样本。上市公司的基本情况数据和财务研究数据来自国泰安数据服务中心（CSMAR）提供的上市公司财务指标分析数据库和财务报表数据库；上市公司治理研究数据如股权集中度、董事会特征和CEO薪酬股权激励等相关数据信息通过国泰安数据服务中心（CSMAR）的中国上市公司股东研究数据库和公司治理研究数据库获得；上市公司并购研究数据来自于国泰安数据服务中心（CSMAR）中国上市公司并购重组研究数据库。对于不完整和缺漏的研究数据，通过查询万得资讯数据库进行补充和核对。

关于并购事件的初始样本按照以下标准进行筛选：（1）由于金融保险行业的特殊性，本书剔除了主并公司属于金融、保险业的并购样本；（2）剔除并购重组数据库中标注“交易失败”的并购事件；（3）由于非上市公司相关数据未公开披露难以获得，因此本书的并购样本中未包括非上市公司的并购事件；（4）对于一年内发生多次并购交易的上市公司，本书仅保留该上市公司在该年内并购交易总金额最大的那次并购交易；（5）以CSMAR中国上市公司并购重组研究数据库中定义的并购类型为标准，将并购限定为吸收合并、股权转让与资产收购，不包括债务重组、资产剥离、股份回购与资产置换等形式的并购重组活动。按照上述样本筛选标准最终得到1 713家上市公司发起的1 920起并购交易。同时为了克服财务指标离群值的影响，本书对主要指标进行了Winsorized双边缩尾处理。

7.2.2　变量的定义和模型的构建

1）被解释变量——并购绩效（Acquisition Performance）

并购绩效包括并购的短期绩效和长期绩效。根据财务理论的观点，如果证明并购确实能促进股东财富增加及经营绩效改善，则认为管理者制定的并购决策为股东创造了价值。从股票收益角度对并购后业绩进行评价的方式已经被多个国家使用，学者们通过事件研究法，用股东的超额回报来衡量并购的短期业绩。事件研究法（Event Study）最早由Dolley（1993）使用，后来被学者们不断拓展，成为公司财务研究领域的重要研究方法，对比会计研究法，此方法不受会计报表质量高低的影响。有金融研究人员使用多种在基准、事件窗口、预计收益、“正常的”收益基准以及统计检验方法等方面不同的方法进行了研究。

借鉴国内外学者的研究方法，本书采用并购首次公告日前后若干个交易日公司股票价格的累计平均超额收益率（CAR）来衡量短期并购绩效，利用市场模型法（Brown等，1985）来对并购公司股票的累计平均超额收益率进行估计，市场模型对贝塔系数的估计通常建立在单只股票的回报与市场回报的历史关系的基础上进行计算，即$R_{it}=\alpha_i+\beta_i R_{mt}+\varepsilon$。其中，$R_{it}$为公司第t日的股票收益率，$R_{mt}$为市场第t日的股票收益率。在事件研究过程中，事件窗口的确定至关重要，如果事件窗口选择过长，那么由于较长的时间跨度往往伴随着较多的外在干扰因素，就会导致研究结果缺乏意义；反之，如果事件窗口选择过短，那么研究结果可能无法反映海外并购对股票价格的全部影响。本书借鉴国内学者的普遍做法，如潘红波等（2008）、王化成等（2010）的研究，先利用并购首次公告日前150个交易日至前30个交易日的日收益率，采用OLS估计，利用市场模型估算出每个公司的参数α和β，然后利用市场模型计算出每一天的预期收益率，并以实际收益率减去预期收益率来计算并购首次公告日前后10个交易日的超额收益。

表7-1列出了并购首次公告日前后10个交易日的平均超额收益率。从表7-1可以看出，在并购首次公告日之前的第2个交易日到并购首次公告日之后的第3个交易日，平均超额收益率均显著异于0，因此本书选取[-2，3]窗口计算累计超额收益率（CAR）。

表7-1　**并购首次公告日前后10个交易日平均超额收益率估计窗口（-150，-30）**

交易日	平均超额收益率（%）	T值	P值
-10	-0.031	-0.445	0.656
-9	0.058	0.833	0.405
-8	0.060	0.828	0.408
-7	-0.015	-0.213	0.831
-6	0.087	1.233	0.218
-5	-0.007	-0.109	0.913
-3	0.007	0.091	0.928
-2	0.153**	2.085	0.037
-1	0.484***	5.967	0.000
0	1.731***	11.581	0.000
1	1.051***	7.577	0.000
2	0.518***	4.394	0.000

续表

交易日	平均超额收益率（%）	T值	P值
3	0.272**	2.390	0.017
4	0.029	0.289	0.773
5	0.124	1.325	0.185
6	0.108	1.181	0.238
7	-0.012	-0.140	0.888
8	0.024	0.292	0.770
9	0.027	0.347	0.729
10	0.004	0.052	0.958

注：***、**、*分别表示在1%、5%和10%的置信水平上显著。

对于长期绩效的衡量方法，国外学者多采用累计超额收益①和购入持有超额收益（Buy and Hold Abnormal Return，BHAR）来度量。相比累计超额收益法，BHAR方法受公司股票的波动的影响小，避免了计算长期绩效可能存在的误差。因此，本书借鉴Gregory（1997）、李善民等（2006）、陈仕华等（2013）等国内外学者通行的研究方法，采用购入持有超额收益（BHAR）衡量并购后的1至2年内的长期业绩。购入持有超额收益衡量了从购买公司股票并一直持有到考察期结束期间，公司股票收益率超过市场组合或对应组合的超额收益。本书采用如下公式计算主并公司并购后［0，T］月购入持有超额收益：

$$BHAR_{iT} = \prod_{t=0}^{T}(1 + R_{it}) - \prod_{t=0}^{T}(1 + R_{pt}) \quad (7.1)$$

其中，R_{it}为主并公司i在t月的收益率，R_{pt}为对应组合的月收益率，t=0~24，t=0表示并购当月，t=1表示并购后1个月。依此类推，本书对于R_{pt}的计算借鉴李善民等（2006）、陈仕华等（2013）的交叉分组方法：首先，根据所有上市公司在t年6月份的流通市值规模，从小到大排序后均分成5组；其次，根据所有上市公司在t-1年12月份的权益账面/市值（每股权益/年末收盘价），对上述5组从小到大排序后再次均分成5组。

① 累计超额收益法与短期事件研究法一致，只不过在计算长期累计超额收益时，以公司和市场的月收益率数据为计算的依据。

因此，任一年份的所有上市公司被均分成25组，然后对任一年份的25组公司，分别计算各组的等权月收益率，即R_{pt}。主并公司i在任一年份所在的组就是其对应的组合，该组合的R_{pt}即主并公司i对应组合的月收益率。

2）解释变量——CEO股权激励

CEO股权激励通过股权激励强度来刻画，对于股权激励强度指标的度量方法，本书借鉴胡国强（2014）的研究模型，见模型7.2。

$$BEC_{i,t-1}=\frac{0.01\times Price_{i,t-1}\times(Soption_{i,t-1}+RStock_{i,t-1}+HStock_{i,t-1})}{0.01\times Price_{i,t-1}\times(Soption_{i,t-1}+RStock_{i,t-1}+HStock_{i,t-1})+Cash\_compensation_{i,t-1}} \quad (7.2)$$

其中，$Soption_{i,\ t-1}$与$RStock_{i,\ t-1}$分别为CEO持有的股票期权与限制性股票数；$HStock_{i,\ t-1}$为CEO经营持股数；$Price_{i,\ t-1}$为股票价格；$Cash_compensation_{i,\ t-1}$为CEO的现金薪酬总额。$BEC_{i,\ t-1}$越大，股权激励强度越高。鉴于当前我国上市公司股权激励数据具有明显的截断特征，借鉴李春涛（2010）的方法，对$BEC_{i,\ t-1}$做加1再取自然对数的处理。

3）控制变量

反映公司特征和并购交易特征的所有控制变量包括：

（1）支付方式（Paymethod）：在控制权市场上，企业通过支付相应的对价来获得控制权。在实际并购活动中，企业根据战略意图、财务状况以及目标公司愿意接受的支付对价等因素设计并购支付方式。从并购的财富效应看，并购交易的支付方式有短期影响和长期影响。Wansley等（1983）以并购后40天为考察期，股东在采用现金支付方式时获得的超额收益是股权支付方式的两倍。Eckbo和Thorburn（2000）按并购的支付方式对1964—1983年加拿大发生的并购样本进行分类研究，发现股权、现金与股权组合的并购支付方式给并购方带来显著的正收益。在本书的实证研究中，并购交易对价方式为现金时，Paymethod赋值为1，否则为0。

（2）现金持有水平（Cash Reserves）：现金持有超额公司更可能做出减少企业价值的投资决策。自由现金流假说认为，较高的现金持有水平与委托代理问题驱动的并购相关。Harford（1999）研究发现，并购是现金持有超额公司做出的减少企业价值的特殊投资决策。Oler（2008）研究证实，主并公司的现金持有水平与并购绩效成负相关。在本书的实证研究中，采用并购公告日前一年公司的现金及现金等价物余额与总资产的比值来衡量主并公司的现金持有水平。

（3）公司规模（Size）。上市公司的规模效应有利于其进行债务融资，这促使规模大的公司进行更多的并购。公司的规模效应导致股权结构对并购长期和短期绩效的影响不同，规模越大公司的并购行为，市场的反应越积极（万从颖、郭进，2009；Malmendier和Tate，2005）。在本书的实证研究中，用主并公司并购前一年末资产账面价值的自然对数来度量公司规模。

（4）实际控制人（State）：由于我国特殊的制度环境，国有控股和非国有控股上市公司的投资效率与并购绩效存在差异，产权性质对并购的价值创造有两种不同的效果。有的学者认为，国有产权能够损害并购公司价值，国有控股上市公司的并购决策深受信息和代理问题的影响，因为国有企业的政府干预可能会减少在竞争环境下的决策效率，增加并购成本和风险（Du和Boaten，2015）；有的学者则认为，国有企业能够得到政府支持，获得税务优惠和融资便利，这种政府的特殊照顾能够在短期内为国有企业创造价值。本书采用二值虚拟变量State来代表上市公司实际控制人的性质，如果上市公司的实际控制人类型为国有控股，则将State赋值为1；非国有则赋值为0。

（5）投资机会（Tobin Q）：当并购公司面临较好的投资机会时，会选择更有潜力的并购目标，通过提高自身竞争优势来实现公司的战略目标和收购策略，从而获得正的并购绩效，拥有较好的投资机会会使并购后的超额收益更高（Faccio和Masulis，2005）。在后文的实证检验中，采用主并公司并购前一年末的Tobin Q值作为投资机会的替代变量。

（6）财务顾问（Consultant）：并购涉及复杂的谈判程序和决策过程，企业不可能有足够的内部专家来执行一项收购决策，财务顾问能够对目标企业的资产评估和并购双方未来的展望进行大量的技术和专业的判断，从而帮助收购方顺利完成并购交易，选择财务顾问会为收购方带来更高的超常回报（Agrawal等，2014）。本书设置二值虚拟变量Consultant，如果主并公司在并购过程中选用财务顾问，则赋值为1，否则赋值为0。

（7）过度自信（OC）：Bradley等（1988）提出管理者的过度自信会导

致行为偏差，是进行价值毁灭的收购的根源，从并购后的市场反应来看，与不过度自信的CEO相比，过度自信的CEO推动的并购效果明显是负的。本书采用管理层盈利预测偏差（Profit Forecast Variance，PFV）来衡量CEO是否过度自信。将上市公司管理层对每年四个季度的公司盈利情况预测的结果作为分析的对象，将预测结果与实际的业绩情况进行比对，如果预测的结果是乐观的，而实际业绩与预测结果不一致，则认为CEO过度自信。

（8）财务杠杆（Leverage）：财务杠杆较高的主并公司向市场传递了高额债务资金将带来巨大的财务风险等信息，根据信号理论，较高的财务杠杆的收购公司的短期市场反应是不积极的（Maloney等，1993）。但是，有学者认为，负债能够作为一种治理机制更好地约束管理者的并购行为，从长期来看，有利于并购绩效的提升。本书采用主并公司并购前一年末总负债的账面价值与总资产的账面价值的比值来衡量财务杠杆。

（9）相对交易规模（Deal Size）：为实现并购创造价值的目标，并购后需要对组织结构、文化、人员进行整合，并购的交易规模越大，整合的难度越大，并购失败的风险越大，相对交易规模越大的并购投资，占用公司的资金越多，公司的短期经营业绩会受到影响（李善民等，2004；王江石，2010）。本书采用并购交易金额与主并公司并购前一年末资产账面价值的比值来衡量相对交易规模。

（10）控制权转移（Transfer）：获得被收购公司的控制权能够增加主并公司股东的控制权收益，关于控制权转移事件的实证研究也发现，相对于无控制权转移的并购交易，控制权转移能获得更多的累计超额收益（王化成，2010）。关于控制权转移的并购的判断标准是：如果在收购前并购公司不是目标公司的第一大股东，而在并购后成为第一大股东则认为发生了控制权转移，就将Transfer赋值为1，否则赋值为0。

（11）并购类型（Diversification）：相关并购中规模、范围以及学习经济的产生是并购创造价值的真正源泉，相关并购更容易获得协同效应，提高公司价值，因此，同行业的横向并购与较高的并购绩效相关；反之，跨行业并购的并购双方需要一定时间的生产经营资源和技术融合，非相关并购后的整合成本更高，企业将面临更大的经营风险。Gondhalekar（2004）

研究发现，不相关并购需要支付较高的整合成本，并购的难度更大，Ravenscraft和Scherer（1988）研究了大型联合企业在会计基础上进行评价的业绩表现，发现与选定的盈利基准相比，非相关收购的表现更差。La porta等（1998）研究发现，在1968—1974年，进行多元化并购的11家美国集团公司的股价平均下降66.9%。本书设置二值虚拟变量Diversification表示并购类型，如果主并公司和目标公司所属行业大类不相同，则将并购类型界定为非相关并购，Divcrsification赋值为1；如果收购公司和目标公司所属行业大类相同，则将并购类型界定为相关并购，Diversification赋值为0。

4）调节变量

CEO股权激励是通过公司内部治理机制共同发挥作用，公司内部治理结构会影响CEO薪酬激励的效果。本书引入独立董事比例、董事长与CEO两职合一和股权集中度作为CEO股权激励与并购绩效关系研究的调节变量。独立董事比例（Independent）是指主并公司的独立董事人数占董事会总人数的比例。董事长与CEO两职合一（Dual）：董事长和总经理两职是否合一的哑变量，描述主并公司的董事长是否兼任CEO或总经理，当两职合一时记为1，否则记为0。股权集中度（Share）采用第一大股东的持股比例来衡量。

本书借鉴徐倩的研究，使用公司股票收益率的波动程度来衡量不确定性。具体计算方法如下，用第i个企业第t周的周个股回报率R_i，对按市值加权平均的周市场回报率（R_{MKT}）与按市值加权平均的周行业回报率（R_{RIND}）进行回归，即将第i个企业第t周总的回报率分解为周市场回报率、周行业回报率与企业个体的回报率：

$$R_{i,t} = \alpha_{1,i} + \alpha_{2,i}F_{i,t} + \varepsilon_{i,t}$$

其中，t表示周数，$F_{i,t}$= ［R_{MKT}，R_{RIND}］。对第i个企业第t年面临的不确定性程度的衡量用该企业年度中各周数据回归得到的残差的标准差表示，即：

$$UC_{i,t} = \sigma_{i,t} = \sqrt{\varepsilon_{i,t}{}^2} \tag{7.3}$$

$UC_{i,t}$越大，表示企业面临的风险或不确定性越大。本书引入不确定性和激励强度的交乘项来检验在不确定环境下的股权激励对并购绩效的影响。

所有变量的符号和定义见表7-2：

表7-2　　　　变量的符号和定义

变量名称	变量符号	变量定义
股权激励强度	BEC	由模型7.2计算而得
短期并购绩效	CAR［-2，3］	并购宣告前后［-2，3］窗口期的累计超额收益率
购买-持有超额收益	$BHAR_{24}$	购买并持有公司股票24个月，公司股票收益率超过对应组合收益率的大小，根据模型7.1计算
总资产收益率变化值	ΔROA	主并公司并购首次公告日前后两年的总资产收益率的变化值
不确定性	UC	由模型7.3计算而得
支付方式	Payment	二值虚拟变量，主并公司在t年以现金作为对价方式时赋值为1，以股票作为对价方式赋值为0
并购类型	Diversification	二值虚拟变量，多元化并购为1，同业并购为0
CEO过度自信	OC	根据文中的界定方法，如果CEO过度自信取值为1，否则为0
独立董事比例	Independent	董事会中独立董事所占的比例
CEO两职状态	Dual	二值虚拟变量，如果董事长和CEO兼任取值为1，两职分离取值为0
董事会规模	Boardsize	主并公司t-1年末董事会董事的人数
财务顾问	Consultant	主并公司聘请财务顾问取值为1，否则为0
实际控制人	State	主并公司实际控制人为国有，赋值为1，否则为0
相对交易规模	Deal Size	第t年并购交易价值/t-1年主并公司总资产
投资机会	Tobin Q	主并公司t-1年末（权益市场价值+债务账面价值）/（权益账面价值+债务账面价值）
现金持有水平	Cash Reserves	主并公司t-1年末货币资金与交易性金融资产之和与资产总额之比
财务杠杆	Leverage	主并公司t-1年末总负债与资产总额之比
交易规模	Value	第t年并购交易价值/t-1年主并公司总资产
控制权转移	Transfer	二值虚拟变量，按照控制权转移的判定标准，如果并购涉及控制权转移则赋值为1，否则为0
股权集中度	Share	主并公司t-1年末第一大股东持股比例
年份效应	Year	以2008年为基准，设置年份虚拟变量
行业效应	Industry	根据中国证监会《上市后公司分类代码》（2012年版）的行业标准，剔除金融、保险类行业，制造业采用二级代码分类，其他行业采用一级代码分类。公司属于该行业时赋值为1，否则为0

5）检验模型

在控制公司特征（现金持有水平、财务杠杆、规模和投资机会）和并购交易特征（并购类型、交易相对交易规模、控制权转移、并购对价方式）的条件下，建立模型7.4、模型7.5分别检验主并公司CEO股权激励强度对短期并购绩效（CAR）、长期并购绩效（$BHAR_{24}$）的影响。建立模型7.6a、模型7.6b检验环境不确定性和公司内部治理结构对CEO股权激励和并购绩效关系的调节作用。

$$CAR = \gamma_0 + \gamma_1 BEC_{it-1} + \delta Controls_{it-1} + \sum Industry + \sum Year + \varepsilon_{it} \tag{7.4}$$

$$BHAR_{24} = \gamma_0 + \gamma_1 BEC_{it-1} + \delta Controls_{it-1} + \sum Industry + \sum Year + \varepsilon_{it} \tag{7.5}$$

$$\begin{aligned} CAR = {} & \gamma_0 + \gamma_1 BEC_{it-1} + \gamma_2 UC_{it-1} + \gamma_3 UC_{it-1} \times BEC_{it-1} + \gamma_4 Dual_{it-1} + \gamma_5 Dual_{it-1} \times \\ & BEC_{it-1} + \gamma_6 Independent_{it-1} + \gamma_7 Independent_{it-1} \times BEC_{it-1} + \gamma_8 Share_{it-1} + \\ & \gamma_9 Share_{it-1} \times BEC_{it-1} + \delta Controls_{it-1} + \sum Industry + \sum Year + \varepsilon_{it} \end{aligned} \tag{7.6a}$$

$$\begin{aligned} BHAR_{24} = {} & \gamma_0 + \gamma_1 BEC_{it-1} + \gamma_2 UC_{it-1} + \gamma_3 UC_{it-1} \times BEC_{it-1} + \gamma_4 Dual_{it-1} + \gamma_5 Dual_{it-1} \times \\ & BEC_{it-1} + \gamma_6 Independent_{it-1} + \gamma_7 Independent_{it-1} \times BEC_{it-1} + \gamma_8 Share_{it-1} + \\ & \gamma_9 Share_{it-1} \times BEC_{it-1} + \delta Controlst_{it-1} + \sum Industry + \sum Year + \varepsilon_{it} \end{aligned} \tag{7.6b}$$

7.2.3　实证检验与结果分析

1）描述性统计

表7-3为所有变量的描述性统计结果，Panel A报告了二值变量的描述性统计，上市公司发生的并购交易中，以现金对价方式的交易约占84.85%，以非现金对价方式的并购交易约占15.14%，说明现金对价方式是我国上市公司并购交易的主要形式，并购支付方式单一。聘请财务顾问的公司样本占22.38%，多元化并购的公司样本占20.05%，这说明我国上市公司通过并购追求多元化发展的现象不普遍。发生的并购交易中，发生控制权转移的并购交易约占67.06%，说明大部分公司通过并购获得控制权。33.43%样本公司的CEO过度自信，27.22%样本公司的董事长兼任CEO职位，34.28%的样本公司为国有。Panel B是对所使用的连续型变量的描述性统计，从样本总体的结果来看，短期并购绩效的均值为0.0276，标准差为0.075，最小值与最大值分别为-0.109与0.224，从总体均值来看，并购在短期内有利于提升企业绩效。上市公司长期并

购绩效的均值为-0.026，标准差为0.496，最小值与最大值分别为-5.704与1.062，说明随着时间的推移并购企业的长期绩效不佳。上市公司股权激励价值均值为0.2647，最大值为0.6931，最小值为0，整体上看上市公司股权激励强度有较大的差异，说明股权激励使用不均衡。不确定性平均值为0.0424，最大值为0.7491，说明主并公司面临较高的环境不确定性。描述内部治理特征的变量表明，独立董事平均值为0.3752，第一大股东持股比例平均值为40%，最大值为89.57%，说明上市公司普遍存在大股东且控制权集中的情况。投资机会的均值为1.96，最大值为6.9399，说明上市公司并购前面临较好的投资机会。

表7-3　**主要变量的描述性统计**

Panel A：哑变量描述性统计

变量名称	变量分类	变量取值	样本数	占总样本比（%）
Paymethod	现金对价	1	1 629	84.85
	非现金对价	0	290	15.14
Consultant	聘用财务顾问	1	429	22.38
	未聘用财务顾问	0	1 491	77.61
Diversification	多元化并购	1	384	20.05
	非多元化并购	0	1 536	79.94
Transfer	控制权转移	1	1 287	67.06
	无控制权转移	0	633	32.93
OC	CEO过度自信	1	3 374	33.43
	CEO非过度自信	0	6 852	66.57
Dual	CEO二职位合一	1	2 761	27.22
	CEO二职分离	0	7 465	72.77
State	实际控制人为国有	1	3 476	34.28
	实际控制人非国有	0	6 750	65.72

续表

Panel B：连续变量描述性统计

变量	均值	中位数	最小值	最大值	标准差	观察值
CAR	0.0276	0.0086	-0.109	0.224	0.075	1 920
BHAR	-0.026	0.057	-5.704	1.062	0.496	1 920
BEC	0.2647	0.098	0	0.6931	0.320	10 226
ROA	0.0641	0.0500	0.0018	0.4534	0.0592	10 226
UC	0.0424	0.0414	0	0.7491	0.0204	10 226
Cash Reserves	0.2259	0.1773	0.0020	0.9927	0.1649	10 226
Deal Size	0.1658	0.0264	0.0007	2.3120	0.4359	10 226
Leverage	0.4253	0.4220	0.0603	0.8591	0.2194	10 226
Size	21.9282	21.7294	19.8631	25.2464	1.2676	10 226
Independent	0.3752	0.3333	0.2000	0.7143	0.0592	10 226
Tobin Q	1.9642	1.5413	0.2619	6.9399	1.5104	10 226
Share（%）	40.5571	40.0000	2.1970	89.5700	15.4917	10 226

2）分组均值与中位数检验

表7-4对并购绩效采用分组方法进行均值T检验和中位数检验，并对组间差异的结果进行比较。Panel A为全样本按CEO股权激励强度的2/3分位数分组统计结果，低激励强度的样本组为2/3分位数以下样本，高激励强度的样本组为2/3分位数以上样本。对分组样本检验的结果表明：股权激励强度高的主并公司的CAR［-2，3］及$BHAR_{24}$的均值和中位数均大于股权激励强度低的主并公司的CAR［-2，3］及BHAR24的均值和中位数，这表明从市场反应的角度来看，CEO股权激励强度高的主并公司的并购短期绩效和并购长期绩效（24个月）均高于股权激励强度低的主并公司。Panel B为并购绩效按环境不确定性的2/3分位数[①]和CEO股权激励

① 将2/3分位数以下样本作为环境不确定性低的样本组，将2/3分位数以上样本作为环境不确定性高的样本组。

强度进行交叉分组检验，结果显示：当主并公司面临较高的不确定性时，股权激励强度高的主并公司的CAR［-2，3］及$BHAR_{24}$的均值和中位数均与股权激励强度低的主并公司的CAR［-2，3］及$BHAR_{24}$的均值和中位数无显著差异。当主并公司面临较低的不确定性时，股权激励强度高的主并公司的CAR［-2，3］及$BHAR_{24}$的均值和中位数均大于股权激励强度低的主并公司的CAR［-2，3］及$BHAR_{24}$的均值和中位数。通过比较交叉分组后样本的短期并购绩效和长期并购绩效的均值我们发现，股权激励强度高且环境不确定性低的主并公司的并购绩效更好。Panel C为并购绩效按主并公司的现金持有水平和CEO股权激励强度进行交叉分组检验①，结果表明：对于主并公司现金持有水平高组和现金持有水平低组，股权激励强度高的主并公司的CAR［-2，3］及$BHAR_{24}$的均值和中位数均大于股权激励强度低的主并公司的CAR［-2，3］及$BHAR_{24}$的均值和中位数，这说明在现金持有水平高的情况下，股权激励强度高的公司并购绩效更好。

表7-4　　**并购绩效分组参数检验**

Panel A：并购绩效按BEC分组

	并购绩效	属性	全样本（N=1 920）	低BEC组（N=1 280）	高BEC组（N=640）	t/z统计差异
	CAR	均值	0.0276	0.0246	0.0325	-2.94***
		中位数	0.0086	0.0062	0.0118	-2.33**
	BHAR	均值	-0.0051	-0.0197	0.0578	-3.88***
		中位数	-0.0487	-0.0577	-0.0337	-2.55***

Panel B：并购绩效按不确定性和BEC交叉分组

	并购绩效	属性	全样本（N=1 920）	低BEC组（N=1 280）	高BEC组（N=640）	t/z统计差异
高不确定性组	CAR	均值	0.0110	0.0469	0.0494	-0.5411
		中位数	0.0022	0.0018	0.0041	-0.823
	BHAR	均值	-0.0443	-0.0449	-0.0428	-0.1034
		中位数	-0.0218	-0.0186	-0.0252	-0.226

① 将2/3分位数以下样本作为现金持有水平低的样本组，将2/3分位数以上样本作为现金持有水平高的样本组。

续表

	并购绩效	属性	全样本（N=1 920）	低BEC组（N=1 280）	高BEC组（N=640）	t/z统计差异
低不确定性组	CAR	均值	0.0482	0.0314	0.0526	-2.83***
		中位数	0.0224	0.0161	0.0273	-1.83*
	BHAR	均值	0.0945	0.0375	0.1740	-3.320***
		中位数	0.0817	0.0774	0.0824	-2.782***

Panel C：并购绩效按现金持有水平和BEC交叉分组

	并购绩效	属性	全样本（N=1 920）	低BEC组（N=1 280）	高BEC组（N=640）	t/z统计差异
高现金持有水平	CAR	均值	0.0330	0.0270	0.0390	-1.83*
		中位数	0.0134	0.0114	0.0136	-1.80*
	BHAR	均值	-0.0075	-0.0498	0.0438	-2.11**
		中位数	-0.1076	-0.1169	-0.0936	-2.782***
低现金持有水平	CAR	均值	0.0255	0.0240	0.0351	-2.43***
		中位数	0.0078	0.0053	0.0104	-2.27**
	BHAR	均值	0.0088	-0.0129	0.0643	-3.42***
		中位数	-0.0344	-0.0464	-0.0103	-1.80*

注：***、**、* 分别表示在1%、5%和10%的置信水平上显著。

3）相关性检验

回归模型中的解释变量之间存在近似或高度的多重共线性会使得回归系数的估计趋向于很大的标准误差，其结果是，导致系数的总体值不能准确地加以估计，为检测本书的回归模型中的各解释变量之间是否存在多重共线性的问题，本书在对模型进行多元回归分析之前，通过Spearman相关性分析来判断模型中的解释变量之间是否存在多重共线性的问题。

表7-5列示了并购决策回归模型中的各解释变量之间的Spearman相关系数。模型的各解释变量和控制变量之间的两两相关系数的绝对值均小于0.5，表明模型的解释变量与全部控制变量之间的相关性均较弱。

表7-5 并购绩效实证研究模型主要变量Spearman相关系数表

	1	2	3	4	5	6	7	8	9	10	11	12	13	14	15	16	17
1.BEC	1																
2.UC	0.1425*	1															
3.ROA	0.1921*	-0.0383	1														
4.Cash Reserves	0.2399*	0.0778*	0.3391*	1													
5.Deal Size	-0.1197*	0.1411*	-0.0674*	-0.1384*	1												
6.Leverage	-0.3420*	-0.1413*	-0.4211*	-0.4615*	0.1650*	1											
7.Size	-0.2922*	-0.3998*	-0.1982*	-0.3606*	0.1771*	0.3750*	1										
8.Independent	0.0284	0.0417	0.0003	0.0633*	0.002	-0.0443*	-0.0351	1									
9.Tobin Q	0.2470*	0.1759*	0.4310*	0.3485*	-0.1127*	-0.3742*	-0.2891*	0.0525*	1								
10.Share	-0.0167	-0.0656*	0.1045*	0.0523*	0.035	-0.0283	0.1041*	0.0494*	-0.0495*	1							
11.Payment	-0.0408	-0.3340*	0.0234	-0.0212	-0.4309*	0.0735*	0.2211*	-0.0336	-0.0851*	0.0591*	1						
12.Consultant	0.0601*	0.3833*	-0.0445*	0.0155	0.4465*	-0.0810*	-0.2351*	0.0321	0.0938*	-0.0854*	-0.1124*	1					
13.Transfer	0.0635*	0.1299*	0.0151	0.0704*	0.1813*	-0.0670*	-0.1642*	-0.0117	0.0717*	0.0023	-0.2167*	0.2283*	1				
14.Diversifiy	-0.0307	-0.0557*	0.0317	0.0797*	-0.0734*	0.0328	0.0061	-0.0146	0.0193	0.0074	0.0635*	-0.0946*	0.03	1			
15.OC	-0.0578*	-0.2674*	0.032	0.0385	-0.0674*	0.0077	0.0961*	0.0015	0.1982*	0.0325	0.1455*	-0.1846*	-0.0421	0.1151*	1		
16.Dual	0.3317*	0.1383*	0.0760*	0.1470*	-0.0985*	-0.2009*	-0.2308*	0.0995*	0.1599*	-0.0302	-0.0465*	0.0450*	0.0129	-0.0408	-0.0358	1	
17.State	-0.4021*	-0.2434*	-0.2002*	-0.2284*	0.1433*	0.3452*	0.4499*	-0.0412	-0.3447*	0.0684*	0.0870*	-0.1048*	-0.0865*	0.0231	0.0077	-0.2522*	1

4）回归分析

表7-6给出了主并公司CEO股权激励与并购企业的短期绩效CAR［-2，3］的回归结果。模型1结果显示，全样本中CEO股权激励强度与并购公告日的累计超额收益率的回归系数在10%的置信水平上显著为正，表明CEO股权激励强度与并购的短期绩效成正相关。半强势有效市场假说认为，如果投资者能够迅速获得与价值相关的公开信息，股票价格会迅速作出反应（Fama，1970）。从短期的市场积极反应来看，投资者能够将主并公司CEO的薪酬结构与并购的股价相联系，投标企业的CEO基于股权的薪酬份额越高，并购的短期绩效越好，模型1的结果验证了假设1。模型2给出主并公司环境不确定性对CEO股权激励与短期并购绩效之间的调节关系的回归结果，交互项UC×EBC的估计系数在5%水平上显著小于0，这表明，环境不确定性降低了股权激励与短期并购绩效的正相关性，验证了假设2。为考察主并公司在不确定性高的情况下，董事会结构特征对CEO股权激励与并购短期绩效关系的调节效应，将全样本按照环境不确定性进行分组，以2/3分位数作为分界点，将2/3分位数以上样本作为环境不确定性高的样本组，模型3和模型4给出了环境不确定性高的情况下，董事会结构特征对CEO股权激励与并购短期绩效关系的调节效应的结果。结果表明：股权激励强度与独立董事比例的交乘项（BEC×Independent）的回归系数在1%水平上显著为正，这说明，独立董事占比对股权激励强度与并购短期绩效（CAR）之间的关系有正向调节作用；股权激励强度与CEO二职合一的交乘项（BEC×Dual）的回归系数在1%水平上显著为负，这说明董事长与CEO二职位合一对股权激励强度与并购短期绩效（CAR）之间的关系有正向调节作用。模型3和模型4的结果验证了假设3a，在主并公司面临高度不确定性的环境下，董事会治理机制能够发挥作用，增强股权激励与短期并购绩效的正相关性。模型5给出了在高度不确定的环境下，股权集中度对CEO股权激励强度与短期并购绩效之间关系的调节作用的结果。结果表明：第一大股东持股比例与股权激励强度的交乘项（Share×BEC）的回归系数在1%水平上显著为正，这说明第一大股东持股比例越高，CEO股权激励强度对短期并购绩效的正向影响越强，验证了假设3b。

表7-6 CEO股权激励与主并公司的CAR［-2，3］回归分析表

	模型1	模型2	模型3	模型4	模型5
BEC	0.041*	0.030	0.013	0.001	0.043**
	[0.02]	[0.03]	[0.01]	[0.01]	[0.02]
UC		-0.626**	0.230	0.155	0.007
		[0.31]	[0.18]	[0.18]	[0.07]
UC×BEC		-1.528**			
		[0.68]			
Independent			0.202***		
			[0.06]		
Independent × BEC			0.163***		
			[0.06]		
Dual				-0.082***	
				[0.03]	
Dual×BEC				-0.123***	
				[0.05]	
Share					0.130*
					[0.07]
Share×BEC					0.125***
					[0.04]
Cash Reserves	-0.005	-0.004	-0.008	0.002	-0.012
	[0.02]	[0.03]	[0.02]	[0.02]	[0.02]
Deal Size	0.040***	0.084***	0.040***	0.039***	0.120***
	[0.01]	[0.02]	[0.01]	[0.01]	[0.01]
Leverage	-0.023*	-0.060**	-0.024**	-0.025**	-0.094***
	[0.01]	[0.02]	[0.01)	[0.01]	[0.03]

续表

	模型1	模型2	模型3	模型4	模型5
Size	0.000	0.003	-0.002	-0.001	-0.001
	[0.00]	[0.00]	[0.00]	[0.00]	[0.00]
Tobin Q	0.004*	-0.002	-0.001	-0.001	-0.004*
	[0.00]	[0.00]	[0.00]	[0.00]	[0.00]
Payment	-0.030**	-0.037*	-0.029**	-0.029**	-0.044*
	[0.01]	[0.02]	[0.01]	[0.01]	[0.02]
Consultant	0.041***	0.060**	0.051***	0.050***	0.085***
	[0.01]	[0.03]	[0.01]	[0.01]	[0.02]
Diversification	-0.004	0.004	-0.005	-0.005	0.015
	[0.01]	[0.01]	[0.01]	[0.01]	[0.01]
Transfer	0.018***	0.017**	0.017***	0.018***	0.018***
	[0.01]	[0.01]	[0.00]	[0.00]	[0.01]
OC	0.005	0.001	0.006	0.004	0.004
	[0.01]	[0.01]	[0.01]	[0.01]	[0.01]
State	0.008	0.009	-0.006	0.004	0.007
	[0.01]	[0.01]	[0.00]	[0.01]	[0.01]
Constant	0.091**	0.143**	0.113***	0.076*	0.010
	[0.04]	[0.07]	[0.04]	[0.04]	[0.08]
Year & Industry	Yes	Yes	Yes	Yes	Yes
R^2	0.304	0.386	0.364	0.286	0.293
调整 R^2	0.291	0.279	0.278	0.277	0.210
N	1 920	1 920	887	887	887

注：***、**、*分别表示在1%、5%和10%的置信水平上显著，方括号内是异方差稳健标准差。

表7-6关于控制变量的回归结果显示，在所有模型中，Deal Size回归系数均在1%的置信水平上显著为正，表明并购相对交易规模越大，市场的认可程度就越高，主并公司股东将获得更多的累计超额收益，这与王江石（2010）的研究结论一致。Leverage的回归系数在所有模型中都显著为负，表明财务杠杆较高的主并公司向市场传递了高额债务资金带来巨大的财务风险，在短期内对并购交易产生了不利的市场反应，与Maloney等（1993）的研究结论一致。Payment的回归系数在所有模型中都显著为负，表明非现金的并购支付方式给并购方带来显著的正收益，与Eckbo和Thorburn（2000）的研究结论一致。Consultant的回归系数在1%的置信水平上显著为正，说明当被并购方雇财务顾问时，收购方在并购公告日累计超额收益显著大于那些无财务顾问的公司。Transfer的回归系数在1%的置信水平上显著为正，表明投资者对控制权转移的并购事件作出乐观积极的反应，这与王化成（2010）的研究结论一致。

表7-7给出了主并公司CEO股权激励与长期并购绩效（$BHAR_{24}$）的回归结果。模型1结果显示全样本中CEO股权激励强度与长期并购绩效的回归系数在1%的置信水平上显著为正，表明CEO股权激励强度与并购的长期绩效正相关，验证了假设1。模型2给出主并公司环境不确定性对CEO股权激励与长期并购绩效之间的调节关系的回归结果，交乘项（UC×EBC）的估计系数在1%水平上显著小于0，这表明，环境不确定性降低了股权激励与长期并购绩效的正相关性，验证了假设2。为考察主并公司在不确定性高的情况下，董事会结构特征对CEO股权激励与长期并购绩效关系的调节效应，将全样本按照环境不确定性进行分组，以2/3分位数作为分界点，将2/3分位数以上样本作为环境不确定性高的样本组，模型3和模型4给出了环境不确定性高的情况下，董事会结构特征对CEO股权激励与长期并购绩效关系的调节效应的结果，结果表明：股权激励强度与独立董事比例的交乘项（BEC×Independent）的回归系数在1%水平上显著为正，这说明，独立董事比例对股权激励强度与长期并购绩效之间的关系有正向调节作用；股权激励强度与CEO二职合一的交乘项（BEC×Dual）的回归系数在1%水平上显著为负，这说明CEO二职位合一对股权激励强度与长期并购绩效之间的关系有负向调节作用。模型3和模型4的结果验

证了假设3a，在主并公司面临高度不确定性的环境下，董事会治理机制能够发挥作用，增强股权激励与长期并购绩效的正相关性。模型5给出了在高度不确定性的环境下，股权集中度对CEO股权激励强度与长期并购绩效之间关系的调节作用的结果。结果表明：第一大股东持股比例与股权激励强度的交乘项（Share×BEC）的回归系数在1%水平上显著为正，这说明第一大股东持股比例越高，CEO股权激励强度对长期并购绩效的正向影响越强，验证了假设3b。

表7-7　　CEO股权激励与主并公司的 $BHAR_{24}$ 回归分析表

	模型1	模型2	模型3	模型4	模型5
BEC	0.107***	0.124	-0.525**	-0.384**	-0.035
	[0.04]	[0.10]	[0.22]	[0.15]	[0.15]
UC		-0.261	-0.995*	-0.968*	-0.221
		[0.43]	[0.52]	[0.53]	[1.13]
UC×BEC		-1.975***			
		[0.75]			
Independent			0.046		
			[0.24]		
Independent × BEC			1.629***		
			[0.58]		
Dual				0.003	
				[0.02]	
Dual×BEC				-0.162***	
				[0.06]	
Share					0.046
					[0.03]

续表

	模型 1	模型 2	模型 3	模型 4	模型 5
Share×BEC					0.133***
					[0.02]
Cash Reserves	0.093	0.096	0.105	0.121	0.116
	[0.09]	[0.09]	[0.09]	[0.09]	[0.16]
Deal Size	0.002	0.002	0.002	0.002	-0.022
	[0.00]	[0.00]	[0.00]	[0.00]	[0.06]
Leverage	-0.025	-0.020	-0.050	-0.042	-0.116
	[0.07]	[0.07]	[0.07]	[0.07]	[0.13]
Size	0.023**	0.035***	0.027**	0.027**	0.022**
	[0.01]	[0.01]	[0.01]	[0.01]	[0.01]
Tobin Q	-0.000	0.001	-0.003	-0.004	0.002
	[0.01]	[0.01]	[0.01]	[0.01]	[0.02]
Payment	0.063	0.073	0.069	0.064	0.189**
	[0.05]	[0.05]	[0.05]	[0.05]	[0.09]
Consultant	0.150***	0.093*	0.156***	0.151***	0.247***
	[0.05]	[0.05]	[0.05]	[0.05]	[0.09]
Diversification	-0.078**	-0.080**	-0.082**	-0.075**	-0.076**
	[0.03]	[0.03]	[0.03]	[0.03]	[0.03]
Transfer	-0.021	-0.029	-0.019	-0.021	-0.034
	[0.02]	[0.02]	[0.02]	[0.02]	[0.04]
OC	-0.251***	-0.223***	-0.247***	-0.253***	-0.266***
	[0.02]	[0.02]	[0.02]	[0.02]	[0.04]
State	-0.015	0.007	-0.013	-0.012	0.020
	[0.03]	[0.03]	[0.03]	[0.03]	[0.06]

续表

	模型1	模型2	模型3	模型4	模型5
Constant	-0.457*	-0.868***	-0.583**	-0.568**	-0.439*
	[0.24]	[0.25]	[0.25]	[0.25]	[0.24]
Year & Industry	Yes	Yes	Yes	Yes	Yes
R^2	0.368	0.395	0.382	0.372	0.375
调整 R^2	0.257	0.283	0.268	0.259	0.262
N	1 920	1 920	833	833	833

注：***、**、* 分别表示在1%、5%和10%的置信水平上显著，方括号内是异方差稳健标准差。

7.2.4 稳健性检验

为了增强研究结论的可靠性，关于CEO股权激励与并购绩效之间关系的稳健性检验如下：其一，本书参照其他学者的普遍做法（Fuller等，2002；陈仕华等，2013），选取对称事件窗口［-4，4］重新计算累计超额收益率（CAR），对CEO股权激励与并购短期绩效之间关系进行稳健性检验，本书假设相关结论仍然成立。其二，本书采用经营绩效而非以股东市场回报为基础的绩效对长期并购绩效进行稳健性检验，用代表经营业绩的指标——总资产收益率的变化值（ΔROA）——并购首次公告日前后两年的总资产收益率的变化值，来衡量长期并购绩效。具体计算方法借鉴吴超鹏等（2008）、Cai和Sevilir（2012）、陈仕华等（2013）的做法：首先，为了避免行业因素对公司的总资产收益率（ROA）可能产生的显著影响，本书依据中国证监会《上市公司分类与代码》（2012年版）的行业标准（制造业采用二级代码分类，其他行业采用一级代码分类）对主并公司的总资产收益率进行行业调整，即用主并公司的总资产收益率减去公司所在行业的总资产收益率的中位数。然后，用主并公司并购首次公告日之后两年（t+1年，t+2年）总资产收益率的均值减去并购首次公告日前两年（t-2年，t-1年）总资产收益率（ROA）的均值，即总资产收益率的变化值。在更换长期并购绩效衡量指标进行回归检验后发现CEO股权激励与长期并购绩效的关系没有发生实质性的改变，结果见表7-8和表7-9。

表7-8　**CEO股权激励与主并公司的CAR［-4，4］回归分析表**

	模型1	模型2	模型3	模型4	模型5
BEC	0.021*	0.037	0.010	0.106	0.092
	[0.01]	[0.02]	[0.01]	[0.26]	[0.26]
UC		-0.369	-0.159	-0.024*	-0.100***
		[0.32]	[0.26]	[0.01]	[0.04]
UC×BEC		-1.080*			
		[0.56]			
Independent			0.117		
			[0.07]		
Independent×BEC			0.150**		
			[0.07]		
Dual				-0.047*	
				[0.03]	
Dual×BEC				-0.106***	
				[0.05]	
Share					0.047
					[0.08]
Share×BEC					0.137**
					[0.05]
Cash Reserves	-0.007	-0.007	0.004	0.009	0.010
	[0.04]	[0.02]	[0.03]	[0.03]	[0.03]
Deal Size	0.119***	0.039***	0.083***	0.083***	0.082***
	[0.01]	[0.01]	[0.02]	[0.02]	[0.02]

续表

	模型1	模型2	模型3	模型4	模型5
Leverage	-0.042*	-0.028	-0.061**	-0.061**	-0.063**
	[0.02]	[0.02]	[0.02]	[0.02]	[0.03]
Size	-0.006	-0.006	0.004	0.003	0.003
	[0.00]	[0.00]	[0.00]	[0.00]	[0.00]
Tobin Q	-0.002	-0.004	-0.003	-0.002	-0.003
	[0.00]	[0.00]	[0.00]	[0.00]	[0.00]
Payment	-0.038**	-0.005	0.019	0.018	0.016
	[0.02]	[0.01]	[0.03]	[0.03]	[0.03]
Consultant	0.096***	0.040***	0.063**	0.062**	0.060**
	[0.02]	[0.01]	[0.03]	[0.03]	[0.03]
Diversification	0.015	-0.004	0.005	0.003	0.005
	[0.01]	[0.01]	[0.01]	[0.01]	[0.01]
Transfer	0.021***	0.019***	0.017**	0.018**	0.018**
	[0.01]	[0.01]	[0.01]	[0.01]	[0.01]
OC	-0.006	0.005	0.001	-0.001	-0.001
	[0.01]	[0.01]	[0.01]	[0.01]	[0.01]
State	-0.012	0.001	0.017	0.009	0.007
	[0.01]	[0.01]	[0.01]	[0.01]	[0.01]
Constant	0.197**	0.031	-0.084	-0.082	-0.094
	[0.08]	[0.08]	[0.10]	[0.09]	[0.09]
Year & Industry	Yes	Yes	Yes	Yes	Yes
R^2	0.365	0.306	0.356	0.354	0.290
调整 R^2	0.258	0.290	0.240	0.238	0.243
N	1 920	1 920	887	887	887

注：***、**、* 分别表示在1%、5%和10%的置信水平上显著，方括号内是异方差稳健标准差。

表7-9　　CEO股权激励与主并公司的ΔROA回归分析表

	模型1	模型2	模型3	模型4	模型5
BEC	0.013**	0.011	0.010	-0.012*	0.016
	[0.01]	[0.01]	[0.01]	[0.01]	[0.01]
UC		-0.039	-0.160*	-0.215***	-0.198***
		[0.09]	[0.10]	[0.08]	[0.08]
UC×BEC		-0.596***			
		[0.17]			
Independent			0.139***		
			[0.03]		
Independent×BEC			0.119***		
			[0.04]		
Dual				0.003	
				[0.01]	
Dual×BEC				-0.021**	
				[0.01]	
Share					0.09**
					[0.04]
Share×BEC					0.123***
					[0.02]
Cash Reserves	-0.020**	0.053***	0.052***	0.048***	0.045***
	[0.01]	[0.01]	[0.01]	[0.01]	[0.01]
Deal Size	0.004***	0.003***	0.004***	0.004***	0.004***
	[0.00]	[0.00]	[0.00]	[0.00]	[0.00]
Leverage	-0.034***	-0.031***	-0.034***	-0.031***	-0.030***
	[0.01]	[0.01]	[0.01]	[0.01]	[0.01]

续表

	模型1	模型2	模型3	模型4	模型5
Size	0.010***	0.009***	0.009***	0.009***	0.010***
	[0.00]	[0.00]	[0.00]	[0.00]	[0.00]
Tobin Q	0.012***	0.013***	0.012***	0.013***	0.013***
	[0.00]	[0.00]	[0.00]	[0.00]	[0.00]
Payment	0.000	0.000	−0.010*	0.000	0.002
	[0.01]	[0.01]	[0.01]	[0.01]	[0.01]
Consultant	0.006	0.007	0.010	0.006	0.008
	[0.01]	[0.01]	[0.01]	[0.01]	[0.01]
Diversification	0.006	0.005	− 0.007**	− 0.007**	0.006
	[0.00]	[0.00]	[0.00]	[0.00]	[0.00]
Transfer	−0.002	−0.003	−0.002	−0.003	−0.003
	[0.00]	[0.00]	[0.00]	[0.00]	[0.00]
OC	−0.012***	−0.012***	−0.012***	−0.011***	−0.011***
	[0.00]	[0.00]	[0.00]	[0.00]	[0.00]
State	−0.004	−0.004	0.001	−0.006*	−0.002
	[0.00]	[0.00]	[0.00]	[0.00]	[0.00]
Constant	−0.179***	−0.165***	−0.141***	−0.139***	−0.203***
	[0.04]	[0.04]	[0.04]	[0.03]	[0.04]
Year & Industry	Yes	Yes	Yes	Yes	Yes
R^2	0.328	0.337	0.343	0.344	0.346
调整R^2	0.218	0.227	0.231	0.232	0.242
N	1 920	1 920	887	887	887

注：***、**、* 分别表示在1%、5%和10%的置信水平上显著，方括号内是异方差稳健标准差。

7.3 本章小结

本书以2008—2013年我国上市公司发生的并购交易事件为研究样本，实证检验CEO股权激励对并购绩效的影响，结果表明：(1) CEO股权激励强度与并购短期和长期绩效正相关，说明股权激励能够减少CEO非股东价值最大化的并购行为，为并购股东创造价值。(2) 进一步的研究表明，主并公司的环境不确定性能够减弱CEO股权激励与并购绩效的正相关性，说明环境不确定性增加了股东对管理者行为监管的难度，管理层可以把投资失败的原因归因于外部客观环境，容易引发委托代理问题驱动的并购，降低了CEO股权激励的效果。(3) 在高度不确定性的环境下，董事会治理机制能够调节股权激励与并购绩效的关系。独立董事所占比例越高，CEO股权激励强度与并购绩效之间的正相关关系越强，董事长与CEO二职合一能够减弱CEO股权激励强度与并购绩效之间的正相关关系；在高度不确定性的环境下，第一大股东持股比例越高，CEO股权激励强度与并购绩效之间的正相关关系越强。这说明，主并公司面临较高的环境不确定性时，需要提高股东和董事会对管理者决策的监督程度，保证CEO股权激励机制发挥积极作用，针对高管机会主义行为的内部公司治理机制能够约束和控制高管的并购决策与股东利益趋同，进而提升CEO股权激励与并购绩效的正相关性。

第 8 章

研究结论、政策建议及未来展望

8.1 研究结论

本书基于管理者薪酬激励和公司并购的相关理论，通过公司并购这一可观测的独特投资事件，实证检验了CEO股权激励与企业并购行为之间的关系。本书具体实证研究结果归纳如下：

（1）选取2008—2014年我国上市公司发生的并购交易事件作为初始研究样本，采用Logit模型实证检验了CEO股权激励与并购决策间的关系，结果表明：CEO的股权激励能够影响上市公司的并购决策；同时结合上市公司股权激励实施中存在的问题，本书实证检验了主并公司环境不确定性、董事会治理结构和CEO自身情绪对股权激励与并购决策关系的交互影响，研究结论可以概括为四个方面：①CEO股权激励强度越强，上市公司越容易发起并购投资，根据风险承担理论，这说明股权激励的确能诱使管理者进行风险投资决策。②引入环境不确定性因素，股权激励强度仍与并购决策正相关，说明环境不确定性增强股权激励与并购决策之间的正向关系，在不确定性下，管理者股权激励的增加会表现出投资风险偏好的冒险行为倾向。③股权激励与并购决策间的这种正相关性仅存在于非过度自信的CEO，对于过度自信的CEO，股权激励与并购决策无关，这说明管理者对风险的态度能够影响股权激励的效果，对风险厌恶的管理者进行风险相关的激励更为有效，而对于过度自信的管理者，股权激励可能是一种多余的、无效的成本。④董事会作为公司治理机制的核心能够显著影响股权激励与并购决策的关系。董事长与CEO两职合一增强了CEO股权激励与并购决策的正相关性，根据管理者权力理论，权力大的CEO在股权激励下更容易发起并购；而独立董事比例和董事会规模显著降低股权激励和并购决策之间的正相关性。股权激励对并购决策的影响效果依赖于上市公司治理环境，不同的董事会结构下股权激励的效果不同。

（2）选取2008—2014年我国上市公司发生的并购交易事件作为初始研究样本，实证检验CEO股权激励与并购溢价之间的关系，回归结果表明：①股权激励机制的确能够降低管理者在并购溢价决策中的代理成本，激励主并公司管理层与目标公司之间关于并购溢价积极努力的协商，促使管理者做出股东价值最大化的决策。②但是CEO股权激励的效果受管理者个人情绪和公司内部治理结构的影响。对于过度自信的CEO，股权激励并不能降低代理成本，CEO的非理性的心理因素会导致认知偏差，高估自己的决策能力而低估失败的风险，在并购中支付更高的溢价，使得并购溢价决策与股权激励不相关。③董事会机制能够影响并购溢价决策中CEO股权激励的效果，其中，独立董事能够增强CEO股权激励与并购溢价的负向关系，说明在并购溢价决策中，独立董事机制能够增强CEO股权激励的效果；而两职合一减弱了股权激励对并购溢价的负相关关系，两职合一的CEO拥有更大的权力，在高管权力作用下股权激励机制难以发挥积极作用。④当主并公司实际控股股东为非国有时，第一大股东持股比例能够增强CEO股权激励对并购溢价的负向作用机制，这说明民营企业大股东有动机和能力对管理层并购溢价决策进行监督，增强CEO股权激励的效果。

（3）选取2008—2013年我国上市公司发生的并购交易事件作为初始研究样本，实证检验CEO股权激励对并购绩效的影响，结果表明：①CEO股权激励强度与并购短期绩效和长期绩效正相关，这说明股权激励能够减少CEO非股东价值最大化的并购行为，为并购股东创造价值。②进一步的研究表明，主并公司的环境不确定性能够减弱CEO股权激励与并购绩效的正相关性，在不确定性下，公司管理者有可能做出利己的投资冒险行为，容易引发委托代理问题驱动的并购，这降低了CEO股权激励的效果。③在高度不确定性的环境下，董事会治理机制能够调节股权激励与并购绩效的关系。独立董事所占比例越高，CEO股权激励强度与并购绩效之间的正相关关系越强，CEO二职合一能够减弱CEO股权激励强度与并购绩效之间的正相关关系；在高度不确定性的环境下，第一大股东持股比例越高，CEO股权激励强度与并购绩效之间的正相关关系越强。这说明，在高度不确定性的环境下，提升董事会和大股东对管理者决策的监督程度，能够保证股权激励机制发挥积极作用。针对高管机会主义行为的内部公司治理机制能够约束和控制高管的并购决策与股东利益趋同，进而提升股权激励与并购绩效的正相关性。

8.2 政策建议

在委托代理理论中，股权激励作为经理人的一种长期的激励性报酬，被证明是缓解股东与公司高管之间委托代理问题的重要手段。股权激励将管理者的个人财富与股东价值联系在一起，能够激励管理者进行良好的行为管理，做出增加股东价值的投资决策，股权激励能够减少管理者非股东价值最大化的并购行为，对并购公司股东财富产生正向影响。随着我国经济制度改革的不断推进和现代企业制度的建立健全，股权激励已成为高管激励的重要方式，股权激励机制作为完善公司治理机制的重要内容，是提高公司价值的重要举措，其对高管的投资行为和公司投资决策具有重要影响。本书基于管理者薪酬激励与公司并购相关理论，利用上市公司并购这一可观测的独特投资事件作为检验CEO股权激励与企业并购行为关系的平台更具有解释力。为了完善上市公司治理机制，减少管理者非股东价值最大化的并购行为，本书结合研究结论提出相应的政策性建议。

1）关于管理层股权激励机制的设计

从国际经验来看，美国95%以上的上市公司都实行了股权激励，欧洲推行股权激励的上市公司比例超过80%，在亚洲，期权激励在中国香港和新加坡等地区十分普遍。我国上市公司的股权激励虽然与以前相比大大提升，但仍然低于发达国家的激励水平，而且期权激励在我国才刚刚起步，这主要是由于西方国家的资本市场效率、公司治理水平和法律制度环境出现的许多问题在表现形式和内在逻辑等方面都有别于中国。如果简单照搬西方国家的股权激励模式，忽略中国新兴市场特有的经济发展模式和制度背景，那么必然达不到稳定股市、提升股东价值的激励目的。

根据企业内部和外部环境设计合理的股权激励机制并提高股权激励的强度，是股权激励发挥效果的关键。首先，股权激励需要有资本市场机制支持，股东要加大监管力度，并针对企业风险设计合理的股权激励方案。我国股市受制度影响比较大，投资者缺少成熟市场投资者的理性，股票价格波动比较大，使实施股权激励时存在一定的系统性风险。在较高的不确定性下，管理层还会根据市场情况择时推出股权激励计划。因此，股东要加大约束和监督的力度，修改股权激励方案，增强弹性，以提高激励的长效性。其次，要培养市值管理理念，为实施股权激励提供有效的外部保障。只有股票市场健康有效地运行，才可以使股价的波动与上市公司经营状况高度相关，从而减少股权激励效果的"噪音"，保障激励对象有机会获得合理的回报，使股东价值变化和股权激励更相关，减少不确定风险下对管理者投资行为评价的难度。最后，股权激励的设计要考虑激励对象的特点，针对激励对象对风险的态度设计合理的激励方案对企业管理具有重要的意义。委托代理关系中管理者的最优决策受管理者对风险的态度、个人情绪特征等因素影响，管理者对风险的态度随着管理者的经验、能力等因素的变化而变化，规避风险的程度也会发生变化。股东需要对管理者的风险规避程度进行评估，并根据管理者对风险的态度来调整激励方式和强度，以保证激励水平保持最优。

2）关于公司治理

本书的研究发现，公司治理机制能够影响CEO股权激励与企业并购行为之间的关系，提高上市公司治理水平，加强董事会和股东的监督职能，是降低并购中的代理成本和使CEO股权激励机制发挥效用的内部保障。具体来说，完善公司治理应该从以下几个方面入手：

（1）应完善现行的董事会治理机制，有效发挥董事会的决策和监督作用，同时加强对董事会的建设。首先，应明确董事会权力设置，增强董事会的职责。正确设置董事长和CEO这两个职位的职权分工对公司董事会的实际运作状况有十分重要的意义，如果董事长和CEO由一人兼任，则应该建立起有效的制衡机制，如从独立董事中任命一位领导董事，以增强董事会的独立性。从国际企业趋势来看，董事长兼任CEO的趋势在下降，董事会领导体制多样化，董事长单独任职呈增长趋势。其次，建立和完善公司治理委员会（包括审计委员会、薪酬委员会、提名委员会等），提高董事会治理质量，确保公司规范运作，以保护股东利益。最后，提高董事会的独立性，确保独立董事真正发挥作用。要进一步发挥独立董事制度的作用，应该通过相关的制度安排和机制设计，进一步明确独立董事的职责定位，改进和完善独立董事选聘机制，建立、完善独立董事评价问责机制，明确、细化独立董事职责，加强独立董事的日常管理。公司独立董事制度的建立为公司确定发展规划，健全投资决策程序，加强决策的科学性，提高重大投资决策的效益和质量，建立和完善高管人员薪酬管理及考核制度，强化董事会决策、监督职能提供了有力的保障，并在一定程度上起到了控制经营风险的作用，进一步完善了公司的治理结构。

（2）完善股东大会对公司董事会和管理者的监督机制。无论以监事会为中心构建公司内部监督体制，还是通过独立董事及各种委员会来实现内部权力制衡，都不能忽视股东在公司内部监督制度中的作用，来自股东的监督是公司内部监督体制中的重要组成部分。在公司并购等重大投资行为中，大股东应充分发挥监督作用和管家角色意识，与CEO建立起强相关关系的联盟，对管理者的并购决策提供监督与支持，减少管理者非股东价值最大化的并购行为，改善企业并购绩效。

（3）完善股权激励的法律法规，加强对上市公司并购活动的监管。完善的法律法规一直是保证高管股权激励制度有效实施的基石，应借鉴国外的股权激励的法律法规制定经验，根据上市公司的实际情况，完善我国上市公司股权激励的法律法规，不断完善股票期权激励具体操作方法和实施细节问题的相关法律法规。加强保护市场机制，发挥市场的资源优化功能。强化对并购后上市公司治理的监管，充分利用中介机构的专业力量，同时加强对其执业情况的监管，将有利于提高证监会的监管水平和监管效率。在全流通的市场条件下，应加快构建有利于上市公司并购重组的外部环境，不断推出市场化创新工具，进一步活跃并购市场，通过战略性并购增强上市公司的核心竞争力，提升上市公司的质量。

8.3 研究不足与未来展望

本书结合管理者薪酬激励相关理论对CEO股权激励与企业并购行为的关系进行了深入细致的研究，结合我国制度背景和上市公司股权激励中存在的问题，深入探讨了影响CEO股权激励与企业并购行为关系的因素，得到了一些有益的结论。但是，研究过程中仍存在着一些不足：

（1）CEO股权激励与并购行为关系的影响因素很多，本书只是结合我国特殊的制度背景，检验了环境不确定性、董事会治理机制、大股东控制和CEO过度自信这几个因素对CEO股权激励与企业并购行关系的影响机制，在企业实际经营中肯定还存在本书没考虑到的其他影响因素；股权激励是一种长效的激励工具，利用事件研究法来考察股权激励与并购绩效之间的关系对上市公司的并购活动有一定现实指导意义，但是否全面准确还有待商榷；另外，本书没有重点分析国有控股和非国有控股的上市公司的高管股权激励对企业并购行为的影响是否存在差异，在现有混合所有制背景下，股权激励的实施效果对国有企业改革更有现实意义，这也是本书需要进一步深入研究的方面。

（2）本书基于管理者薪酬结构视角重点研究了CEO股权激励的强度对并购行为的影响，在研究中没有具体对CEO股权激励模式和类型加以细分，这也是不足之处之一，不同的股权激励设计的动机和不同类型的激励模式对管理层的投资决策的影响是不同的。限制性股票和股票期权这两种激励模式对企业并购规模和频率的影响是否存在差异？激励性动机和福利性动机的股权激励设计对企业并购行为的影响是否存在差异？在今后的研究中，可以从这几方面进行更加细致的分析和研究。另外，由于环境不确定性无法直接观察，本书虽然从资本市场风险角度对环境不确定性进行了度量，但还不够全面、准确。因此，如何多角度地更加准确地衡量环境不确定性也是今后努力的方向。

（3）基于上市公司并购信息全面性和披露精确度的局限性，本书虽然选取2008—2014年上市公司的并购事件作为研究对象，但是样本容量仍有限，样本研究期间较短，可能在一定程度上降低了样本的精度。另外，在本书的实证研究中，只控制了主并公司财务特征和并购交易特征中可以量化的变量，而对难以量化的变量没有加以控制，也没有包含目标公司相关的控制变量，这也导致控制变量的选取存在局限性。

主要参考文献

[1] 陈庆勇，韩立岩. 上市公司对外并购中高管薪酬变动实证研究 [J]. 北京航空航天大学学报：社会科学版，2008，21（1）：13-16.

[2] 陈仕华，卢昌崇. 企业间高管联结与并购溢价决策——基于组织间模仿理论的实证研究 [J]. 管理世界，2013（5）：144-156.

[3] 杜兴强，王丽华. 高层管理当局薪酬与上市公司业绩的相关性实证研究 [J]. 会计研究，2007（1）：58-65.

[4] 杜跃平，徐杰. CEO股票期权激励与并购决策关系研究——代理成本的中介作用和CEO过度自信的调节作用 [J]. 审计与经济研究，2016（4）：13-20.

[5] 方军雄. 高管权力与企业薪酬变动的非对称性 [J]. 经济研究，2011（4）：107-120.

[6] 冯巧根. 基于环境不确定性的管理会计对策研究 [J]. 会计研究，2014（10）：67-69.

[7] 冯旭南，李心愉，陈工孟. 家族控制、治理环境和公司价值 [J]. 金融研究，2011（3）：149-164.

[8] 傅颀，汪祥耀，路军. 管理层权力、高管薪酬变动与公司并购行为分析 [J]. 会计研究，2014（11）：30-37.

[9] 傅强，方文俊. 管理者过度自信与并购决策的实证研究 [J]. 商业经济与管理，2008（4）：76-79.

［10］郭冰，吕巍，周颖. 公司治理、经验学习与企业连续并购——基于我国上市公司并购决策的经验证据［J］. 财经研究，2011（10）：124-134.

［11］韩立岩，陈庆勇. 并购的频繁程度意味着什么——来自我国上市公司并购绩效的证据［J］. 经济学，2007（2）：1185-1200.

［12］胡国强，盖地. 高管股权激励与银行信贷决策——基于我国民营上市公司的经验证据［J］. 会计研究，2014（4）：58-65.

［13］胡晓明，魏娜. 上市公司高管激励与并购绩效的实证分析［J］. 南京财经大学学报，2014（2）：56-63.

［14］黄本多，干胜道. 自由现金流量与我国上市公司并购绩效关系的实证研究［J］. 经济经纬，2008（5）：64-67.

［15］黄健柏，程慧，郭尧琦，等. 金属期货量价关系的多重分形特征研究——基于MF-DCCA方法［J］. 管理评论，2013，25（4）：77-85.

［16］姜付秀，朱冰，王运通. 国有企业的经理激励契约更不看重绩效吗？［J］. 管理世界，2014（9）：143-159.

［17］姜英兵. 双重政治联系与并购溢价——基于2003—2012年A股上市公司并购事件的实证研究［J］. 宏观经济研究，2014（2）：63-71.

［18］雷辉，吴婵. 董事会治理、管理者过度自信与企业并购决策［J］. 北京理工大学学报（社会科学版），2010，12（4）：43-47.

［19］李春涛，宋敏. 中国制造业企业的创新活动：所有制和CEO激励的作用［J］. 经济研究，2011（5）：55 -67.

［20］李培功，肖珉. CEO任期与企业资本投资［J］. 金融研究，2012（2）：127-141.

［21］李善民，陈文婷. 企业并购决策中管理者过度自信的实证研究［J］. 中山大学学报，2010（5）：192-201.

［22］李善民，毛雅娟，赵晶晶. 高管持股、高管的私有收益与公司的并购行为［J］. 管理科学，2009（6）：1-11.

［23］李善民，朱滔. 中国上市公司并购的长期绩效——基于证券市场的研究［J］. 中山大学学报（社会科学版），2005，45（5）：80-86.

［24］李维安，陈钢. 会计稳健性、信息不对称与并购绩效——来自

沪深A股上市公司的经验证据［J］. 经济管理，2015（2）：96-106.

［25］李小荣，张瑞君. 股权激励影响风险承担：代理成本还是风险规避？［J］. 会计研究，2014（1）：57-63.

［26］李小燕，陶军. 高管薪酬变化与并购代理动机的实证分析——基于国有与民营上市公司治理结构的比较研究［J］. 中国软科学，2011（5）：122-128.

［27］李燕萍，孙红，张银. 高管报酬激励、战略并购重组与公司绩效——来自中国A股上市公司的实证［J］. 管理世界，2008（12）：177-179.

［28］李增泉. 激励机制与企业绩效——一项基于上市公司的实证研究［J］. 会计研究，2000（1）：24-30.

［29］连燕玲，贺小刚，张远飞，等. 危机冲击、大股东"管家角色"与企业绩效——基于中国上市公司的实证分析［J］. 管理世界，2012（9）：142-155.

［30］刘斌，刘星，李世新，等. CEO薪酬与企业业绩互动效应的实证检验［J］. 会计研究，2003（3）：35-39.

［31］刘莉，温丹丹. 股权激励与长期并购绩效的实证研究——基于制造业A股上市公司数据［J］. 云南财经大学学报，2014（6）：127-132.

［32］刘淑莲. 并购动因、特征与管理者薪酬间的因果关系［J］. 经济问题探索，2013（10）：185-190.

［33］刘淑莲. 并购对价与融资方式选择：控制权转移与风险承担——基于吉利并购沃尔沃的案例分析［J］. 投资研究，2011（7）：130-140.

［34］刘淑莲. 上市公司并购重组演变与理论研究展望［J］. 会计师，2010（4）：4-6.

［35］罗富碧，冉茂盛，杜家廷. 高管人员股权激励与投资决策关系的实证研究［J］. 会计研究，2008（8）：69-76.

［36］吕长江，张海平. 股权激励计划对公司投资行为的影响［J］. 管理世界，2011（11）：118-126.

［37］吕长江，赵宇恒. 国有企业管理者激励效应研究——基于管理者权力的解释［J］. 管理世界，2008（11）：99-109.

[38] 马忠，吴翔宇. 金字塔结构对自愿性信息披露程度的影响：来自家族控股上市公司的经验验证 [J]. 会计研究，2007（1）：44-50.

[39] 毛雅娟，米运生. 制度环境、公司并购与薪酬操纵——基于薪酬—绩效敏感性及粘性的考察 [J]. 金融经济学研究，2016（1）：72-84.

[40] 潘红波，夏新平，余明桂. 政府干预、政治关联与地方国有企业并购 [J]. 经济研究，2008（4）：41-52.

[41] 强国令. 管理层股权激励：利益趋同还是利益壕沟——来自股权分置改革后中国上市公司的经验证据 [J]. 上海金融，2012（4）：39-44.

[42] 权小锋，吴世农，文芳. 管理层权力、私有收益与薪酬操纵 [J]. 经济研究，2010（11）：73-87.

[43] 邵帅，周涛，吕长江. 产权性质与股权激励设计动机——上海家化案例分析 [J]. 会计研究，2014（10）：43-50.

[44] 申慧慧，于鹏，吴联生. 国有股权、环境不确定性与投资效率 [J]. 经济研究，2012（10）：67-69.

[45] 史永东，朱广印. 管理者过度自信与企业并购行为的实证研究 [J]. 金融评论，2010，2（2）：73-82.

[46] 宋清华，曲良波. 高管薪酬、风险承担与银行绩效：中国的经验证据 [J]. 国际金融研究，2011（12）：69-79.

[47] 宋建波，沈皓. 管理者代理动机与扩张式并购绩效的实证研究——来自沪深A股市场的经验证据 [J]. 财经问题研究，2007（2）：67-74.

[48] 宋骁，林晓丹. 企业并购溢价影响因素——基于IFRS采用视角的文献综述研究 [J]. 中国管理信息化，2015（8）：143-144.

[49] 宋渊洋，李元旭. 控股股东决策控制、CEO激励与企业国际化战略 [J]. 南开管理评论，2010，13（4）：4-13.

[50] 唐建荣，陈波. 上市公司高管股权激励对企业并购决策影响的实证分析 [J]. 经济研究参考，2014，5（3）：60-63.

[51] 王栋，吴德胜. 股权激励与风险承担——来自中国上市公司的证据 [J]. 南开管理评论，2016，19（3）：157-167.

[52] 王克敏，王志超. 高管控制权、报酬与盈余管理——基于中国

上市公司的实证研究［J］．管理世界，2007（7）：111-119.

［53］王琨，徐艳萍．家族企业高管性质与薪酬研究［J］．南开管理评论，2015，18（4）：15-25.

［54］王跃堂，赵子夜，魏晓雁．董事会的独立性是否影响公司绩效？［J］．经济研究，2006（5）：62-73.

［55］王琦，吴冲．企业社会责任财务效应动态性实证分析——基于生命周期理论［J］．中国管理科学，2013（2）：542-548.

［56］王满四．上市公司负债融资的激励效应实证研究——针对经理人员工资和在职消费的分析［J］．南方经济，2006（7）：65-74.

［57］王化成，孙健，邓路，等．控制权转移中投资者过度乐观了吗？［J］．管理世界，2010（2）：38-45.

［58］魏刚．高级管理层激励与上市公司绩效［J］．经济研究，2000（3）：32-39.

［59］魏刚．非对称信息下的股利政策［J］．经济科学，2000（2）：69-76.

［60］温日光．风险观念、并购溢价与并购完成率［J］．金融研究，2015（8）：191-206.

［61］吴超鹏，吴世农，郑方镳．管理者行为与连续并购绩效的理论与实证研究［J］．管理世界，2008（7）：126-133.

［62］夏纪军，张晏．控制权与激励的冲突——兼对股权激励有效性的实证分析［J］．经济研究，2008（3）：87-98.

［63］肖峰雷，李延喜，栾庆伟．管理者过度自信与公司财务决策研究述评［J］．当代经济管理，2011，33（1）：19-23.

［64］肖星，陈婵．激励水平、约束机制与上市公司股权激励计划［J］．南开管理评论，2013，16（1）：24-32.

［65］谢志华，张庆龙，袁蓉丽．董事会结构与决策效率［J］．会计研究，2011（1）：33-37.

［66］谢玲红，刘善存，邱菀华．管理者过度自信对并购绩效的影响——基于群体决策视角的分析和实证［J］．数理统计与管理，2012，31（1）：22-27.

[67] 辛清泉，谭伟强. 市场化改革、企业业绩与国有企业经理薪酬 [J]. 经济研究，2009（11）：68-81.

[68] 辛清泉，林斌，王彦超. 政府控制、经理薪酬与资本投资 [J]. 经济研究，2007（8）：110-122.

[69] 辛宇，吕长江. 激励、福利还是奖励：薪酬管制背景下国有企业股权激励的定位困境——基于泸州老窖的案例分析 [J]. 会计研究，2012（6）：67-75.

[70] 徐倩. 不确定性、股权激励与非效率投资 [J]. 会计研究，2014（10）：67-69.

[71] 许永斌，惠男男. 家族企业代际传承的情感价值动因分析 [J]. 会计研究，2013（7）：77-81.

[72] 薛有志，彭华伟，李国栋. 董事会会议的监督效应及其影响因素研究 [J]. 财经问题研究，2010（1）：99-105.

[73] 薛玉莲，谢香兵，乔薇. 实际控制人性质、政府目标与股权转让溢价——基于大宗股权协议转让的经验证据 [J]. 南方经济，2011，29（2）：28-37.

[74] 杨青，薛宁宁. 我国董事会职能探寻：战略咨询还是薪酬监控? [J]. 金融研究，2011（3）：165-181.

[75] 杨青，黄彤. 中国上市公司CEO薪酬存在激励后效吗？[J]. 金融研究，2010（1）：166-185.

[76] 杨慧辉，潘飞，梅丽珍. 节税驱动下的期权行权日操纵行为及其经济后果研究 [J]. 中国软科学，2016（1）：121-137.

[77] 詹雷，王瑶瑶. 管理层激励、过度投资与企业价值 [J]. 南开管理评论，2013，16（3）：36-46.

[78] 张俊瑞，赵进文，张建. 高级管理层激励与上市公司经营绩效相关性的实证分析 [J]. 会计研究，2003（9）：29-34.

[79] 张洽，袁天荣. CEO权力、私有收益与并购动因——基于我国上市公司的实证研究 [J]. 财经研究，2013（4）：103-110.

[80] 张龙，刘洪，胡恩华. 高管薪酬水平对企业并购行为影响的实证分析 [J]. 软科学，2006，20（5）：42-45.

[81] 张鸣，郭思永. 高管薪酬利益驱动下的企业并购——来自中国上市公司的经验证据［J］. 财经研究，2007，33（12）：103-113.

[82] 张庆，朱迪星. 投资者情绪、管理层持股与企业实际投资——来自中国上市公司的经验证据［J］. 南开管理评论，2014，17（4）：120-127.

[83] 张晨宇，韩永春，魏冰. 管理权力、股权激励与公司绩效关系的实证分析［J］. 统计与决策，2015（5）：167-169.

[84] 周仁俊，喻天舒，杨战兵. 公司治理激励机制与业绩评价［J］. 会计研究，2005（11）：26-31.

[85] 周建波，孙菊生. 经营者股权激励的治理效应研究——来自中国上市公司的经验证据［J］. 经济研究，2003（5）：74-82.

[86] 周嘉南，陈效东. 高管股权激励动机差异对公司绩效的影响研究［J］. 财经理论与实践，2014，35（2）：84-90.

[87] 周仁俊，杨战兵，李礼. 管理层激励与企业经营业绩的相关性——国有与非国有控股上市公司的比较［J］. 会计研究，2010（12）：69-75.

[88] 赵宜一，吕长江. 亲缘还是利益？——家族企业亲缘关系对薪酬契约的影响［J］. 会计研究，2015（8）：32-40.

[89] ANISH S，SHYAM S. 董事激励与公司业绩——实验的证据［J］. 南开管理评论，2004，7（4）：4-14.

[90] AGGARWAL R K，SAMWICK A A. Empire-builders and shirkers：investment，firm performance，and managerial incentives［J］. Journal of Corporate Finance，2006，12（3）：489-515.

[91] AGGARWAL R K，SAMWICK A A. Why do managers diversify their firms? Agency reconsidered［J］. The Journal of Finance，2003，58（1）：71-118.

[92] AGRAWAL A，KNOEBER C R. Firm performance and mechanisms to control agency problems between managers and shareholders［J］. Journal of Financial and Quantitative Analysis，1996，31（3）：377-397.

[93] ALCHIAN A A，WOODWARD S. The firm is dead； long live the firm： a review of oliver E. Williamson's the economic institutions of capitalism

[J]. Journal of Economic Literature, 1988, 26 (1): 65-79.

[94] AMIHUD Y, LEV B. Risk reduction as a managerial motive for conglomerate mergers [J]. Bell Journal of Economics, 1981, 12 (2): 605-617.

[95] ANAND J, SINGH H. Asset redeployment, acquisitions and corporate strategy in declining industries [J]. Strategic Management Journal, 1997, 18 (S1): 99-118.

[96] ANDRADE G, MITCHELL M, Stafford E. New evidence and perspectives on mergers [J]. Journal of Economic Perspectives, 2001, 15 (2): 103-120.

[97] APRIL K. A resource-based view of the firm: integrating the role of IT as a strategic resource - an empirical study of South African personal financial services (Assurance) firms, 1999-2003 [J]. Journal of Strategic Information Systems, 2004, 15 (1): 29-50.

[98] ARROW K J. Vertical integration and communication [J]. Bell Journal of Economics, 1975, 6 (1): 173-183.

[99] BARGERON L L, SCHLINGEMANN F P, STULZ R M, et al. Why do private acquirers pay so little compared to public acquirers? [J]. Journal of Financial Economics, 2007, 89 (3): 375-390.

[100] BAUGUESS S, STEGEMOLLER M. Protective governance choices and the value of acquisition activity [J]. Journal of Corporate Finance, 2008, 14 (5): 550-566.

[101] BEBCHUK L A, Fried J M. Pay without performance: overview of the issues [J]. Academy of Management Perspectives, 2006, 20 (1): 5-24.

[102] BERGER P G, OFEK E, YERMACK D L. Managerial entrenchment and capital structure decisions [J]. The Journal of Finance, 1997, 52 (4): 1411-1438.

[103] BERGSTRESSER D, PHILIPPON T. CEO incentives and earnings management [J]. Journal of Financial Economics, 2006, 80 (3): 511-529.

[104] BERKOVITCH E, NARAYANAN M P. Motives for takeovers: an empirical investigation [J]. Journal of Financial and Quantitative Analysis, 1993, 28 (3): 347-362.

[105] BERTRAND M, MEHTA P, MULLAINATHAN S. Ferreting out

tunneling: an application to Indian business groups [J]. The Quarterly Journal of Economics, 2002, 117 (1): 121-148.

[106] BERTRAND M, MULLAINATHAN S. Are CEO's rewarded for luck? The ones without principals are [J]. The Quarterly Journal of Economics, 2001, 116 (3): 901-932.

[107] BLACK F, SCHOLES M. The pricing of options and corporate liabilities [J]. Journal of Political Economy, 1973, 81 (3): 637-654.

[108] BORENSTEIN S. Airline mergers, airport dominance, and market power [J]. The American Economic Review, 1990, 80 (2): 400-404.

[109] BRAUER M, SCHMIDT S L. Exploring strategy implementation consistency over time: the moderating effects of industry velocity and firm performance [J]. Journal of Management and Governance, 2006, 10 (2): 205-226.

[110] BROWN R, SARMA N. CEO overconfidence, CEO dominance and corporate acquisitions [J]. Journal of Economics and Business, 2007, 59 (5): 358-379.

[111] CADENILLAS A, CVITANIC J, ZAPATERO F. Leverage decision and manager compensation with choice of effort and volatility [J]. Journal of Financial Economics, 2004, 73 (1): 71-92.

[112] CAPRIO L, CROCI E, GIUDICE A D. Ownership structure, family control, and acquisition decisions [J]. Journal of Corporate Finance, 2011, 17 (5): 1636-1657.

[113] CHATTERJEE A, HAMBRICK D C. It's all about me: Narcissistic chief executive officers and their effects on company strategy and performance. [J]. Administrative Science Quarterly, 2007, 52 (3): 351-386.

[114] CHEN G, FIRTH M, RUI O. Have China's enterprise reforms led to improved efficiency and profitability? [J]. Emerging Markets Review, 2006, 7 (1): 82-109.

[115] CHEN T Y, DASGUPTA S, YU Y. Transparency and financing choices of family firms [J]. Journal of Financial and Quantitative Analysis, 2014, 49 (2): 381-408.

[116] COLES J L, DANIEL N D, NAVEEN L. Managerial incentives

and risk-taking [J]. Journal of Financial Economics, 2006, 79 (2): 431-468.

[117] COMANOR W S. Vertical mergers, market powers, and the antitrust laws [J]. The American Economic Review, 1967, 57 (2): 254-265.

[118] CONYON M J. Executive compensation and incentives [J]. Academy of Management Perspectives, 2006, 20 (1): 25-44.

[119] CORE J E, HOLTHAUSEN R W, LARCKER D F. Corporate governance, chief executive officer compensation, and firm performance [J]. Journal of Financial Economics, 1999, 51 (3): 371-406.

[120] COUGHLAN A T, SCHMIDT R M. Executive compensation, management turnover, and firm performance: an empirical investigation [J]. Journal of Accounting and Economics, 1985, 7 (1-3): 43-66.

[121] CROCI E , PETMEZAS D, TRAVLOS N. Asymmetric information and target firm returns [J]. European Journal of Finance, 2012, 18 (7): 639-661.

[122] DATTA S, ISKANDAR-DATTA M, RAMAN K. Executive compensation and corporate acquisition decisions [J]. The Journal of Finance , 2010, 56 (6): 2299-2336.

[123] DATTA S , ISKANDAR-DATTA M, RAMAN K. In defense of incentive compensation: its effect on corporate acquisition policy [J]. Journal of Applied Corporate Finance, 2004, 16 (4): 82-88.

[124] DAVID P, KOCHHAR R, LEVITAS E. The effect of institutional investors on the level and mix of CEO compensation [J]. Academy of Management Journal, 1998, 41 (2): 200-208.

[125] DENIS D J, DENIS D K, SARIN A. Agency problems, equity ownership, and corporate diversification [J]. The Journal of Finance , 1997, 52 (1): 135-160.

[126] DENIS D J, DENIS D K, SARIN A. Agency theory and the influence of equity ownership structure on corporate diversification strategies [J]. Strategic Management Journal, 1999, 20 (11): 1071-1076.

[127] DENIS D J, DENIS D K, SARIN A. Managerial incentives and corporate diversification strategies [J]. Journal of Applied Corporate Finance, 1997, 10 (2): 72-80.

[128] DHIENSIRI N, SAHIN O, SARAJOTI P. Equity-based compensation and performance of acquisitions [J]. International Journal of Monetary Economics and Finance, 2011, 4 (3): 217-237.

[129] DUCHIN R, SCHMIDT B. Riding the merger wave: uncertainty, reduced monitoring, and bad acquisitions [J]. Journal of Financial Economics, 2013, 107 (1): 69-88.

[130] EASLEY D, O'HARA M. Information and the cost of capital [J]. The Journal of Finance, 2004, 59 (4): 1553-1583.

[131] ECKBO B E, THORBURN K S. Gains to bidder firms revisited: domestic and foreign acquisitions in Canada [J]. Journal of Financial and Quantitative Analysis, 2000, 35 (1): 1-25.

[132] ECKBO B E. Mergers and the market for corporate control: the canadian evidence [J]. Canadian Journal of Economics, 1986, 19 (2): 236-260.

[133] EDMANS A, GABAIX X. The effect of risk on the CEO market [J]. The Review of Financial Studies, 2011, 24 (8): 2822-2863.

[134] FACCIO M, MASULIS R W. The choice of payment method in European mergers and acquisitions [J]. The Journal of Finance, 2005, 60 (3): 1345-1388.

[135] FAMA E F, JENSEN M C. Separation of ownership and control [J]. Journal of Law and Economics, 1983, 26 (2): 301-325.

[136] GERVAIS S, HEATON J B, ODEAN T. Overconfidence, compensation contracts, and capital budgeting [J]. The Journal of Finance, 2011, 66 (5): 1735-1777.

[137] GHOSHAL S, MORAN P. Bad for practice: a critique of the transaction cost theory [J]. Academy of Management Review, 1996, 21 (1): 13-47.

[138] GILCHRIST S, SIM J W, ZAKRAJSEK E. Uncertainty, financial frictions, and investment dynamics [C]. Society for Economic Dynamics, 2010.

[139] GUAY W R. The sensitivity of CEO wealth to equity risk: an analysis of the magnitude and determinants — managerial behavior, agency costs, and ownership structure [J]. Journal of Financial Economics, 1999, 53 (1): 43-71.

[140] GUIDRY F, LEONE A J, Rock S. Earnings-based bonus plans and earnings management by business-unit managers [J]. Journal of Accounting and Economics, 1999, 26 (1 3): 113-142.

[141] HALL B J, LIEBMAN J B. Are CEOS really paid like bureaucrats? [J]. The Quarterly Journal of Economics, 1998, 113 (3): 653-691.

[142] HALL B J, MURPHY K J. Stock options for undiversified executives [J]. Journal of Accounting and Economics, 2001, 33 (1): 3-42.

[143] HARFORD J, LI K. Decoupling CEO wealth and firm performance: the case of acquiring CEOs [J]. The Journal of Finance , 2007, 62 (2): 917 949.

[144] HART S L. A natural-resource-based view of the firm [J]. Academy of Management Review, 1995, 20 (4): 986-1014.

[145] HEMMER T, MATSUNAGA S, SHEVLIN T J. The influence of risk diversification on early exercise of employee stock options by executive officers [J]. Journal of Accounting and Economics, 1996, 21 (1): 45-68.

[146] HILL S. The theory of the growth of the firm [J]. Managerial and Decision Economics, 2015, 2 (3): 192-193.

[147] HOLDERNESS C G, SHEEHAN D P. The role of majority shareholders in publicly held corporations : an exploratory analysis [J]. Journal of Financial Economics, 1988, 20 (1-2): 317-346.

[148] HOLMSTROM B, MILGROM P. The firm as an incentive system [J]. The American Economic Review, 1994, 84 (4): 972-991.

[149] HOLMSTROM B, WEISS L. Managerial incentives, investment and aggregate implications: scale effects [J]. Review of Economic Studies, 1985, 52 (3): 403-425.

[150] HOLMSTROM B. Moral hazard and observability [J]. Bell Journal of Economics, 1979, 10 (1): 74-91.

[151] HUBBARD R G, PALIA D. Benefits of control, managerial ownership, and the stock returns of acquiring Firms [J]. Rand Journal of Economics, 1995, 26 (4): 782-792.

[152] ITTNER C D, LARCKER D F. Assessing empirical research in managerial accounting: a value-based management perspective [J]. Journal of Accounting and Economics, 2001, 32 (1-3): 349-410.

[153] JENSEN M C, MECKLING W H.Theory of the firm: managerial behavior, agency costs and ownership structure [J]. Journal of Financial Economics, 1976, 3 (4): 305-360.

[154] JENSEN M C, MURPHY K J. Performance pay and top-management incentives [J]. Journal of Political Economy, 1990, 98 (2): 225-264.

[155] JENSEN M C, RUBACK R S. The market for corporate control: The scientific evidence [J]. Journal of Financial Economics, 1983, 11 (1-4): 5-50.

[156] JENSEN M C. The modern industrial revolution, exit, and the failure of internal control systems [J]. The Journal of Finance , 1993, 48 (3): 831-880.

[157] KIM E H, SINGAL V. Mergers and market power: evidence from the airline industry [J]. The American Economic Review, 1993, 83 (3): 549-569.

[158] KLEIN B, CRAWFORD R G, ALCHIAN A A. Vertical integration, appropriable rents, and the competitive contracting process [J]. Journal of Law and Economics, 1978, 21 (2): 297-326.

[159] KLEINERT J, KLODT H. Causes and consequences of merger waves [R]. Kiel Working Papers, 2002.

[160] KOBERG C S, UNGSON G R. The effects of environmental uncertainty and dependence on organizational structure and performance: a comparative study [J]. Journal of Management, 1987, 13 (4): 725-737.

[161] LARRAZA-KINTANA M, WISEMAN R M, GOMEZ-MEJIA L R, et al.Disentangling compensation and employment risks using the behavioral agency model [J]. Strategic Management Journal, 2007, 28 (10): 1001-1019.

[162] LARSSON R, FINKELSTEIN S. Integrating strategic, organizational, and human resource perspectives on mergers and acquisitions: a case survey of synergy realization [J]. Organization Science, 1999, 10 (1): 1-26.

[163] LEHN K M, ZHAO M. CEO turnover after acquisitions: are bad bidders fired? [J]. The Journal of Finance , 2006, 61 (4): 1759-1811.

[164] LIPTON M, LORSCH J W. A modest proposal for improved

corporate governance [J]. The Business Lawyer, 1992, 48 (1): 59-77.

[165] LYS T, VINCENT L. An analysis of value destruction in AT&T's acquisition of NCR [J]. Journal of Financial Economics, 1995, 39 (2-3): 353-378.

[166] MALMENDIER U, TATE G. Does overconfidence affect corporate investment? CEO overconfidence measures revisited [J]. European Financial Management, 2005, 11 (5): 649-659.

[167] MCCONAUGHY D L, MISHRA C S. Debt, performance-based incentives, and firm performance [J]. Financial Management, 1996, 25 (2): 37-51.

[168] MEHRAN H. Executive compensation structure, ownership, and firm performance [J]. Journal of Financial Economics, 1995, 38 (2): 163-184.

[169] MINNICK K, UNAL H, YANG L. Pay for Performance? CEO compensation and acquirer returns in BHCs [J]. The Review of Financial Studies, 2011, 24 (2): 439-472.

[170] MITCHELL M L, LEHN K. Do bad bidders become good targets? [J]. Journal of Political Economy, 1990, 98 (2): 372-398.

[171] MKRTCHYAN A. Director compensation incentives: evidence from acquisitions [R]. SSRN Electronic Journal, 2012.

[172] MODIGLIANI F, MILLER M H. The cost of capital, corporation finance, and the theory of investment: reply [J]. The American Economic Review, 1959, 49 (4): 655-669.

[173] MORCK R, SHLEIFER A, VISHNY R W. Management ownership and market valuation : an empirical analysis [J]. Journal of Financial Economics, 1988, 20 (1-2): 293-315.

[174] PANOUSI V, PAPANIKOLAOU D. Investment, idiosyncratic risk, and ownership [J]. The Journal of Finance, 2012, 67 (3): 1113 1148.

[175] PARRINO R. Rewrapping the package: managerial incentives and corporate governance [J]. Texas Business Review, 2002 (12): 1-5.

[176] PRAHALAD C K. The role of core competencies in the corporation [J]. Research Technology Management, 1993, 36 (6): 40-47.

[177] PRATTEN C F. Economies of scale in manufacturing industry [M].

Cambridge: Cambridge University Press, 1971: 1051.

[178] PRENDERGAST C. Uncertainty and incentives [J]. Journal of Labor Economics, 2002, 20 (S2): S115-S137.

[179] RAJGOPAL S, SHEVLIN T. Empirical evidence on the relation between stock option compensation and risk taking [J]. Journal of Accounting and Economics, 2002, 33 (2): 145-171.

[180] ROLL R. The hubris hypothesis of corporate takeovers [J]. The Journal of Business, 1986, 59 (2): 197-216.

[181] ROSENSTEIN S, WYATT J G. Outside directors, board independence, and shareholder wealth [J]. Journal of Financial Economics, 1990, 26 (2): 175-191.

[182] ROSS S A. Compensation, incentives, and the duality of risk aversion and riskiness [J]. The Journal of Finance , 2004, 59 (1): 207-225.

[183] ROVENPOR J L. The relationship between four personal characteristics of chief executive officers (CEOS) and company merger and acquisition activity (MAA) [J]. Journal of Business and Psychology, 1993, 8 (1): 27-55.

[184] SANDERS G. Behavioral responses of CEOs to stock ownership and stock option pay [J]. The Academy of Management Journal, 2001, 44 (3): 477-492.

[185] SHLEIFER A, VISHNY R W. Management entrenchment: the case of manager-specific investments [J]. Journal of Financial Economics, 1989, 25 (1): 123-139.

[186] SIMON H A. The architecture of complexity [J] Proceedings of the American Philosophical Society, 1962, 106 (6): 467-482.

[187] SLOAN R G. Accounting earnings and top executive compensation [J]. Journal of Accounting and Economics, 1993, 16 (1-3): 55-100.

[188] SLUSKY A R, CAVES R E. Synergy, agency, and the determinants of premia paid in mergers [J]. The Journal of Industrial Economics, 1991, 39 (3): 277-296.

[189] SMITH C W, STULZ R M. The determinants of firms' hedging policies [J]. Journal of Financial and Quantitative Analysis, 1985, 20 (4): 391-405.

[190] SUDARSANAM P, HUANG J. Managerial incentives and overconfidence: impact on risk-taking and acquirer value creation in mergers and acquisitions [R]. SSRN Electronic Journal, 2007.

[191] TAUSSIG F W, BARKER W S. American corporations and their executives: a statistical inquiry [J]. The Quarterly Journal of Economics, 1925, 40 (1): 1-51.

[192] THOMAS A B. Does leadership make a difference to organizational performance? [J]. Administrative Science Quarterly, 1988, 33 (3): 388-400.

[193] TRAVLOS N G, WAEGELEIN J F. Executive compensation, method of payment and abnormal returns to bidding firms at takeover announcements [J]. Managerial and Decision Economics, 1992, 13 (6): 493-501.

[194] UYSAL V B. Deviation from the target capital structure and acquisition choices [J]. Journal of Financial Economics, 2011, 102 (3): 602-620.

[195] WALDMAN D A, RAMIREZ G G, HOUSE R J, et al. Does leadership matter? CEO leadership attributes and profitability under conditions of perceived environmental uncertainty [J]. The Academy of Management Journal, 2001, 44 (1): 134-143.

[196] WALSH J P. Top management turnover following mergers and acquisitions [J]. Strategic Management Journal, 1988, 9 (2): 173-183.

[197] WEI K C J, XIE F. Accruals, capital investments, and stock returns [J]. Financial Analysts Journal, 2008, 64 (5): 34-44.

[198] WERNERFELT B. Stagflation, new products, and speculation [J]. Journal of Macroeconomics, 1984, 6 (3): 295-309.

[199] WESTON F J, MITCHELL M L, MULHERIN H J. Takeovers, restructuring and corporate governance [M]. NJ: Pearson Prentice Hall, 2004.

[200] WILLIAMSON O E. Transaction cost economics: how it works; where it is headed [J]. De Economist, 1998, 146 (1): 23-58.

[201] YIM S. The acquisitiveness of youth: CEO age and acquisition behavior [J]. Journal of Financial Economics, 2013, 108 (1): 250-273.

[202] ZAHRA S A, PEARCE J A. Board of directors and corporate

financial performance: a review and integrative model [J]. Journal of Management, 1989, 15 (2): 291-334.

[203] ZHOU X, SWAN P L. Performance thresholds in managerial incentive contracts [J]. The Journal of Business, 2003, 76 (4): 665-696.

后记

专著付梓之际，心中充满感激之情。

本书是在作者博士学位论文和一些后续研究的基础上修改完成的。本书能够顺利出版，首先感谢我的恩师刘淑莲教授。在博士求学期间，刘淑莲教授以严谨的治学态度、深邃的思想境界营造了一种良好的求学氛围，让我能潜心治学、开阔视野，接受全新的学术理念，树立自己的学术目标，在磕磕绊绊地越过书山学海之后，沉淀些许哲思。如果说博士学习是场一个人孤独走“夜路”的旅行，那么恩师便是“夜路”中的歌声与光芒。从小论文写作的启蒙到博士论文的最终完成，从论文的选题构思，到疑难点的解决，到初稿修改，再到终稿形成，每时每刻，恩师都以严谨的治学态度、扎实的专业知识，倾注无数心血给予我指导和帮助。在论文的写作过程中，孤独和挫败感时刻折磨着我，上一秒信心满满，下一秒遇到困顿和瓶颈又会无比绝望。然而，恩师却从来没有放弃过我，她不断地给予我鼓励，帮助我坚定内心的信念，最终支撑我走过迷惘和低谷。师恩永铭于心，学生唯有孜孜不倦地勤学律己，将您包容和坚持的精神传承下去，用终生的学术成果来报答老师的恩情！

在此，我还要特别感谢在东北财经大学攻读博士学位期间为我授课的每一位老师。在张先治老师的课上，严谨的理论逻辑、清晰的研究脉络以及完整的研究框架始终是张老师对我们的谆谆告诫；在方红星老师的课上，学术前沿的敏锐性、研究方法的规范性一直是方老师对我们的劝导；在刘明辉老师的课上，理论联系实际、旁征博引是刘老师对我们的一贯要求；在陈国辉老师的课上，夯实理论基础、构建理论体系是陈老师对我们的不断教导。在开题、预答辩以及正式答辩阶段，张先治老师、王满老师、姜英兵老师、池国华老师、刘凌冰老师为我博士学位论文的框架结构和研究内容都提出了许多宝贵意见，使得论文更为完善。在论文的答辩会上，香港中文大学顾朝阳老师、大连理工大学迟国泰老师也对论文提出了很多建设性的意见。良师见教、受益匪浅，谢谢各位老师！

再次，感谢我的同学，谢谢你们对我的学习与生活给予无私帮助。感谢东北财经大学出版社在本书编辑和出版过程中给予大力支持和帮助。

最后，还要感谢一直陪伴和关心我的家人，没有你们，我今天的一切皆无可能。无数次想要放弃，无数次在黑暗中迷失方向，是你们的理解和支持给予我前行的力量。

祝愿所有帮助和关心过我的人健康、快乐、幸福、平安！

姚晓林

2018年11月于大连